困境与出路

*DILEMMA AND SOLUTION*

2009年: 11.95‰　2007年: 12.10‰　2005年: 12.40‰
2011年: 13.27‰
2013年: 13.03‰
2015年: 11.99‰
2017年: 12.64‰
2019年: 10.41‰
2020年: 8.52‰
2021年: 7.52‰
2003年: 12.41‰
2001年: 13.38‰
1999年: 14.64‰

基于人口出生率波动的
中国高等教育转型发展研究

齐美东　著

Research on Transformation and
Development of China's Higher
Education Based on Fluctuation
of Population Birth Rafe

中国财经出版传媒集团
经济科学出版社
Economic Science Press

图书在版编目（CIP）数据

困境与出路：基于人口出生率波动的中国高等教育转型
发展研究/齐美东著. —北京：经济科学出版社，2022.5
ISBN 978 - 7 - 5218 - 3656 - 1

Ⅰ.①困…　Ⅱ.①齐…　Ⅲ.①人口出生率 - 影响 -
高等教育 - 教育改革 - 研究 - 中国　Ⅳ.①G649.21

中国版本图书馆 CIP 数据核字（2022）第 076454 号

责任编辑：初少磊　尹雪晶
责任校对：杨　海
责任印制：范　艳

困境与出路：基于人口出生率波动的中国高等教育转型发展研究
齐美东　著
经济科学出版社出版、发行　新华书店经销
社址：北京市海淀区阜成路甲 28 号　邮编：100142
总编部电话：010 - 88191217　发行部电话：010 - 88191522
网址：www. esp. com. cn
电子邮箱：esp@ esp. com. cn
天猫网店：经济科学出版社旗舰店
网址：http://jjkxcbs. tmall. com
北京季蜂印刷有限公司印装
710×1000　16 开　15 印张　250000 字
2022 年 5 月第 1 版　2022 年 5 月第 1 次印刷
ISBN 978 - 7 - 5218 - 3656 - 1　定价：68.00 元
（图书出现印装问题，本社负责调换。电话：010 - 88191510）
（版权所有　侵权必究　打击盗版　举报热线：010 - 88191661
QQ：2242791300　营销中心电话：010 - 88191537
电子邮箱：dbts@ esp. com. cn）

本书得到国家社会科学基金资助

Funded By National Office for Philosophy and Social Sciences

# 序

　　人是高等教育的中心，一切高等教育都是为了人，为了人更好地发展，使人成为社会文明的符号，成为促进社会进步的力量。在高等教育实践中，并不是每个人都理解这个朴素又简单的道理，因为高等教育涉及的因素很多，方方面面，很多看似重要而紧迫的问题蒙蔽了许多人的双眼，使他们将人置于了次要位置，有时甚至是目中无人。还有的人名义上始终是宣称心中有人，但实际上，他们所说的人却是不食人间烟火的人，是他们意识中的人，是他们所中意的人，并不是现实中各具特点、需求各异的人。这一现象可能是我国高等教育理论研究与实践中存在的关键问题。

　　基于上述认识，安徽大学经济学院齐美东教授希望我给他的国家社科基金研究成果《困境与出路：基于人口出生率波动的中国高等教育转型发展研究》写几句话的时候，尽管手头事情很多，但我没有犹豫就答应了。我长期重视这个主题，尤其关注在高等教育普及化阶段人的发展问题。作为经济学学者，齐美东教授能够从人口角度开展高等教育发展研究，视角不可谓不独特，在这个主题上我和他是有共鸣的。

　　在高等教育发展历史上，忽视或误读人的现象经常发生，且往往会引发争议。之所以会被误读或引发争议，主要在于人们对高等教育中人的不同理解。就人的社会性而言，有社会群体之分，有文化背景之分，还有经济地位之分，等等。在不同的发展阶段，高等教育受众的覆盖面存在很大差异，高等教育所服务的社会阶层、文化背景和经济地位的人口是不同的。在对高等教育受众的预期中，既包含了对受教育者资格的要求，又包含了对人才培养目标的规定，主要涉及两个核心问题，即为什么人服务？培养什么样的人？

在为什么人服务的问题上，在精英化阶段，社会对高等教育的需要主要表现在文化传承和德行濡养上。高等教育与经济社会发展的关系越来越紧密，经济社会发展需要的专业技术人才越来越多，培养各级各类应用型高级专门人才在高等教育改革与发展中占有越来越重要的地位。高等教育的组织方式和机制发生了适应性变革，高校的类型不断增多，专业和职业教育的地位日益加强，高等教育的大门得到拓宽，受众面得到扩展，越来越多的普通民众家庭子弟获得了接受高等教育的机会。到了普及化阶段，高等教育的大门进一步打开，包容性越来越强，从适龄人口的大多数到纳入全部有高等教育需求的社会人口，都包括在高等教育的受众中。除了适龄人口外，成年人中不管是没有受过高等教育的在职人员，还是已经接受了高等教育的群体，各类教育机构不仅能满足他们的基本高等教育需求，还能为他们提供量身定制的个性化教育套餐。

适龄人口是高等教育的第一受众群体。接受高等教育的适龄人口数量是衡量高等教育发展阶段和水平的关键指标。适龄人口接受高等教育的受众面是逐渐扩大的，就欧美地区而言，从家庭背景比较好的到家庭背景一般的，再到家庭背景比较差的；从男性到女性；从城市到乡村；从成绩较好的到成绩一般的再到成绩较差的；从身体健全的到身体残障的，从少数扩大到多数最后覆盖到几乎全部，高等教育实现了从精英化向大众化再向普及化的发展，普及化也由此实现了从初级阶段到中级阶段再到高级阶段的过渡。当然，这种过渡往往也并非一帆风顺，这里不仅涉及高等教育传统，还涉及民族种族文化，与经济社会发展水平、民众家庭经济负担能力也关系密切，不容忽视的是，适龄人口接受高等教育的比例还与一个国家国民教育发展水平和质量关系密切，国家教育政策法规的包容性和灵活性对普及化高等教育发展有重要影响，教育和经济资助政策更是解决大批适龄人口接受高等教育的关键举措。因此，发展普及化高等教育，需要采取多方面的政策措施为适龄人口接受高等教育保驾护航。统计表明，以我国高等教育现有规模来说，未来我国高等教育适龄人口是充分的，能够适应高等教育普及化持续发展对生源的需要。但解决更多适龄人口接受高等教育的困难会更大，因为现行的政策主要是服务于当前水平高等教育发展的，进一步扩大高等教育受众人口，必须有新的政策举措。

研究我国高等教育发展应当着眼于普及化趋势。普及化高等教育的主体是适龄人口，但又不局限于适龄人口。"活到老，学到老"，是我国教育文化发展的一条古训，是我国古代社会朴素的终身教育思想。在普及化高等教育阶段，"学到老"有了实现的更好条件。从历史上看，18～22周岁以上的成年人从来就没有缺席高等教育，但是，到了普及化阶段，更多的成年人会萌生要接受或再次接受高等教育的意愿，高等教育也更有条件、更有利于他们顺利地进入，以实现他们的心愿。成年人接受高等教育有多种方式，既可以在普通高等教育之外，又可以在普通高等教育之内。在普及化阶段，会有越来越多的成年人与适龄人口一道同堂上课，完成高等教育学业。成年人接受高等教育被称为非传统大学生，他们的加入不仅扩大了高等教育的生源，而且改变了高等教育的一些特性，因为成年人有自己的特殊需求，与适龄人口的意愿和兴趣是不同的，他们的职业经验和人生阅历是高等教育的重要基础。所以，普及化高等教育与大众化和精英化高等教育不同，需要建立起能够满足成年人意愿的高等教育体系和教育教学模式。

在有些国家或地区，成年人的加入解决了高等教育适龄人口减少带来的困扰。受少子化的影响，在一些高等教育普及化水平较高的国家或地区，高等教育适龄人口逐年减少，有的减少幅度还很大，对高等教育带来了重大影响。高校招生不满员，不但学费收入减少，教职员工也要裁减，有的高校甚至因持续的生源危机而倒闭。成年人生源的出现有利于缓解因适龄人口减少而造成的高等教育危机，同时也对高等教育发展提出了新的需求。有的国家采取了招收更多国际生的办法来缓解适龄人口下降的问题。适龄人口下降是一个还在发展的世界高等教育难题，适龄人口减少的国家越来越多，越是发达国家、高等教育普及化国家，适龄人口减少的现象越明显。我国是否存在适龄人口减少问题，适龄人口减少会在多大程度上影响我国当前和今后高等教育发展，都值得深入研究。我国有巨大的高等教育适龄人口，尽管高等教育毛入学率已经超过50%，但净入学率还不高，大多数适龄人口还没有获得接受高等教育的机会，这是研究我国适龄人口减少问题的前提。

普及化高等教育只有起点，没有终点。在向适龄人口普及的同时，高等教育越来越广阔地面向各年龄段人口，逐步将有高等教育需求的青年和成年人囊括进来，甚至包括老年人群体。当高等教育开始面向全民的时候，它就成为一种社会公共产品，为每一个人所必需，每一个人有机会享有，它也有能力满足每一个人的需要。当然，这并不意味着全民同时上大学接受高等教育。除了适龄人口会按照教育周期依序接受高等教育外，其他年龄段人群的高等教育需求往往在时间上具有不确定性和不可预测性。尽管如此，有些趋向还是可以预测的，企业职工的继续教育周期是有规律的，老年人的教育需求有其鲜明的特点，拥有高职高专学历者的继续教育往往以获得本科教育学历或学士学位为目标，很多拥有学士学位者希望获得硕士或博士学位。在这样的教育需求与供给关系下，一个服务全民终身学习的高等教育体系就建立起来了。

齐美东教授敏锐地抓住人口出生率这个与高等教育发展紧密相关的关键要素进行统计和分析，将高等教育与人的关系置于研究工作的核心，使其研究工作及相关研究结果具有较强的可信性和重要的参考意义。他通过数据统计分析指出，未来我国高等教育发展将面临人口出生率长期下降的影响。与此同时，他还对美国、日本等国家人口出生率波动对高等教育生源的影响进行了比较分析，总结了这些国家高等教育应对人口出生率下降挑战的经验，在此基础上提出了人口出生率下降背景下我国高等教育转型发展的路径和政策建议。应该说，齐美东教授的研究主题明确，意义重大，研究方法运用得当，数据可信且分析充分，研究结论和建议值得有关部门参考借鉴。但也不必讳言，我国是一个人口大国，高等教育所面对的人群伸缩余地庞大，人口因素本身十分复杂，出生率及其波动只是人口因素的一个方面，它对高等教育发展的影响尽管很重要，但也有其范围和限度。这也说明高等教育与人的关系可以做很多研究，齐美东教授关于人口出生率波动与高等教育发展关系的分析是一项重要的具有开创性的研究。有鉴于此，我愿意为之推荐，同时也希望齐美东教授能够在这项研究的基础上进一步拓展研究主题，开展更深入的研究；希望有更多的学者加入高等教育与人的关系的研究中来，取得更丰硕的研究成果，以完善高等教育发展理论。

是为序。

别敦荣[*]

2020 年 11 月

----

* 别敦荣，厦门大学教育研究院院长、教授、博士生导师，著名大学战略规划专家。兼任教育部本科教学评估专家委员会委员、全国教育专业学位研究生教学指导委员会委员、山东省高等教育专家咨询委员会委员、中国高教学会院校研究会副理事长、中国学位与研究生教育学会研究生教育专业委员会副理事长、中国教育发展战略学会高等教育专业委员会副理事长、中国高教学会常务理事等职，长期参与教育部高等教育政策咨询研究，主持国家级、省部级课题多项，曾主持 40 余所大学战略与规划的编制；曾赴法、美、日、加、俄等 10 多个国家和地区讲学、访学。曾受邀为北京大学、清华大学等 200 多所高校作学术报告。主要研究高等教育原理、大学战略与规划、大学教学与评估等，出版了《世界一流大学教育理念》《现代大学制度：原理与实践》《高等学校教学论》《大学教学原理与方法》等 30 余部著作，发表学术论文 300 多篇。

# 前　言

人是生产力中最活跃的因素，人口问题是一国社会和经济发展中的重大问题。中国从 20 世纪 70 年代开始实施"计划生育"政策到 21 世纪初以来的"单独二孩"政策，再转向"全面放开二孩"政策，展现出中国人口出生率下降趋势下人口政策的重大变化。由于中国生育政策和人们生育观念的改变，中国人口发展经历了巨大的转变，较快地完成了由高出生率、高死亡率、高自然增长率国家向低出生率、低死亡率、低自然增长率国家的转变。传统意义上的人口红利日渐消失，中国处于人口出生率日益下降的趋势之中。

高等教育承担着培养高级专门人才、发展科学技术文化、推动社会主义现代化建设的重大任务。高等教育转型发展是高等教育自身发展规律与经济社会发展的必然要求。中国高等教育正处于改革发展、转型升级的重要阶段，但受到人口出生率下降趋势的影响，中国适龄高等教育人口数不断减少，势必会对高等教育的未来发展产生深远影响。中国维持当前高等教育总规模不变，生源增长的停滞乃至下降将使得高等教育供给相对过剩，加之社会对高等教育需求结构的升级，供求两端的变化暴露出中国高等教育供给存在的结构性问题，中国高等教育发展面临着从粗放式发展到内涵式发展的种种困境。同时，中国人口出生率的下降在导致适龄高等教育人口减少的同时，也给中国高等教育转型发展带来了新的机遇。

为此，本书将对中国人口出生率未来的变化趋势进行考察，进而探究人口出生率下降趋势对中国高等教育发展的影响，分析人口出生率下降背景下中国高等教育的变化趋势，深刻剖析中国高等教育转型发展所面临的问题，深入探寻中国高等教育转型发展所迎来的新契机，探讨中国高等教育由量到质的可持续发展转型路径，并提出人口出生率下降背景下推进中国高等教育转型发展的政策建议，以高等教育供给侧结构性改革来优化高等教育供给，实现以质量提升为核心的中国高等教育内涵式发展，加快推进高等教育转型发展，从而为国家发展和经济社会进步提供更多高质量的创新型、复合型高级专门人才。

目 录
Contents

|第一章|

导论 / 001

　一、研究背景　　　　　　　　　　　　　　　　　　001

　二、研究目的　　　　　　　　　　　　　　　　　　006

　三、研究意义　　　　　　　　　　　　　　　　　　006

　四、核心概念界定　　　　　　　　　　　　　　　　008

　五、技术路线　　　　　　　　　　　　　　　　　　009

　六、相关研究综述　　　　　　　　　　　　　　　　010

|第二章|

中国人口出生率的波动趋势 / 017

　一、中国人口出生率的高增长阶段　　　　　　　　　017

　二、中国人口出生率的低增长阶段　　　　　　　　　018

　三、中国未来人口出生率将呈长期下降趋势　　　　　020

　四、中国近年来人口出生率波动规律的实证分析　　　028

|第三章|

中国人口出生率下降背景下高等教育发展状况 / 037

　一、高等教育规模状况　　　　　　　　　　　　　　038

　二、高等教育经费状况分析　　　　　　　　　　　　040

　三、中国高等教育基础设施状况分析　　　　　　　　042

　四、中国高等教育师资力量状况分析　　　　　　　　045

五、高等教育结构呈现多样化　046

六、高等教育发展地区差异显著　048

七、生源减少可能会导致高校管理混乱，教育质量下降　049

| 第四章 |

**人口出生率波动与高等教育发展的关联性 / 050**

一、人口出生率波动对高等教育影响的作用机制　050

二、高等教育发展对人口出生率波动影响的作用机制　058

三、我国出生率波动对高等教育规模影响的实证分析　064

| 第五章 |

**低出生率背景下高等教育发展面临的转型困境 / 070**

一、教育发展规律重视不够，高等教育粗放式发展方式突出　070

二、人口红利消失与高等教育人口素质亟待提升的矛盾　071

三、高教规模扩张与适龄入学人口减少的矛盾引发高校生源
乃至生存危机　072

四、高等教育规模大众化与高等教育质量内在要求的冲突　080

五、高等教育融资渠道狭窄与高等教育规模扩张所需经费的矛盾　087

六、高校资源配置失衡，结构性矛盾突出　089

七、高等教育公益性与高等教育产业化的冲突　095

八、高等教育中研究生教育规模扩张与研究生教育质量滑坡的
矛盾　097

九、后扩招时代来临，中国高等教育转型不确定因素增加　098

| 第六章 |

**人口出生率波动背景下中国高等教育发展趋势 / 100**

一、中国高等教育规模与人口出生率呈现非协同变化　100

二、高等教育发展重心随人口出生率波动发生转变　103

三、高等教育办学理念随人口出生率波动发生转变　104

四、高等教育办学主体随人口出生率波动发生变化　　105

五、高等教育专业结构随人口出生率波动发生变动　　105

| 第七章 |

低出生率背景下高等教育转型的机遇　/　107

一、国家层面对高等教育发展的高度重视　　107

二、经济社会发展为高等教育转型发展提供了深厚的物质基础　　112

三、低出生率背景下高等教育转型发展迎来新的契机　　113

四、高等院校之间的生源竞争日益激烈与质量提升契机显现　　120

| 第八章 |

发达国家或地区应对生源下降问题的经验借鉴　/　121

一、美国和日本应对生源下降问题的经验　　121

二、中国台湾应对生源下降问题的经验　　132

| 第九章 |

低出生率背景下中国高等教育转型的路径选择　/　138

一、中国高等教育转型发展的基本原则　　138

二、由外延式转向内涵式发展是中国高等教育转型的基本路径　　141

三、以供给侧结构性改革推动内涵式发展　　142

| 第十章 |

人口出生率下降趋势下中国高等教育转型发展的政策建议　/　144

一、教育发展规划和教育政策制定应重视前瞻性研究　　144

二、以"双一流"建设为契机推动高等教育转向以质量提升
　　为核心的内涵式发展　　145

三、深化高等教育管理体制改革，优化大学外部治理环境　　150

四、调整高等教育资源布局，优化高等教育结构　　152

五、高校要准确定位，积极走内涵式发展道路　　154

六、实施十二年制义务教育，从源头保证生源规模与质量　163

七、积极推进高等教育公平，放开异地高考，挖掘国内潜在生源　163

八、完善现代大学制度，构建新型的现代大学治理结构　165

九、促进高等院校之间的公平竞争，提升高等教育质量　165

十、完善财政预算拨款机制，拓宽高校融资渠道　167

十一、及时转变高等教育观念，倡导终身教育理念　168

十二、树立高校品牌意识，强化高校招生营销　169

十三、未雨绸缪，建立高等院校风险防范预警与退出机制　176

|第十一章|
结论　/　179

附录1　中国公民生育意愿调查问卷　182

附录2　首轮"双一流"建设高校及建设学科名单　188

附录3　第二轮"双一流"建设高校及建设学科名单　197

附录4　给予公开警示（含撤销）的首轮建设学科名单　204

参考文献　205

后记　217

# 图 目 录

图 1 - 1　中国高等教育在学规模和毛入学率 ················· 002

图 1 - 2　"十三五"以来中国高等教育在学总规模和毛入学率 ········· 004

图 1 - 3　基于人口出生率波动的中国高等教育转型发展研究技术路线 ····· 010

图 2 - 1　1949～2019 年我国人口出生率波动趋势 ············· 018

图 2 - 2　中华人民共和国成立以来总和生育率波动情况 ··········· 021

图 2 - 3　婚后决定是否生育及具体时间的影响因素 ············· 024

图 2 - 4　生育意愿对比 ······················· 025

图 2 - 5　2011～2015 年生育率情况 ················· 026

图 2 - 6　"全面放开二孩"政策以来中国人口出生率的变化 ········· 027

图 4 - 1　2016 年我国各地区人口出生率 ··············· 054

图 4 - 2　1994～2019 年人口出生率波动下的硕士研究生报名人数变动 ··· 055

图 4 - 3　1996～2037 年我国适龄高教人口的变化趋势 ·········· 066

图 4 - 4　1996～2017 年中国高考参加人数及录取率 ··········· 068

图 5 - 1　2007～2018 年全国教育经费与公共财政教育经费投入 ······ 087

图 5 - 2　2007～2018 年全国普通高校生均经费 ············· 088

图 5 - 3　1994～2018 年中国硕士研究生报名招生情况 ·········· 098

图 6 - 1　1999～2019 年全国高等教育毛入学率和人口出生率非协同变化 ··· 103

图 7 - 1　1997～2009 年全国高校教学科研仪器设备总值变化 ······· 117

图 8 - 1　1993～2018 年美国和日本生育率变动趋势 ··········· 123

# 表　目　录

表 1 – 1　1949 ~ 2019 年我国人口出生率变化情况 …………………… 005

表 2 – 1　1950 ~ 2019 年我国的总和生育率变化趋势 ………………… 022

表 2 – 2　方差分析 ……………………………………………………… 029

表 2 – 3　回归参数估计及多重共线性诊断 …………………………… 029

表 2 – 4　岭回归系数 …………………………………………………… 029

表 2 – 5　面板模型分析 ………………………………………………… 033

表 3 – 1　1992 ~ 2020 年我国高等教育经费投入情况 ………………… 041

表 3 – 2　1978 ~ 2020 年我国高等院校数量 …………………………… 043

表 3 – 3　1997 ~ 2020 年中国普通高校办学基本条件 ………………… 044

表 3 – 4　1980 ~ 2019 年高校专任教师情况 …………………………… 045

表 3 – 5　1993 ~ 2020 年普通高校生师比（教师人数 = 1） ………… 046

表 4 – 1　2004 ~ 2020 年高等教育本专科及研究生女生规模概况 ……… 060

表 4 – 2　1996 ~ 2037 年我国高校适龄入学人口数 …………………… 065

表 4 – 3　1978 ~ 2019 年我国初中及小学学生情况 …………………… 066

表 5 – 1　1997 ~ 2020 年全国普通小学学校数 ………………………… 073

表 5 – 2　1996 年以来中国高考报名人数及招生规模 ………………… 075

表 5 – 3　2016 年中国高校扩招以来债务前十高校一览 ……………… 079

表 5 – 4　2010 ~ 2019 年普通高等教育本专科在校生规模
　　　　　和教育科研仪器设备情况 ………………………………… 085

表 5 – 5　2007 ~ 2020 年国家财政性教育经费占 GDP 比重 ………… 088

表 5 – 6　2000 ~ 2019 年我国普通高等教育教职工数 ………………… 095

表 6 – 1　1999 ~ 2020 年中国高等教育毛入学率和人口出生率非协同关系 …… 101

表 6 – 2　1978 ~ 2020 年我国高校普通本专科学生情况 ……………… 102

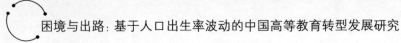
表7-1    2000~2019年中国GDP一览 ………………………………… 112

表7-2    2000~2019年我国普通高等师资力量变化情况 ………… 115

表7-3    2010~2019年普通高等学校基础设施情况一览 ……… 117

表8-1    1993~2020年美国和日本总和生育率状况 …………… 122

表8-2    2007~2020年留美学生人数 ………………………… 126

表8-3    2004~2020年中国留美学生人数 …………………… 127

表8-4    2007~2016年赴日外国留学生人数 ……………… 128

表8-5    1993~2018年中国台湾人口生育率 ………………… 132

表8-6    1993~2016年中国台湾人口总数及分布情况 ……… 134

表8-7    2007~2016年中国台湾境外留学生人数 ………… 136

表10-1   国家级和省级一流专业认定基本情况 ……………… 162

# 第一章

# 导　论

## 一、研究背景

百年大计，教育为本。高等教育肩负着促进社会发展和提高民族素质的重要历史责任，在人类社会发展中起着越来越重要的作用。国家一直非常重视高等教育的发展，教育部于 1998 年 12 月提出《面向 21 世纪教育振兴行动计划》，中共中央、国务院于 1999 年 6 月公布《关于深化教育改革，全面推进素质教育的决定》。进入 21 世纪以来，有关高等教育改革与发展方面的重大政策文件不断推出，如教育部颁布《关于实施"新世纪高等教育教学改革工程"的通知》（2000 年 1 月）、国家中长期教育改革和发展规划纲要工作小组办公室发布《国家中长期教育改革和发展规划纲要（2010—2020 年）》（2010 年 5 月）①，国务院办公厅印发《关于深化高等学校创新创业教育改革的实施意见》（2015 年 5 月），中共中央、国务院印发《中国教育现代化 2035》（2019 年 2 月）及《加快推进教育现代化实施方案（2018—2022 年）》（2019 年 2 月）等重大政策文件，为中国高等教育深化改革和发展提供了基本指引，从根本上指明了中国高等教育可持续发展的前进方向。

---

① 《国家中长期教育改革和发展规划纲要（2010—2020 年）》由序言、总体战略、发展任务、体制改革、保障措施和实施组成，共 22 章、70 条，提出了今后 10 年教育改革和发展的战略目标：到 2020 年，基本实现教育现代化，基本形成学习型社会，进入人力资源强国行列。《国家中长期教育改革和发展规划纲要（2010—2020 年）》明确了教育改革和发展的指导思想，提出"优先发展、育人为本、改革创新、促进公平、提高质量"的工作方针。高等教育发展任务是高等教育大众化水平进一步提高，毛入学率达到 40%。

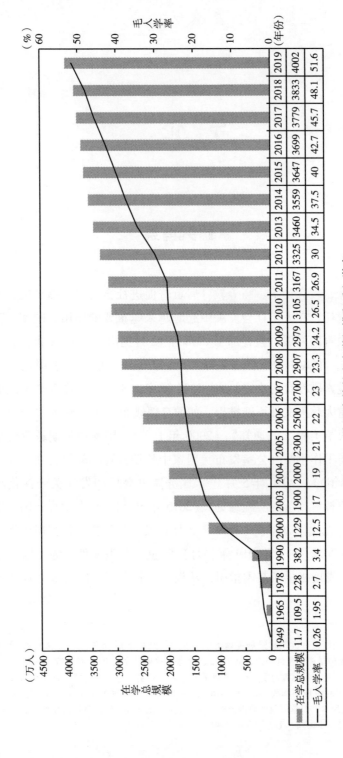

图 1-1　中国高等教育在学规模和毛入学率

资料来源：教育部．全国教育事业发展统计公报（2003～2019 年）[EB/OL]. http://www.moe.gov.cn/jyb_sjzl/sjzl_fztjgb/.

| 年份 | 1949 | 1965 | 1978 | 1990 | 2000 | 2003 | 2004 | 2005 | 2006 | 2007 | 2008 | 2009 | 2010 | 2011 | 2012 | 2013 | 2014 | 2015 | 2016 | 2017 | 2018 | 2019 |
|------|------|------|------|------|------|------|------|------|------|------|------|------|------|------|------|------|------|------|------|------|------|------|
| 在学总规模 | 11.7 | 109.5 | 228 | 382 | 1229 | 1900 | 2000 | 2300 | 2500 | 2700 | 2907 | 2979 | 3105 | 3167 | 3325 | 3460 | 3559 | 3647 | 3699 | 3779 | 3833 | 4002 |
| 毛入学率 | 0.26 | 1.95 | 2.7 | 3.4 | 12.5 | 17 | 19 | 21 | 22 | 23 | 23.3 | 24.2 | 26.5 | 26.9 | 30 | 34.5 | 37.5 | 40 | 42.7 | 45.7 | 48.1 | 51.6 |

　　回顾历史，中国高等教育事业发展迅速，成就斐然，尤其是改革开放以来，为加快推进教育现代化，建设教育强国，办好人民满意的教育，各级各类教育事业发展取得了新进展，高等教育在学总规模和毛入学率不断增长（见图 1 - 1）。1999 年大扩招开启了中国高等教育规模发展的模式，2003 年，高等教育毛入学率快速突破 15%，进入大众化阶段。特别是 2011 年之后，毛入学率增长速度显著上升。

　　2019 年，中国高等教育正式进入普及化阶段，提前完成预期目标。图 1 - 1 显示，截至 2019 年中国高等教育在学总规模达到 4002 万人，毛入学率高达 51.6%，全国共有普通高等学校 2688 所（含独立学院 257 所），其中本科院校 1265 所，高职（专科）院校 1423 所。全国共有成人高等学校 268 所，比上年减少 9 所；研究生培养机构 828 个，其中普通高等学校 593 个，科研机构 235 个；普通高等学校校均规模 11260 人，其中，本科院校 15179 人，高职（专科）院校 7776 人[①]，大众受高等级教育水平进一步提高。

　　根据教育部统计数据，截至 2020 年，中国高等教育在学总规模达到 4183 万人，毛入学率达到 54.4%（见图 1 - 2），分别较 2019 年增加 181 万人和 2.8 个百分点。全国共有普通高等学校 2738 所，比上年增加 50 所，其中本科院校 1270 所，较上年增加 5 所；高职（专科）院校 1468 所，比上年增加 45 所；成人高等学校 265 所，比上年减少 3 所；研究生培养机构 827 个，包括普通高等学校 594 个，科研机构 233 个。普通高等学校校均规模为 11982 人，比 2019 年增加 722 人，其中本科院校 15749 人，高职（专科）院校 8723 人，分别较上年增加 570 人和 947 人。[②]

　　近年来，中国高等教育普及化程度进一步提升。2020 年，普通本专科招生规模为 967.45 万人，比 2019 年增加 52.55 万人，增长 5.74%；研究生招生 110.66 万人，比 2019 年增加 19.00 万人，增长 20.74%。教育部统

---

[①]　教育部.全国教育事业发展统计公报（2019）[EB/OL].（2020 - 05 - 20）. http://www.moe.gov.cn/jyb_sjzl/sjzl_fztjgb/202005/t20200520_456751.html.

[②]　教育部.全国教育事业发展统计公报（2020）[EB/OL].（2021 - 08 - 27）. http://www.moe.gov.cn/jyb_sjzl/sjzl_fztjgb/202108/t20210827_555004.html.

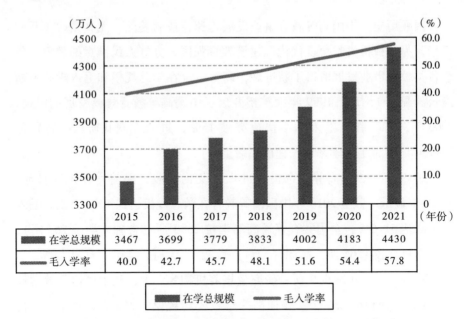

**图 1－2　"十三五"以来中国高等教育在学总规模和毛入学率**

| （万人） | 2015 | 2016 | 2017 | 2018 | 2019 | 2020 | 2021 |
|---|---|---|---|---|---|---|---|
| 在学总规模 | 3467 | 3699 | 3779 | 3833 | 4002 | 4183 | 4430 |
| 毛入学率 | 40.0 | 42.7 | 45.7 | 48.1 | 51.6 | 54.4 | 57.8 |

计数据显示，2021 年，全国共有高等学校 3012 所，其中，普通本科学校 1238 所；本科层次职业学校 32 所；高职（专科）学校 1486 所；成人高等学校 256 所。各种形式的高等教育在学总规模 4430 万人，高等教育毛入学率 57.8%。全国普通、职业本专科共招生 1001.32 万人，研究生共招收 117.65 万人，创历史新高。①

人是生产力中最活跃的因素，人口生产是人类社会可持续发展的重要基础。一国人口的规模在很大程度上决定了一国高等教育的总规模，适龄高等教育人口的持续增加是中国近年来高等教育规模化发展的主要动力。

从人口发展历程来看，中华人民共和国成立以来，我国经历了巨大的人口转变，成功完成了由高出生率、高死亡率、高自然增长率国家向低出生率、低死亡率、低自然增长率国家的转变（见表 1－1）。

---

① 教育部. 2021 年全国教育事业统计主要结果［EB/OL］. （2022－03－01）. http：// www. moe. gov. cn/jyb_ xwfb/gzdt_ gzdt/s5987/202203/t20220301_ 603262. html.

表 1 - 1    1949 ～ 2019 年我国人口出生率变化情况

| 年份 | 人口出生率（‰） | 人口自然增长率（‰） | 年份 | 人口出生率（‰） | 人口自然增长率（‰） |
|---|---|---|---|---|---|
| 1949 | 36.00 | 16.00 | 1985 | 21.04 | 14.26 |
| 1950 | 37.00 | 19.00 | 1986 | 22.43 | 15.57 |
| 1951 | 37.80 | 20.00 | 1987 | 23.33 | 16.61 |
| 1952 | 37.00 | 20.00 | 1988 | 20.78 | 15.73 |
| 1953 | 37.00 | 23.00 | 1989 | 21.58 | 15.04 |
| 1954 | 37.97 | 24.79 | 1990 | 21.06 | 14.39 |
| 1955 | 32.60 | 20.32 | 1991 | 19.68 | 12.98 |
| 1956 | 31.90 | 20.50 | 1992 | 18.24 | 11.60 |
| 1957 | 34.03 | 23.23 | 1993 | 18.09 | 11.45 |
| 1958 | 29.22 | 17.24 | 1994 | 17.70 | 11.21 |
| 1959 | 24.78 | 10.19 | 1995 | 17.12 | 10.55 |
| 1960 | 20.86 | - 4.57 | 1996 | 16.98 | 10.42 |
| 1961 | 18.02 | 3.80 | 1997 | 16.57 | 10.06 |
| 1962 | 37.01 | 27.14 | 1998 | 15.64 | 9.14 |
| 1963 | 43.37 | 33.50 | 1999 | 14.64 | 8.18 |
| 1964 | 39.14 | 27.78 | 2000 | 14.03 | 7.58 |
| 1965 | 37.88 | 28.50 | 2001 | 13.38 | 6.95 |
| 1966 | 35.05 | 26.34 | 2002 | 12.86 | 6.45 |
| 1967 | 33.96 | 25.65 | 2003 | 12.41 | 6.01 |
| 1968 | 35.59 | 27.50 | 2004 | 12.29 | 5.87 |
| 1969 | 34.11 | 26.19 | 2005 | 12.40 | 5.89 |
| 1970 | 33.43 | 25.95 | 2006 | 12.09 | 5.28 |
| 1971 | 30.65 | 23.40 | 2007 | 12.10 | 5.17 |
| 1972 | 29.77 | 22.27 | 2008 | 12.14 | 5.08 |
| 1973 | 27.93 | 20.99 | 2009 | 11.95 | 4.87 |
| 1974 | 24.82 | 17.57 | 2010 | 11.90 | 4.79 |
| 1975 | 23.01 | 15.77 | 2011 | 11.93 | 4.79 |
| 1976 | 19.91 | 12.72 | 2012 | 12.10 | 4.95 |
| 1977 | 18.93 | 12.12 | 2013 | 12.08 | 4.92 |
| 1978 | 18.25 | 12.00 | 2014 | 12.37 | 5.21 |
| 1979 | 17.82 | 11.61 | 2015 | 12.07 | 4.96 |
| 1980 | 18.21 | 11.87 | 2016 | 12.95 | 5.86 |
| 1981 | 20.91 | 14.55 | 2017 | 12.43 | 5.32 |
| 1982 | 22.28 | 15.68 | 2018 | 10.94 | 3.81 |
| 1983 | 20.19 | 13.29 | 2019 | 10.48 | 3.34 |
| 1984 | 19.90 | 13.08 | | | |

资料来源：《中国统计年鉴 2016》和《中华人民共和国国民经济和社会发展统计公报》（2016 ～ 2019 年）。

由表 1 - 1 可见，中国人口出生率呈现出下降的趋势。根据《中华人民共和国 2021 年国民经济和社会发展统计公报》的数据，2021 年全年出生人口 1062 万人，出生率为 7.52‰；死亡人口 1014 万人，死亡率为 7.18‰；自然增长率仅为 0.34‰[1]，中国人口出生率出现了急速下降，处于下行通道之中，短期内难以出现逆转。人口出生率下降使得传统意义上的人口红利消失，中国高等教育生源规模处于不断下降趋势之中，高等教育适龄人口数随之持续走低，面临着全新的人口发展形势，使得中国高等教育发展的机遇和挑战并存，高等教育正处于提质转型的关键时期。因此，研究人口出生率下降背景下中国高等教育转型发展问题就显得尤为必要而迫切。

## 二、研究目的

本书的主要研究目标是在人口出生率波动对生源规模影响的分析基础之上，立足于社会和市场对高素质人才需求增加的宏观背景，优化高等教育的资源配置以适应人口出生率的波动，探寻与人口出生率波动相协调的高等教育由量到质的可持续发展的转型路径，以高等教育供给侧结构性改革优化高等教育供给，统筹兼顾不同类型高等院校，推动高等教育均衡协调发展，并提出人口出生率下降背景下推进中国高等教育转型发展的政策建议，实现以质量提升为核心的中国高等教育内涵式发展，从而为中国高等院校转型发展提供决策依据，助推中国高等教育高质量发展。

## 三、研究意义

《国家中长期教育改革和发展规划纲要（2010—2020 年）》提出，到

---

[1] 国家统计局. 中华人民共和国 2021 年国民经济和社会发展统计公报 [EB/OL]. (2022 - 02 -28). http：//www.stats.gov.cn/tjsj/zxfb/202202/t20220227_1827960.html.

2020 年，高等教育结构更加合理，特色更加鲜明，人才培养、科学研究和社会服务整体水平全面提升，建成一批国际知名、有特色、高水平的高等学校，若干所大学达到或接近世界一流大学水平，高等教育国际竞争力显著增强。为此，要进一步提高高等教育大众化水平，到 2020 年高等教育毛入学率要达到 40%（事实上早已在 2015 年就完成了该项任务），这意味着高等教育招生规模将进一步扩大。

伴随社会经济的不断发展，我国人口从"高死亡率、高生育率"转向"低死亡率、低生育率"，人口出生率总体呈现下降的趋势。同时，留学海外也越来越普遍，一部分适龄高等教育生源流失。这种趋势的持续加剧了近年来高等院校招生的生源不足现象，"北约"（即以北京大学为首，包括北京大学、北京航空航天大学、北京师范大学、南开大学、复旦大学、厦门大学、山东大学、武汉大学、华中科技大学、中山大学、四川大学、兰州大学、香港大学这 13 所大学)[①]、"华约"（即以清华大学为首，包括清华大学、上海交通大学、中国科学技术大学、西安交通大学、南京大学、浙江大学和中国人民大学这 7 所大学）、"卓越联盟"（即以天津大学为首，包括北京理工大学、重庆大学、大连理工大学、东南大学、哈尔滨工业大学、华南理工大学、天津大学、同济大学、西北工业大学这 9 所大学）纷纷掀起生源大战。而高校重视生源规模所采取的扩招政策及教育管理措施则进一步稀释了高等教育生源质量。我国高等教育的质量问题与生源危机同时并存，面临着严峻的转型困境。

因此，本书以人口出生率的波动为切入点，透过历史数据来研究我国高等教育转型的困境，并探究中国高等教育质量提升的有利契机，探讨与人口出生率波动相适应的高等教育转型路径，推动高等教育由数量型的粗放式发展方式转向质量型的内涵式发展方式，拓宽高等教育转型研究领域，丰富高等教育转型的研究内容和研究方法，其对深化高等教育转型的理论研究具有重要意义。

同时，从中国人口出生率波动的视角出发，对中国高等教育适龄生

---

① 2012 年，复旦大学和南开大学先后退出。

源问题进行深入探讨，剖析应对中国人口出生率下降趋势下的高等教育转型机制，探寻高等教育由量到质的内涵式可持续发展的转型路径，并提出相关具有针对性的政策建议，以推动中国高等教育高质量可持续发展，真正实现中国高等教育由量的扩展转向质的提升。这无疑对提高中国高等教育人才培养质量及加快经济社会全面进步具有重要的社会实践意义。

# 四、核心概念界定

目前，我国学术界对于高等教育的内涵还没有形成统一认识，对高等教育的范畴界定也存在普通高等教育（本科及以上教育）和宽口径高等教育（高中后教育）的差异。由于历年统计数据中宽口径高等教育的规模数据存在缺失，而普通高等教育的统计数据较为完善，因此本书将主要针对后者进行探讨。

本书立足于当前我国高等教育模式对生源变化的不适应状况，着眼于缓解人口出生率波动造成的高校生源危机与生存危机，从高等教育适龄生源角度探寻高等教育可持续发展的转型模式。主要涉及以下核心概念。

（1）人口出生率：出生率是指每年、每一千人当中的新生人口数。它表示人口出生的强度，是反映人口发展动态的重要指标之一，决定一个人口群体的发展规律和速度，对社会经济的发展起着重要影响。中华人民共和国成立以来，特别是 20 世纪 90 年代以来我国人口出生率逐年下降，适龄学生数量下滑趋势明显，各高校面临生源不足的困境。

（2）生源：指符合高考报名条件且可能报名考试的人。

（3）生源危机：指高等学校无法按照既有招生计划招到足额的学生（即生源数量上的不足），以及生源质量下降所导致的一系列危机。

（4）普通高等教育：主要包括全日制普通博士学位研究生、全日制普通硕士学位研究生（包括学术型硕士和专业硕士）、全日制普通第二学士

学位、全日制普通本科（包括通过高考录取的四年制、五年制本科和通过统招专升本考试录取的二年制本科）、全日制普通专科（高职高专）。

（5）宽口径高等教育：包括研究生、普通高校本专科、成人高校本专科、军事院校本专科、学历文凭考试专科、电大开放式本科、电大注册视听生专科、网络学院本专科在职攻读学位研究生、高等教育自学考试本专科。

（6）高等教育毛入学率：宽口径高等教育在学人数除以 18～22 岁学龄人口总数，再乘以 100%。

（7）高等教育转型：在低出生率背景下，中国高等教育发展存在着规模扩张与质量稀释之间的矛盾，同时在这一背景下，高等教育面临着转型的有利契机，需要推动高校发展模式从量的扩张向质的提升进行转型，即高等教育转向以质量提升为核心的内涵式发展①。

（8）高等教育规模：本书中所说高等教育规模仅指高等教育数量方面的规定，而高等教育规模数量方面的衡量指标包括高等教育学校（机构）数、高等教育在校生数、招生人数、毕业生人数、高等教育人口比重、高等教育经费总额及国家财政性高等教育经费、毛入学率、适龄高等教育人口数等，本书主要选择适龄高等教育人口数作为高等教育规模的衡量指标。

同时，因数据可得性等因素，本书所有数据和论证，如无特别注明，均不包含港澳台地区。

## 五、技术路线

依据研究思路，本书的具体研究技术路线将按图 1-3 展开。

---

① 外延式发展是以办学规模的拓展和办学结构层次的延伸为主导的发展模式，而内涵式发展是以提高办学质量和办学效益为主导的发展模式。

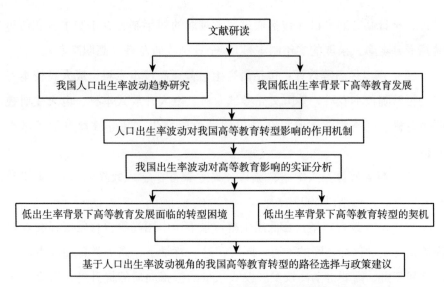

**图1-3　基于人口出生率波动的中国高等教育转型发展研究技术路线**

# 六、相关研究综述

教育作为国家的基础工程，不仅具有层次间的递进性，能够实现自小学至大学质量的逐层传递；而且也具有向下的传导性，一个国家的高等教育发展程度决定了整个教育系统的教师水平。因此，必须将高等教育摆在优先发展位置。无疑，高等教育在一国教育中发挥着重要的引导和推动作用，但同时不容忽视的是自下而上的生源质量也是影响教育质量的重要因素。此外，中国高等教育适龄人口数持续走低，高等教育面临着新的人口发展形势，高等教育正处于提质转型的关键时期。因而，从人口出生率波动即生源角度，研究我国高等教育转型问题，能够有效实现人口与高等教育发展之间的双向互动，可以帮助我们更为全面地理解我国高等教育目前所面临的问题。学术界近年来也十分重视这方面的研究，并形成了一些有价值的学术成果。

## （一）关于我国人口出生率波动状况的研究

国外关于人口出生率波动规律的研究起步较早。早在欧洲工业革命后，西方人口状况的转变就引起了人口学家的高度关注，他们开始面向社会人口特征的变化规律进行总结。大多数经典人口发展理论，如莱宾斯坦边际孩子选择理论、贝克尔孩子数量质量替代理论、卡德威尔代际财富流等理论均将人口出生率发展规律总结为由高出生率、高死亡率和低自然增长率向低出生率、低死亡率和低自然增长率转变，其推动因素则主要为工业化、现代化和城市化发展，尤其是医疗技术进步、福利保障完善与生活条件改善，孩子抚养成本、妇女经济地位及受教育程度提升。维尔赫斯特（Verhulst，2013）在1838年研究生物繁殖规律时提出人口增长速度随着人口规模不断扩张而逐步放缓，最终单位时间内增加的人口数也随之减少。莱宾斯坦（Leibenstein，1974）的边际孩子选择理论主要立足于孩子成本效用来分析出生率波动趋势，认为孩子抚养成本、妇女经济地位及受教育程度随经济社会发展而提升，由此对人口出生率增长产生抑制效应。西蒙（Simon，1984）提出在社会发展初期生育率与人均收入水平呈正相关，而当收入上升到一定水平时，生育率将会随人均收入提高而下降。

当前国内关于人口出生率波动规律的研究文献主要集中在以下几个方面。

一是关于近年来我国人口出生率波动阶段的研究。门可佩等（2007）将中华人民共和国成立以来人口出生率波动情况划分为前21年高速增长和后36年低速增长两大时期。尹文耀和钱明亮（2010）依据生育率转变时期生育水平的高低及变化趋势将其细分为三个阶段：高水平下降阶段（1972～1981年）、趋于更替水平阶段（1982～1991年）和趋于低水平阶段（1992～2000年）。李建新和涂肇庆（2005）研究提出，国内生育率迅速转变早在20世纪70年代政府强力实施计划生育时就已开始，在不足30年的时间里中国人口生育率水平就达到了发达国家经历了更长时间才达到的人口低生育水平。张永丽和景文超（2012）基于人口变化的主要推动力将中华人民共和国成立后的人口变动划分为两个阶段：死亡率变动主导型的人口转变阶段（1949～1970年）和出生率变动主导型的人口转变阶段（1971年至今）。

二是我国人口出生率波动规律的主要影响因素分析。顾宝昌（1987）

从各省区市生育率差异的事实出发，认为社会经济发展水平、计划生育政策及妇女地位因素均对出生率具有强烈而显著的影响效应，一般而言，人口出生率会随经济发展及妇女地位上升而降低。张永丽和景文超（2012）提出我国社会人口发展的特征伴随中国工业化进程推进及阶段提升而出现明显转变，总体呈现出由高出生率、高死亡率向低出生率、低死亡率的波动趋势且波动幅度逐渐平稳。彭希哲（2009）通过面向上海地区的实证研究得出社会经济的迅速发展和家庭婚育观念的转变是生育水平持续下降的最重要的制度和环境条件。

三是关于我国人口出生率波动规律机理的分阶段研究。李建民（2004）、马力和桂江丰（2012）认为中国的人口转变与西方国家相比具有一定的独特性，即于20世纪90年代之前所采取的严格控制的计划生育政策显著负作用于人口出生率，有效缩短了人口转变周期；进入21世纪以来由于经济高速增长和社会福利体系健全、产业结构优化升级等因素的共同作用而形成的人口自我控制机制效应开始显现，促使家庭人力资本投资显著增加。张永丽和景文超（2012）提出，在死亡率变动主导型的人口转变阶段，计划经济体制和城乡二元体制的推行导致出生率由于传统惯性作用而居高不下；而1970年后计划生育政策强制推行则有力推动了出生率显著降低。李建民（2004）认为20世纪90年代之前，中国人口生育率的迅速转变是国家计划生育政策下行政力量的强力干预导致的，而20世纪90年代生育率开始下降则是各种社会经济因素共同作用的结果。陈卫（2008）则提出，随着时间的推移，社会经济发展因素对生育率地区差异的解释力不断增强，计划生育政策因素的解释力则在逐渐下降。

四是关于我国人口出生率波动规律机理的分地区研究。张本飞（2004）以成本效用分析法为分析工具，认为农村家庭孩子的内部效用大于城市家庭而其内部成本小于城市家庭，农村家庭意愿生育水平及出生率因此高于城市家庭。陈纪平（2007）则通过建立生育率与产权制度效率的理论模型并使用省际数据进行检验，证明家庭规模、人口出生率与经济发展水平负相关，是导致人口出生率地区差距的主要机理之一。

## （二）关于我国人口出生率下降趋势的研究

任栋和李萍（2015）认为，生活水平逐步提高会引起居民生育观念发生转变，从而使得人口出生率不断下降。陈淑云和彭银（2016）认为住房成本、教育成本与养老成本的攀升降低了居民生育意愿，使得人口出生率不断走低。王雅丽（2015）和张正云（2016）均认为中国实行的计划生育政策是我国人口红利消失的主要原因。王会宗和张凤兵（2016）与郑秉文（2016）提出经济社会的正常发展需要一个合理的人口规模，但我国人口结构已呈现出"高龄少子"的特征，"全面放开二孩"政策的实施有利于提高人口出生率水平。不过，根据我们的研究，从长远来看，"全面放开二孩"政策会在一定程度上促进人口结构相对有所优化，但不能从根本上扭转人口出生率下降的趋势（齐美东等，2016）。

## （三）关于人口出生率下降对高等教育发展影响的研究

人口是教育的主体。人口变动对高等教育发展影响重大。布兰德斯和雷特斯（Brandes & Raters，1981）曾指出，为应对出生率锐减的挑战，德国高校需要扩展新的生源，大力发展职业教育，同时改革课程体系。多永（Doyon，2001）认为日本高等教育为适应高等教育适龄人口的减少进行了一系列变革。邹小勤（2010）认为我国高等教育受适龄人口的影响将愈加明显，高等教育要适应人口产业结构的变化。马鹏媛（2012）指出人口出生率下降将影响高等院校生源规模，高等教育为应对老龄化的影响要提高教育质量，发展职业教育。李硕豪和李文平（2013）则认为高教适龄人口的迅速减少，短期有助于缓解高等教育压力，但在一定程度上也会造成高等教育资源的闲置与浪费。

在以上基础上，部分学者进一步将视角聚焦到我国人口出生率对高等教育的影响，主要集中在两个方面：第一，人口出生率下降引起的教育适龄人口减少，造成我国高等院校生源数量不足；第二，我国高等教育正处于大众化的趋势中，高等教育适龄人口减少迫使高校扩招过程中面临着规模与生源质量的冲突。

**1. 关于低出生率导致高校生源规模萎缩的研究**

低出生率必然造成高等教育适龄人口的下降，从而使高校生源规模萎缩。根据郑真真和吴要武（2005）的预测，我国高等教育适龄人口在2009年后开始下降，这会对高等教育的入学率产生影响，使其快速增长。但是，如果不能解决普通高中入学率持续走低的状况，届时我国的高等教育将面临生源不足的困境。常蔷薇和郭晨阳（2009）也指出，伴随我国人口出生率的逐年下降，适龄入学儿童数量呈现明显下滑趋势，由此会产生未来高校生源不足的困境。朱音萍（2011）认为伴随高等教育的适龄人口数量进入低谷期，民办院校、普通高校与重点高校之间的生源竞争会更加突出，一些生源不足的高校甚至面临倒闭破产的危险。袁先海（2012）认为高等教育适龄人口下降对独立学院的生源影响更大。高职、高专等位于高等学校低端的院校面临着比普通高校更加严峻的竞争。苏志东（2011）、李宝斌等（2011）认为生源下降不但会压缩高职高专院校可能的生源总量，普通高校的继续扩招更是大大挤压了专科学校的招生空间。与普通高校相比，高职高专院校的竞争劣势非常明显。齐美东和蒋化邦（2012）通过对高校生源与出生率做出实证分析，进一步说明由于出生率的下降、录取率的上升，高校之间必然出现生源之战。

**2. 关于低出生率使高等院校面临生源规模与质量冲突的研究**

石人炳（2003）认为人口年龄结构的变动使不同年龄层次人口对不同教育层次的需求发生变化，不考虑生源发生的相应变化会使教育资源遭到浪费。陈伟和顾昕（2010）认为随着人口出生率下降，中国高等教育适龄人口也将不断下降，而高校又处于扩招趋势，计划招生数将来可能会超过报考人数，势必出现录取率达"百分百"的现象，导致普通高校面临严峻的生源与质量危机。龙琼等（2014）认为我国目前处于后"人口红利"时期，加之高等教育扩张速度过快，使我国高等教育面临着规模与质量之间的冲突，直接导致了高校毕业生就业难、就业率持续下降的困境。张军凤（2014）指出人口出生率下降与人口流动性增强使得中国高等教育所面临的盲目扩招、生源紧张、布局不合理三大问题加剧。魏晓艳（2015）认为，受生源、录取率和毛入学率共同影响，我国高等教育将呈现多元化、终身化、重视质量及竞争加剧的发展趋势。

## （四）关于我国高等教育转型的研究

刘艳红（2011）指出，由公立院校主导的我国教育供给模式下，高等教育资源分配不仅缺乏效率也不能体现公平，应改变当前不合理的高等教育供给模式。瞿振元（2013）指出在推进高等教育内涵式发展上，"立德树人"、深化教育领域综合改革、促进教育公平、重视教学文化建设尤为重要。余蓝（2013）认为高等教育内涵式发展有结构优化、培养方式转变与教育管理体制改革等三条路径。佟林杰和孟卫东（2013）认为构建我国高等教育内涵式发展模式，应从理念、目标、生态与制度四个方面进行。刘振天（2014）认为，要以内涵式发展理论为指导，致力于现代大学制度建设，推进高等教育内涵式发展，坚持以人为本、以质量为重、以学术为基。陈先哲（2016）指出高等教育人口红利消退，超常规发展难以为继，需要向内涵式增长、集约化经营、均衡式分配的可持续发展转型。刘振天（2014）、毕宪顺和张峰（2014）提出，向内涵式发展转变是我国高等教育回归其高等教育属性的必然选择。王男星等（2014）、梁彦（2016）指出，区域间经济发展水平差异较大，区域间高等教育质量显著不均衡，尤其在高等教育发展类型上，中部和西部地区较东部地区而言十分薄弱。马廷奇（2015）、陈先哲（2016）认为，高等教育发展随"经济新常态"也进入了质量提升、增速放缓的"新常态"。

为抓住中国人口转型的发展契机，学者们从政府管理及高校自主管理层面分别提出了改革措施和发展意见。在国家教育发展战略层面，陈伟和顾昕（2010）提出高等教育的可持续发展应具备前瞻性和系统性的制度体系，并加快推进普通高校内部管理与招生体制改革。艾洪德等（2013）认为生源问题将倒逼高等教育体制改革，因此要主动转变高等教育发展战略，实现内涵式发展。蒋华林（2015）认为要充分发挥市场的决定性作用，强化高等院校自主办学地位。熊燕和李化树（2016）提出应进一步缩小民办教育和公办教育之间差距等相关政策建议，以实现教育公平。姜朝晖（2016）指出可以将供给侧结构性改革的思路运用于高等教育发展改革之中，推动高等教育顺应时代潮流。在高校自主教育改革层面，胡瑞文等（2014）、别敦荣和王严淞（2016）认为，高等教育普及化的到来客观上要求中国高等教育加快转型发展，各高等院校也要明确自身定位与发展目标，完善专业类别和人才培养机制，并适时推广个性化的高等教育模式。刘晓亮（2015）提出中国地方高等院校要走国际化的发展道路，完善国际化的课程培养体系，以提升自身的学科竞争力和专业竞争力。

综上所述，学术界对于人口出生率降低对高等教育规模扩张的制约有着较为清晰的认识，也深刻认识到中国高等教育自身发展存在的问题，并初步探讨了高等教育转型发展的方向。但目前大多数学术成果关注于人口出生率下降对中国高等教育发展所带来的负面影响，而忽略了人口出生率下降这一趋势给中国高等教育转型发展所带来的机遇。同时，未将人口出生率变化与高等教育供给结合起来分析，对如何通过供给侧结构性改革实现中国高等教育转型发展也涉猎较少。实际上，中国人口出生率的下降，既对中国高等教育传统的发展方式产生了巨大冲击，又为中国高等教育转型发展提供了良好契机。因此，本书试图将人口与高等教育相结合，从人口出生率的视角出发，通过对中国人口出生率的波动趋势状况进行考察，进而探析人口出生率下降趋势对中国高等教育发展的影响，剖析中国高等教育转型发展所面临的主要问题，探寻中国高等教育转型发展的契机，并提出人口出生率下降背景下推进中国高等教育转型发展的政策建议，以期实现以质量提升为核心的中国高等教育内涵式发展，培养经济高质量发展所需要的创新型复合型人才。

# 第二章

# 中国人口出生率的波动趋势

中华人民共和国成立以来，中国人口发展经历了巨大的转变，成功实现了由高出生率、高死亡率、高自然增长率向低出生率、低死亡率、低自然增长率的转变，并且人口出生率处于下降趋势中。这就意味着中国高等教育生源总规模也将处于下降趋势之中。中国若维持当前高等教育总规模不变，生源增长的停滞乃至下降将使中国高等教育供给相对过剩，加之学生、家长与社会对优质高等教育需求结构的升级要求，供求两端的变化展现了中国高等教育供给存在的结构性问题，中国高等教育转型发展面临着一系列困境。因此，研究分析人口出生率下降背景下中国高等教育变化趋势，充分利用供给侧结构性改革的有利契机，提出具有预见性的高等教育改革措施，对推动中国高等教育转型发展具有重要的现实意义。

## 一、中国人口出生率的高增长阶段

从中华人民共和国成立到改革开放，这一阶段属于中国人口高增长阶段，人口出生率都位于30‰左右的位置，处于高位状态（见图 2 - 1）。这一现象的主要原因是社会安定、经济繁荣、生活水平提高及医疗卫生条件不断改善，公民生育意愿较强，且国家鼓励生育。

整体上看，这一阶段人口出生率经历了三个小高峰。

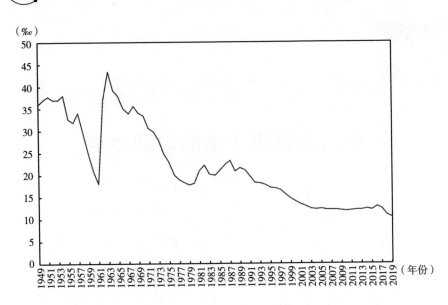

**图 2 – 1　1949～2019 年我国人口出生率波动趋势**

资料来源：《中国统计年鉴 2016》和《中华人民共和国国民经济和社会发展统计公报》（2016～2019 年）。

第一个高峰阶段为 1949～1957 年。全国人口出生率平均维持在 35.3‰左右。全国人口数量由 5.42 亿增加到 6.47 亿，8 年净增 1.05 亿人，其中 1954 年出现了第一次婴儿潮。

第二个高峰阶段为 1962～1970 年。受自然灾害影响，我国人口出生率在 1959～1961 年大幅下降；1962～1970 年是我国人口高出生、高增长时期，人口出生率最高达到 43.6‰，平均水平为 36.8‰，其中 1963 年出现了第二次婴儿潮。

第三个高峰阶段为 1981～1990 年。在"第二个高峰"出生的人口此时陆续达到生育年龄，而 1981 年施行的《中华人民共和国婚姻法》也导致了许多不到晚婚年龄的人口提前进入婚育行列，从而使得这一阶段的人口出生率增长较快，由 1980 年的 18.2‰上升到 1987 年的 23.3‰。

## 二、中国人口出生率的低增长阶段

国务院于 1971 年 7 月批转《关于做好计划生育工作的报告》，把控制人口增长的指标首次纳入国民经济发展计划，使得中国人口出生率在 1972 ~ 1980 年出现了显著下降。

政府于 20 世纪 80 年代开始致力于控制中国人口的过快增长，实施严格控制人口增长的政策措施。党中央于 1980 年 9 月发表《关于控制我国人口增长问题致全体共产党员、共青团员的公开信》，提倡一对夫妇只生育一个孩子；1982 年 9 月，党的十二大把计划生育确定为基本国策，并于 1982 年 12 月写入宪法；1991 年 5 月，中共中央、国务院作出《关于加强计划生育工作严格控制人口增长的决定》，将计划生育工作提升到与经济建设同等重要的位置上；2002 年 9 月，《中华人民共和国人口与计划生育法》施行。同时，国人的生育观念也有所变化，中国人口出生率出现了迅速下降的势头。

具体来看，从 1991 年开始我国人口出生率呈现出下降趋势（见图 2 - 1）。1990 年之前，我国人口出生率虽然经历了几个峰谷阶段，但总体上还是保持了相对较高的增长趋势，其中大部分年份的人口出生率都在 20‰以上；而 1990 年之后，我国人口出生率呈现出明显的下降趋势，尽管中国各地已于 2011 年 11 月全面实施了"双独二孩"政策。因而，1990 年便成为我国人口出生率的分水岭。

值得注意的是，2014 年是"单独二孩"政策施行的第一年，人口出生率为 13.27‰，较 2013 年上涨 0.29‰。2014 年出生人口 1687 万人，比上一年增加 47 万人。但这一上升趋势并没持续下去，2015 年中国人口出生率回落至 12.07‰。这表明"单独二孩"政策已充分释放前期积累的生育需求。2016 年是"全面二孩"政策的第一年，出现了与"单独二孩"政策施行的同样效果，2016 年人口出生率为 12.95‰，但 2017 年人口出生率回落至 12.43‰，2018 年降到 10.94‰，2019 年继续下降到 10.48‰。

从长期看，人口出生率继续呈下降趋势。2019 年新生儿数量连续第三年下降，下降到 1465 万人，创下近年来最低纪录。显然，目前的"三孩"政策也难以阻止新生儿数量的下降。根据人口专家预测，中国新生儿数量将继续呈深度下跌趋势，这势必直接导致高等教育适龄生源数量的绝对下跌。由此可见，以当前所采取的生育政策来刺激人口增长所能达到的效果已经十分有限。

## 三、中国未来人口出生率将呈长期下降趋势

学术界主流观点认为，在一定发展阶段或者在一定的人均收入水平变动范围内，经济发展水平提高会推动养育子女的相对成本上升、女性教育程度和社会地位提高，由此带来生育率下降[1][2][3]。一方面，家庭更注重对孩子的教育培养，各种成本的上升促使夫妇有意识地减少孩子生育数量；另一方面，随着经济社会发展，传统以家庭生产为主的功能进一步退化和消失，逐渐让步于社会大生产环节，家庭消费结构市场化程度提升，致使家庭养育成本提高，对孩子由数量偏大转向质量偏好。此外，由于医疗技术发展迅速，新生儿不仅成活率上升，而且平均寿命延长。同时，先进的避孕技术和流产技术出现，也为生育提供了更好的安全保障。社会福利保障制度也趋向完善，促使传统生育观念发生转变，社会生育需求相应降低，使得人口出生率处于下降趋势之中。

人口出生率的波动可由总和生育率来解释。总和生育率（total fertility rate，TFR）是指一个国家或地区的妇女在育龄期间，每个妇女平均的生育子女数。研究表明，总和生育率与经济发展水平间存在倒"U"型的关系：总和生育率处于高水平的国家，国内生产总值（gross domestic product，GDP）增长率较低；伴随总和生育率的下降，GDP增长率相应上升，当总和生育率下降到一定水平时，GDP增长率将达到极值；随着总和生育率的进一步下降，总和生育率较低的国家，GDP增长率也较低[4]。人口出生率不断下降是经济和社会发展的结果，外部生育政策并非是主要原因。

中国的情况也符合这一规律。如图2-2所示，中华人民共和国成立以

---

① Verhulst P F. Correspondance Mathématique et Physique [M]. Charleston：Nabu Press，2013：113 - 121.

② Leibenstein H. An Interpretation of the Economic Theory of Fertility：Promising Path or Blind Alley [J]. Journal of Economic Literature，1974，12（2）：66.

③ Simon J L. 人口增长学 [M]. 北京：北京大学出版社，1984：85 - 90.

④ 蔡昉. 中国的人口红利还能持续多久 [J]. 经济学动态，2011（6）：3 - 7.

来，随着经济发展，总和生育率分布也符合倒"U"型特征（除了20世纪50年代末到60年代初的人口异常波动）。中国总和生育率从1970年的5.81%下降到1980年的2.24%，10年间大幅下降了3.57个百分点，而从1980年的2.24%下降到2015年的1.05%，35年也只下降了1.19个百分点。比较而言，1982年出台的计划生育政策所产生的影响并不强烈，生育政策因而并非是影响总和生育率的主要因素，经济发展水平及生育观念的变化逐渐成为主要因素。调查显示，在中国经济发达城市，如北京的总和生育率为0.71%、上海为0.74%[①]，都低于中国平均水平，这一研究也证实了上述观点。但总和生育率由1980年的2.24%到2015年的1.05%的变化，主要是因为生育控制政策对生育率和生育孩次的重大削减作用。

**图2-2　中华人民共和国成立以来总和生育率波动情况**

资料来源：1950～1999年、2011～2015年数据来自历年《中国统计年鉴》；2000～2010年数据来自朱勤（2014）；2016年数据来自国家卫计委；2017～2019年数据根据国家统计局资料整理。

一般来说，总和生育率保持在2.1%才可以完成一个国家的世代更替。根据人口普查和抽样调查结果，中国总和生育率自20世纪中期以来一直处于低位（见表2-1）。根据第五次全国人口普查的数据，中国总和生育率

---

① 张杰. 低生育率需要更高重视率 [EB/OL]. （2016-11-08）. http：//www. infzm. com/content/120651.

在 1990 年还有 2.37%，但 1991 年已经下降到 1.80%，随后进一步下降至 1998 年的 1.31%，1999 年的 1.23%、2000 年的 1.22%[①]，均低于 1.3%，属于超低总和生育率水平。2005 年 1% 的人口抽样调查也显示，20 世纪中期以来中国的总和生育率一直低于 1.5%[②]。2012 年 7 月 6 日，国务院人口普查办公室、国家统计局人口和就业统计司编辑出版了《中国 2010 年人口普查资料》，数据显示，2010 年全国总和生育率为 1.18110%，其中"城市"为 0.88210%、"镇"为 1.15340%、"乡村"为 1.43755%。全国总和生育率倒数前五名分别是北京 0.70670%、上海 0.73665%、辽宁 0.74090%、黑龙江 0.75140%、吉林 0.76000%。生育率最高的前五名是广西 1.78975%、贵州 1.74785%、新疆 1.52885%、海南 1.51265%、安徽 1.48155%[③]。

表 2 - 1　　　　　　1950~2019 年我国的总和生育率变化趋势

| 年份 | 总和生育率（%） | 年份 | 总和生育率（%） |
|---|---|---|---|
| 1950 | 5.81 | 1963 | 7.50 |
| 1951 | 5.70 | 1964 | 6.18 |
| 1952 | 6.47 | 1965 | 6.08 |
| 1953 | 6.05 | 1966 | 6.26 |
| 1954 | 6.28 | 1967 | 5.31 |
| 1955 | 6.26 | 1968 | 6.45 |
| 1956 | 5.85 | 1969 | 5.72 |
| 1957 | 6.41 | 1970 | 5.81 |
| 1958 | 5.68 | 1971 | 5.44 |
| 1959 | 4.30 | 1972 | 4.98 |
| 1960 | 4.02 | 1973 | 4.54 |
| 1961 | 3.29 | 1974 | 4.17 |
| 1962 | 6.02 | 1975 | 3.57 |

---

① 杨支柱."用工荒"根源在于劳动力储备不足［N］.新快报，2011 - 02 - 19（A44）.

② 齐美东，蒋化邦.基于人口出生率波动的中国高校生源问题探讨［J］.高教探索，2012（1）：22 - 27.

③ 国务院人口普查办公室，国家统计局人口和就业统计司.中国 2010 年人口普查资料［M］.北京：中国统计出版社，2012.

| 年份 | 总和生育率（%） | 年份 | 总和生育率（%） |
|------|------|------|------|
| 1976 | 3.24 | 1998 | 1.31 |
| 1977 | 2.84 | 1999 | 1.23 |
| 1978 | 2.72 | 2000 | 1.22 |
| 1979 | 2.75 | 2001 | 1.39 |
| 1980 | 2.24 | 2002 | 1.38 |
| 1981 | 2.61 | 2003 | 1.40 |
| 1982 | 2.86 | 2004 | 1.44 |
| 1983 | 2.42 | 2005 | 1.33 |
| 1984 | 2.35 | 2006 | 1.38 |
| 1985 | 2.20 | 2007 | 1.43 |
| 1986 | 2.42 | 2008 | 1.47 |
| 1987 | 2.59 | 2009 | 1.36 |
| 1988 | 2.52 | 2010 | 1.18 |
| 1989 | 2.35 | 2011 | 1.04 |
| 1990 | 2.37 | 2012 | 1.26 |
| 1991 | 1.80 | 2013 | 1.24 |
| 1992 | 1.68 | 2014 | 1.28 |
| 1993 | 1.57 | 2015 | 1.05 |
| 1994 | 1.47 | 2016 | 1.25 |
| 1995 | 1.48 | 2017 | 1.58 |
| 1996 | 1.36 | 2018 | 1.50 |
| 1997 | 1.31 | 2019 | 1.47 |

资料来源：1950～1999 年、2011～2015 年数据来自历年《中国统计年鉴》；2000～2010 年数据来自朱勤（2014）；2016 年数据来自国家卫计委；2017～2019 年数据根据国家统计局资料整理。

2010 年全球平均每个妇女生育 2.5 个孩子，发达国家为 1.7 个，欠发达国家为 2.7 个，最不发达国家为 4.5 个，而扣除中国后的欠发达国家为 3.1 个[1]。中国的总和生育率不到世界平均水平的一半，而且比发达国家的

---

[1]　美国人口普查局（Population Reference Bureau）.2010 世界人口数据表（2010 World Population Data Sheet）[EB/OL]. https：//www. prb. org/wp－content/uploads/2010/11/10wpds_eng. pdf.

平均水平还要低许多。如果中国总和生育率继续保持在这一水平，中国人口就会以平均每 30 年减少 1/4 的速度下降，人口出生率势必在未来一段时间内仍处于低位。

同时，根据我们组织的问卷调查，中国公民生育意愿也呈现出下降趋势。2017 年，我们对育龄人口进行了问卷调查。调查方法选用结构访问法，累计发放问卷 3000 份，收回问卷 2722 份，回收率达到 90.73%。完成问卷的收集整理后，剔除无效及不符合本文主题要求的问卷，有效问卷共计 2691 份，有效回收率为 89.70%。问卷数据统计分析由 Excel 和 SPSS 软件进行。统计结果表明，经济条件成为影响生育意愿的最主要因素，个人发展及生活质量成为生育意愿首要矛盾（见图 2-3）。

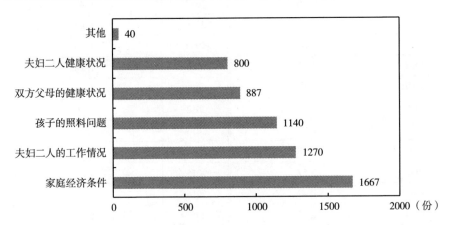

图 2-3 婚后决定是否生育及具体时间的影响因素

从理想子女数的分布情况来看，与 2013 年全国生育意愿调查的结果相比[1]，不愿意生孩子的人从 0.1% 增长到 3.98%，比率几乎增加了 40 倍，而只想生 1 个孩子的人从 13.20% 增加到 21.07%，想生两个孩子的人从 81.80% 下降到 66.85%（见图 2-4）。低孩次生育意愿占比上升明显，越来越多人选择少生甚至不生孩子，这表明我国公民生育意愿呈现下降的趋势。

---

① 庄亚儿，姜玉，王志理，等. 当前我国城乡居民的生育意愿——基于 2013 年全国生育意愿调查 [J]. 人口研究，2014（3）：3-13.

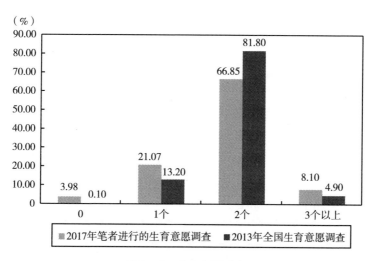

**图 2 - 4　生育意愿对比**

从意愿生育数量来看，调查对象的平均理想子女个数为 1.8，略低于 2013 年全国生育意愿调查城乡居民理想子女数 1.93 和 2015 年中国家庭幸福感热点问题调查育龄人群平均理想子女数 2.0，更低于 1985 年第一期深入生育力调查我国育龄妇女意愿子女数 2.4[①]。根据国家统计局公布的历年人口抽样调查样本数据，2011～2015 年各孩次生育率如图 2 - 5 所示（2016 年以后不再公布生育率相关数据），各孩次生育率在经历短暂波动后，于 2015 年都呈现出下降趋势，再次说明我国公民生育意愿下降的趋势确实存在。

当前中国公民生育意愿的下降，究其原因，首先，在于生育观念的转变。随着计划生育政策的严格落实，人们的生育观念已经被"一对夫妻生育一个子女"的政策要求所同化，对于已经成为育龄人口主力军的"80后"和"90后"而言，多年计划生育宣传的"晚婚、晚育、少生、优生"观念已经内化为相当一部分人的生育意愿，而传统的"多子多孙多福"生育观念已经不再符合当前的经济社会情况，越来越多的家庭更加重视给孩子提供优越的成长条件，对孩子质量的要求已经超越对生育数量的追求[②]。

---

①　贾志科，罗志华. 我国生育意愿研究述评与展望（1982—2016 年）[J]. 河北大学学报（哲学社会科学版），2018（1）：152 - 160.

②　沈晓红. "全面二孩"政策背景下我国育龄家庭生育意愿及影响因素研究 [D]. 武汉：湖北大学，2017.

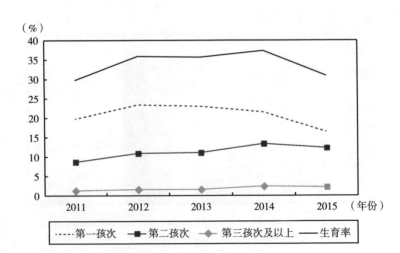

**图 2 - 5 2011 ~ 2015 年生育率情况**
资料来源：国家统计局年度数据。

其次，经济条件成为影响生育意愿的最主要因素，尤其是近年来房价、教育、医疗等问题严重抑制了居民其他方面的需求，同时也使居民对多生育小孩产生了一定程度的恐惧。再次，对个人生活质量的追求使得他们不想多生育子女。随着来自社会、家庭的生存压力逐渐增加，人们更加注重个人发展及生活质量，即使生育政策放开也不愿意早生多生。最后，随着文化的多元化发展，不同的思想逐渐被大众接受和包容，独身主义和丁克家庭的数量越来越多，尤其是在年轻一代有稳定收入的工薪阶层中。

另外，王世铎（2013）根据年龄移算法对 2016 ~ 2035 年我国的人口数量进行了预测，也表明人口出生数总体呈下降趋势。此外，联合国和美国人口普查局也预测中国人口在 2020 年开始负增长[①]。中国低生育率趋势难以逆转，正面临着严重的人口坍塌问题。

根据齐美东等（2016）的预测，由于 2016 ~ 2020 年放开全面二孩政策之后 25 ~ 34 岁的一孩育龄妇女主要人群的生育累积势能较为明显，人口出生率短期内会有所上升，2016 年达到 12.95‰，较上年增长 0.87‰，成

———————————

① 齐美东，蒋化邦. 基于人口出生率波动的中国高校生源问题探讨 [J]. 高教探索，2012 (1)：22 - 27.

为近 15 年来最高点。但是从目前的总和生育率水平和生育意愿看，"全面放开二孩"政策推行后，中国育龄妇女的平均生育子女数依然低于 2.1 的更替水平，2015 年中国育龄妇女的总和生育率仅为 1.047，不及人口世代更替水平的一半。因此，"全面放开二孩"的政策影响仅会在 2016～2020 年内对人口出生率起到一定的拉动作用，表现为短期波动，但是由于经济增长效应逐渐显现及生育意愿等，中国人口出生率下降将成为长期趋势（见图 2-6）。为实现人口与社会经济全面协调发展，短期内，必须对现行的生育政策进行完善，全面贯彻"全面放开二孩"政策，积极应对老龄化趋势；长期内，应逐步过渡到自主生育政策，形成人口自然生长的均衡发展长效机制。[①]

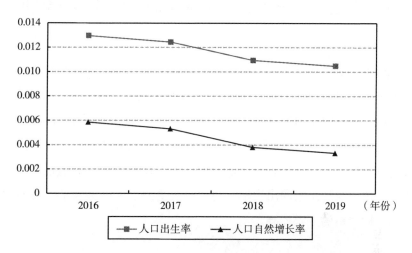

**图 2-6　"全面放开二孩"政策以来中国人口出生率的变化**
资料来源：《中华人民共和国国民经济和社会发展统计公报》（2016～2019 年）。

中国人口出生率最近几年的实际变动情况，也充分说明了中国人口出生率的波动趋势。2015 年中国人口出生率为 12.07‰，图 2-6 显示，"全面放开二孩"政策以来中国人口出生率呈下降趋势，2016 年中国人口出生率为 12.95‰，该年是中国正式实施"全面放开二孩"政策的第一年，人

---

① 齐美东，戴梦宇，郑焱焱. "全面放开二孩"政策对中国人口出生率的冲击与趋势探讨 [J]. 中国人口·资源与环境，2016，26（9）：1-10.

口出生率有显著的上升，但累积因素基本释放完毕，此后人口出生率就不断走低，2017 年中国人口出生率为 12.43‰，2018 年则下降为 10.94‰，2019 年继续下降到 10.48‰。中国人口出生率总体上呈不断下降趋势，维持在一个较低的生育水平上。

因此，随着经济社会不断发展，生育成本较高、生育观念改变等因素所导致的民众总体生育意愿将持续走低，在可预见的将来，中国人口出生率仍将维持在较低的水平，中国高等教育适龄人口也必然面临着下降的基本态势。

# 四、中国近年来人口出生率波动规律的实证分析

人口出生率波动主要受经济发展水平和生育控制政策两大宏观因素影响，由此表现出来的人口出生率波动一般规律为社会经济发展水平提高、产业结构优化等因素而带来的人口出生率平稳下降。而中国人口转变具有一定的特殊性，主要体现在政策对人口生育的干预力度较强、人口出生率下降速度较快、人口发展表现出来的阶段特征在一定程度上超越了经济发展水平，由此表现出来的出生率波动规律所受制的一个区别于一般规律的重要因素即严格的生育控制。

## （一）人口出生率波动时间规律岭回归分析

根据既有经典人口理论结论及国内实际情况分析，在此基础上选取对中国人口出生率有可能影响的解释变量：以人口出生率（*BR*）为因变量，以人均 GDP（*RGDP*）、城镇化率（*UL*）、城镇居民可支配收入（*DI*）、总和生育率（*TFR*）、居民受教育程度指标（*EB*）为自变量，样本数据来自 1980～2013 年《中国统计年鉴》及《中国人口和就业统计年鉴》，利用 SPSS 13.0 软件做出分析结果，如表 2-2 和表 2-3 所示。

表 2 - 2　　　　　　　　　　　方差分析

| 模型 | 平方和 | 自由度 | 均方误差 | 方差 | 显著性 |
|---|---|---|---|---|---|
| 回归 | 471.661 | 5 | 94.332 | 74.456 | 0.000 |
| 残差值 | 34.208 | 27 | 1.267 | | |
| 合计 | 505.869 | 32 | | | |

表 2 - 3　　　　　　　　回归参数估计及多重共线性诊断

| 模型 | 非标准化系数 | | 标准化系数 | t 统计值 | 显著性 | 共线性诊断统计量 | |
|---|---|---|---|---|---|---|---|
| | 参数估计值 | 标准误差 | 参数估计值 | | | 容限度 | 方差扩大因子 |
| 常数项参数 | 13.977 | 3.964 | | 3.526 | 0.002 | | |
| RGDP | 0.001 | 0.000 | 2.380 | 2.732 | 0.011 | 0.003 | 302.929 |
| UL | 14.984 | 14.715 | 0.374 | 1.018 | 0.318 | 0.019 | 53.996 |
| TFR | 2.094 | 0.715 | 0.235 | 2.929 | 0.007 | 0.389 | 2.568 |
| DI | - 0.002 | 0.001 | - 2.656 | - 2.204 | 0.036 | 0.002 | 579.791 |
| EB | - 0.354 | 0.182 | - 0.799 | - 1.946 | 0.062 | 0.015 | 67.287 |

由表 2 - 2 和表 2 - 3 可以看出，城镇化率（UL）和居民受教育程度指标（EB）未能通过显著性检验，可初步判定回归方程存在多重共线性；四个解释变量的方差扩大因子 VIF 均大于 10，进一步证实方程存在共线性。在此基础上进行岭回归处理，设置岭参数 K 从 0.0 到 1.0，步长为 0.05，得到相应的岭回归系数如表 2 - 4 所示。

表 2 - 4　　　　　　　　　　　岭回归系数

| K | RSQ | RGDP | UL | TFR | DI | EB |
|---|---|---|---|---|---|---|
| 0.00000 | 0.93238 | 0.379503 | 0.374451 | 0.234930 | - 2.65603 | - 0.798977 |
| 0.05000 | 0.90434 | 0.233967 | - 0.332664 | 0.279603 | - 0.065304 | - 0.548504 |
| 0.10000 | 0.89279 | 0.121928 | - 0.321606 | 0.280441 | - 0.076940 | - 0.427463 |
| 0.15000 | 0.88415 | 0.062548 | - 0.301612 | 0.277160 | - 0.091091 | - 0.367343 |
| 0.20000 | 0.87727 | 0.024913 | - 0.284831 | 0.271935 | - 0.101773 | - 0.330258 |
| 0.25000 | 0.87148 | - 0.001160 | - 0.271338 | 0.265921 | - 0.109656 | - 0.304725 |
| 0.30000 | 0.86640 | - 0.020260 | - 0.260337 | 0.259672 | - 0.115543 | - 0.285875 |
| 0.35000 | 0.86181 | - 0.034801 | - 0.251169 | 0.253459 | - 0.119999 | - 0.271257 |
| 0.40000 | 0.85755 | - 0.046185 | - 0.243364 | 0.247416 | - 0.123406 | - 0.259492 |

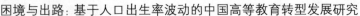

续表

| K | RSQ | RGDP | UL | TFR | DI | EB |
|---|---|---|---|---|---|---|
| 0.45000 | 0.85353 | −0.055289 | −0.236595 | 0.241604 | −0.126024 | −0.249746 |
| 0.50000 | 0.84968 | −0.062687 | −0.230629 | 0.236049 | −0.128036 | −0.241481 |
| 0.55000 | 0.84596 | −0.068777 | −0.225300 | 0.230756 | −0.129572 | −0.234339 |
| 0.60000 | 0.84233 | −0.073841 | −0.220484 | 0.225722 | −0.130731 | −0.228066 |
| 0.65000 | 0.83876 | −0.078083 | −0.216089 | 0.220934 | −0.131584 | −0.222484 |
| 0.70000 | 0.83525 | −0.081660 | −0.212044 | 0.216381 | −0.132188 | −0.217460 |
| 0.75000 | 0.83178 | −0.084689 | −0.208294 | 0.212048 | −0.132587 | −0.212892 |
| 0.80000 | 0.82834 | −0.087263 | −0.204796 | 0.207920 | −0.132815 | −0.208706 |
| 0.85000 | 0.82493 | −0.089455 | −0.201515 | 0.203985 | −0.132900 | −0.204841 |
| 0.90000 | 0.82153 | −0.091323 | −0.198423 | 0.200230 | −0.132865 | −0.201249 |
| 0.95000 | 0.81814 | −0.092915 | −0.195497 | 0.196641 | −0.132728 | −0.197893 |
| 1.00000 | 0.81477 | −0.094269 | −0.192719 | 0.193208 | −0.132505 | −0.194742 |

取 $K = 0.012$，对 1980~2013 年的相应数据分阶段进行岭回归。

以 1980~1990 年的数据为样本最终得到 BR 对 RGDP、TFR、DI、EB 等指标的标准化岭回归方程为：

$$BR = 0.1950RGDP + 0.8093TFR - 0.2927DI + 0.6253UL + 0.4486EB$$

（拟合优度 $R^2 = 0.95$）

拟合方程显示出生率与模型中大多数衡量经济发展的指标都具有正向相关关系。1980~1990 年属于计划生育开拓规范与经济社会迅速发展阶段，计划生育政策被确定为中国的基本国策后，计划生育体制进一步实现规范化与制度化，人口控制更加严格。但由于 20 世纪 60 年代初"第二次人口生育高峰"中出生的人口陆续进入生育年龄，加之 20 世纪 80 年代初《中华人民共和国婚姻法》的修改造成许多不到晚婚年龄的人口提前进入婚育行列，造成人口出生率出现回升，1987 年人口出生率达到 23.3‰ 的阶段峰值。因此，拟合方程显示出生率与模型中大多数经济发展指标呈现正相关。

以 1990~2013 年的数据为样本得到标准化岭回归方程为：

$$BR = -0.3128RGDP + 0.3000TFR - 0.2564DI - 0.7879UL + 0.6637EB$$

（拟合优度 $R^2 = 0.951$）

方程中显示人口出生率与 $RGDP$、$DI$、$UL$ 等经济发展指标都呈现明显负相关。由于 1992 年以来中国确立了社会主义市场经济体制的改革目标，社会主义法治体系逐渐走向完善，计划生育工作思路、工作方法也开始转变，低生育水平开始出现，我国人口增长进入了一个新阶段[1]。随着新型生育文化普及和组织机构日趋健全，1992~2013 年出生率下降了 6.16 个千分点，并一直保持在较低水平。人口自然增长率自 1998 年开始降到10‰以下，年净增人口数自 2000 年开始低于 1000 万人，中国人口增长步入相对平稳时期[2]。因此，上述方程显示人口出生率与人均 GDP、城镇居民可支配收入、城镇化率等指标均具有负相关关系。综上可得，20 世纪90 年代后社会经济发展对出生率波动的解释效应明显增强。

## （二）中国人口出生率波动空间规律分析

### 1. 分地区出生率波动差异状况

这里拟通过选取人均 GDP、人口出生率、死亡率及人口密度四个指标，考察中国人口出生率地区波动差异。考虑到近年来生育控制政策改革因素，在郭志刚等（2003）研究结论基础上将我国 31 个省份分为四大类。

第一类（$PO_1$）：由以独生子女政策为主向以单独二孩政策为主转变的地区，包括上海、江苏、北京、天津、四川、重庆 6 个省份，占全国人口总数的 20%。这些地区指标特征主要表现为经济较发达、出生率低（上海在 1993 年即已出现人口负增长）且近年来出生率回升、人口老龄化导致死亡率小幅下降、人口密度高（上海及北京近年人口密度均为千人以上）。

第二类（$PO_2$）：由独生子女政策与独女可生二孩政策向单独二孩政策与独女可生二孩政策转变的地区，包括辽宁、黑龙江、广东、吉林、山

---

① 张维庆. 在全国开展创建计划生育优质服务先进县（市、区）活动电视电话动员会议上的讲话 [J]. 人口与计划生育，2002（7）：4-6.

② 国家统计局. 新中国 60 周年：人口总量适度增长　结构明显改善 [EB/OL].（2009-09-15）. http://www.gov.cn/test/2009-09/15/content_1417725.htm.

东、江西、湖北、浙江、湖南、安徽、福建、山西 12 个省份，占全国人口总数的 44%。这些省份属于人口大省，近年来基本呈现出人口出生率基数较高且快速下降、经济发展起步较晚但提速快、死亡率处于中等水平且波动趋势相对不明显等特征。

第三类（$PO_3$）：由独女可生二孩政策与二孩政策向单独二孩政策与独女可生二孩政策转变的地区，包括河北、河南、内蒙古、甘肃、陕西、广西、贵州 7 个省份，占全国人口总数的 31%。这些省份人口密度相对较低，近年来基本呈现出人口出生率较高且逐年降低、经济发展相对落后但增速显著、死亡率下降明显等特征。

第四类（$PO_4$）：由二孩及以上的政策向单独二孩政策与二孩及以上政策混合转变的地区，包括云南、青海、宁夏、海南 4 个省份，仅占全国人口总数的 5%。这些地区由于历史及区位因素导致经济发展相对滞后、少数民族集聚引致人口出生率较高且降速较慢，死亡率相对较高但逐年下降并趋于平稳。云南及海南地区人口密度与其他西部地区相比较高；青海、宁夏地广人稀，适龄劳动力不足成为阻碍当地经济发展的重要因素之一。新疆和西藏尚未调整，因此在实证模型中不计入内，其人口特征与青海、宁夏类似。

根据国内外各类人口出生率波动经典理论，随着社会经济发展程度提高，孩子抚养成本、妇女经济地位及受教育程度提升，各类医疗技术发展和福利保障健全推动了传统功利性生育需求降低，人口出生率逐步下降成为历史性演变趋势。数据显示当前选择的 31 个样本中仅有北京、上海、天津、黑龙江、吉林、辽宁、山东、四川和浙江 9 个省份在 1990 年的出生率低于 20‰，但至 2012 年我国已经有 22 个省份实现人口出生率低于 13‰。我国实行计划生育政策的特殊国情决定了我国仅用不到 25 年便基本上实现了人口再生产类型由"高出生、低死亡、高增长"向"低出生、低死亡、低增长"的转变（王金营，2006）。

## 2. 分地区出生率波动差异面板模型分析

鉴于出生率受到人口密度、经济发展水平及计划生育政策因素共同影

响，据此收集 29 个省份 1990～2012 年相关指标面板数据对出生率近年来
的影响因素及程度大小进行分析。使用的模型如下：

$$BR = \beta_0 + \beta_1 \ln(PD) + \beta_2 \ln(RGDP) + \beta_3 FP + u \qquad (2.1)$$

其中，经济发展水平用人均 GDP 的对数表示，$\ln(PD)$ 为人口密度指标，
计划生育率（$FP$）即采用上文四种类型进行区分。

本章主要使用固定效应模型进行回归分析，由于本章选择的面板数据
来自我国 29 个省份，研究样本覆盖了我国大多数地区，即样本占总体比例
较高，因此采用固定效应模型效果较好，分析结果如表 2－5 所示。

表 2－5  面板模型分析

| 结构自变量 | 出生率 | | | |
|---|---|---|---|---|
| | PO$_1$ | PO$_2$ | PO$_3$ | PO$_4$ |
| 人口密度 | －1.0789<br>（－8.69） | 1.6059<br>（5.58） | 0.1394<br>（0.87） | －0.6369<br>（－5.29） |
| 人均 GDP（对数） | －1.5968<br>（－13.26） | －2.9963<br>（－19.07） | －3.0414<br>（－18.40） | －3.3811<br>（－20.39） |
| 常数项 | 31.8738<br>（19.42） | 31.078<br>（15.70） | 40.4606<br>（24.41） | 49.626<br>（32.66） |
| 观测值 $R^2$ | 0.6028 | 0.5749 | 0.6826 | 0.8703 |
| 调整后的 $R^2$ | 0.5966 | 0.5719 | 0.6785 | 0.8664 |
| Hausman 检验（$P > \chi^2$） | 0.1708 | 0.0201 | 0.00 | 0.00 |
| 观察值数 | 131 | 276 | 161 | 69 |

注：括号中的数据为 t 值。

由表 2－5 可以得出三点结论。

（1）对于四组样本，经济发展水平对出生率影响都较为显著。

（2）严格实施计划生育的 PO$_1$ 地区与以施行二孩政策为主的 PO$_4$ 地区
在人均 GDP 对出生率影响系数方面差异明显，并且这种影响随着生育控制
力度加强而显著削弱，可见计划生育政策对出生率的影响作用巨大，可以
预见在放开单独二孩政策后出生率必然会出现较大幅度波动。

（3）在生育控制严格的地区，人口密度对出生率的负向效应较为明
显，即北京、上海、天津等一线城市近年外来人口流入及生育因素导致人

口饱和程度严重，在经济社会发展和计划生育政策双重作用下，出生率下降最为显著。而在生育控制相对宽松地区人口密度与出生率则呈现正相关，可见这些地区出生率降低趋势不如第一组样本明显。第四组样本中人口密度与出生率呈现负向关系，一方面，由长期以来的地广人稀等地理人文因素决定；另一方面，说明较低的人口密度与下降的出生率导致这些地区经济发展受到劳动力缺乏等人口因素制约问题较为严重。

**3. 分地区出生率波动差异原因分析**

第一，计划生育体制完善程度及政策执行力度差异。由于上海、江苏、北京、天津等东部较发达地区各方面监督约束机制完善，例如户籍制度发展较为健全，生育政策执行有力且持续性强，出生率控制效果显著。新疆、青海、宁夏等中西部地区计划生育政策起步较晚，部分地区由于少数民族政策等特殊因素在人口控制上力度较轻，各方面惩罚激励机制也有待进一步完善。

第二，社会经济及医疗卫生条件差异。中西部地区城市发达程度相对欠缺，国家政策目标与经济社会发展水平不能同步，而东部地区的发达程度则更能符合人们的生育意愿。同时较东部而言，中西部大多数地区医疗环境与妇幼保健水平、初生婴儿存活率与人口平均预期寿命较低，因此要求更高的生育率来提供数量保障。

第三，育龄妇女文化程度差异。育龄妇女生育状况与自身文化程度关系密切。历年《中国人口与就业统计年鉴》数据显示，妇女受教育程度与生育胎次成反比。东部发达地区妇女平均受教育水平较高，自身发展意识与自主生育意愿作用较强，观念更新促使其价值取向从传宗接代向自我发展提升，生育率降低趋势更为明显。

第四，家庭结构功能差异。西部欠发达地区生产力水平较低，因此对劳动力的依赖程度相对更高，较东部地区而言家庭生产功能更为显著，以扩大家庭规模和增加子女数来满足经济需求的传统生育观念表现得更为普遍；而东部发达地区家庭的主要功能则表现为消费功能，养育结构更倾向于市场化和现代化。

## （三）中国近年来人口出生率波动规律的主要表现

总体而言，中国近年来人口出生率波动规律主要表现为空间波动规律和时间波动规律。

**1. 空间波动规律**

第一，社会经济发展水平是通过受教育层次、社会福利及医疗保障等传导要素产生对出生率的影响效应，但在经济繁荣到一定程度后出生率降速会有所减缓。如表 2 – 5 所示，依据生产力发达程度从高到低依次划分的 $PO_1$、$PO_2$、$PO_3$、$PO_4$ 地区表现出来的人均 GDP 变量对出生率影响效应逐个递增。又如，1971～1980 年人口出生率由于生育控制政策的作用下降了12.5 个千分点，约为 1992～2013 年出生率下降幅度的两倍。

第二，由表 2 – 5 可得人均 GDP 对出生率影响系数随着生育控制力度加强而明显削弱，可见计划生育政策对出生率的影响作用十分显著。在经济发展到能够自主发挥面向出生率的调控效应之前，采取严格的生育控制政策效果可能超过经济因素对人口增长的影响。

第三，各地域经济发展差距较大，人口迁移和流动现象过于频繁且方向分布过于集中，这些因素导致经济发达的 $PO_1$ 地区人口饱和程度严重，在政策重视和经济调节作用下人口出生率偏低甚至负增长现象最为明显。相对发达的 $PO_2$ 及 $PO_3$ 地区人口密度与出生率之间呈现正相关关系，而在相对欠发达、地广人稀的 $PO_4$ 地区则呈现负向关系。由此可见，地区经济发展程度及社会特征差距越大，出生率波动趋势偏离一般规律的不可控因素越多，对整体出生率水平产生的不可预测的影响就越显著。

**2. 时间波动规律**

第一，政策体系的逐步完备、法律法规的日趋健全、工作思路及工作作风的不断革新进步，使得人口出生率的波动趋势更为可控，不至于与客观规律发生较大程度的偏离。2000 年以来人口出生率持续稳步下降、人口进入平稳增长阶段，与人口规划措施相对模糊、配套政策体系急需健全的20世纪70年代初试行人口控制阶段的政策相比，所带来的社会负面影响更小，人口增长结构转型的过渡也更加稳健。

第二，由于人口变化具有周期性，出生率的波动趋势在一定程度上由二三十年前的人口出生率决定，如20世纪80年代出生率的回升是由于20世纪五六十年代出生人群进入婚育期，形成新中国成立以来第三次人口高峰。由此可见，着手开展人口控制时间越早，所引致的偏离出生率波动规律的不可控因素就越少，生育控制政策经验积累也更为完备和全面。

由于样本区域基本按照经济发展程度进行划分，因此出生率波动的空间差异在一定程度上可以反映时间规律。

# 第三章

# 中国人口出生率下降背景下
# 高等教育发展状况

    大学教育发挥着十分重要而独特的功能，包括开发受教育者的思维能力，培养学生独立生活能力，形成科学素养与人文精神。《大学》开宗明义即阐明："大学之道，在明明德，在亲民，在止于至善。知止而后有定，定而后能静，静而后能安，安而后能虑，虑而后能得。物有本末，事有终始。知所先后，则近道矣。"① 两百年前，德国的教育宣言曾如此说道：教育的目的，不是培养人们适应传统的世界，不是着眼于实用性的知识和技能，而是要去唤醒学生的力量，培养他们自我学习的主动性，抽象的归纳力和理解力，以便使他们在目前无法预料的种种未来局势中，自我做出有意义的选择。教育以人为最高目的，接受教育是人的最高价值的体现。从某种程度上来说，大学教育是人类实现这个最高价值的关键环节②。高等院校是知识传播、知识创新和知识应用的重要基地，更是培育创新型复合型高级专门人才的摇篮。

    改革开放以来，我国高等教育进入黄金发展阶段，无论是数量还是规模上都取得了不错的成绩，高等教育发展也从"精英化"转向"大众化"模式。高等教育"大众化"教育模式可以分为发达国家的主动型发展模式和后发国家的追赶型、被动型发展模式。主动型发展模式是建立在经济增长基础上的，人均 GDP 达到较高水平，高等教育发展程度与经济增长水平

---

① 陈晓芬，徐儒宗，译注. 论语·大学·中庸 [M]. 北京：中华书局，2015：249.
② 蒋锐，李志. 大学本科专业教育模式下开展通识教育的必要性 [J]. 教育教学论坛，2014（4）：128 – 129.

相适应，教育结构与产业结构相协调，从而实现高等教育的多元化。被动型发展模式是在经济发展水平较低的情况下，主要依靠政府和社会的推动，以较快的速度实现大众化进程。当前我国高等教育大众化发展模式属于追赶型、被动型的发展模式。这种大众化教育模式符合我国当前经济发展的实际需求，也给整个社会发展带来诸多好处。但其实质上是一种粗放式的发展模式，随着教育的深化发展逐渐出现了资源配置失调、结构失衡、教育质量滑坡等问题，造成高等教育资源配置的低效率，因而转型发展成为我国高等教育可持续发展的必然选择。由于计划生育政策的持续实施和民众生育观念的转变，未来我国人口出生率下降将是一个长期发展趋势，低出生率带来的高等教育适龄人口的减少势必将会对高等教育转型产生重要影响。

# 一、高等教育规模状况

教育部发布的《中国教育概况——2018 年全国教育事业发展情况》显示，我国高等教育规模稳步发展，结构逐步优化，普及程度持续提高，即将迈入普及化发展阶段，教师队伍和学校办学条件得到进一步改善。

根据《2018 年全国教育事业发展统计公报》①，全国各类高等教育在学总规模达到 3833 万人，高等教育毛入学率达到 48.1%，比上年提高 2.4 个百分点，即将迈入普及化发展阶段。每 10 万人口中高等教育在校生人数为 2658 人，比上年增加 82 人。

2018 年，全国共有高等学校 2940 所。其中，普通高等学校 2663 所（含独立学院 265 所），比上年增加 32 所，增长 1.22%；本科院校 1245 所，比上年增加 2 所；高职（专科）院校 1418 所，比上年增加 30 所。全国共有成人高等学校 277 所，比上年减少 5 所；全国共有研究生培养机构 815 个，其中，普通高校 580 所，科研机构 235 个。普通高等学校校均规

---

① 教育部.2018 年全国教育事业发展统计公报 [EB/OL].（2019 - 07 - 24）. http：// www. moe. gov. cn/jyb_sjzl/sjzl_fztjgb/201907/t20190724_392041. html.

模 10605 人，其中，本科院校 14896 人，高职（专科）院校 6837 人。

2018 年全国研究生招生 85.80 万人，其中，全日制 73.93 万人，比上年增加 5.19 万人，增长 6.4%。招收博士生 9.55 万人，招收硕士生 76.25 万人。全国在学研究生 273.13 万人，比上年增加 9.27 万人，增长 3.5%。其中，在学博士生 38.95 万人，在学硕士生 234.17 万人。毕业研究生 60.44 万人，比上年增加 2.63 万人，增长 4.6%。其中，毕业博士生 6.07 万人，毕业硕士生 54.36 万人。

国家积极发展专业学位研究生教育，加强应用型高层次人才的培养力度，优化人才培养类型结构。2018 年，招收专业学位博士研究生 6784 人，占博士研究生招生人数的 7.1%，比上年提高 3.9 个百分点；招收专业学位硕士研究生 43.98 万人，占硕士研究生招生总数的 57.7%，比上年提高 2.0 个百分点。

2018 年全国普通本专科招生 790.99 万人，比上年增加 29.50 万人，增长 3.87%；在校生 2831.03 万人，比上年增加 77.45 万人，增长 2.81%；全国普通本专科毕业生 753.31 万人，比上年增加 17.48 万人，增长 2.38%。

2018 年民办高校 750 所（含独立学院 265 所，成人高校 1 所），比上年增加 3 所。普通本专科招生 183.94 万人，比上年增加 8.57 万人，增长 4.9%；在校生 649.60 万人，比上年增加 21.14 万人，增长 3.4%，占全国普通本专科在校生总数的 22.9%，比上年略增 0.1 个百分点。硕士研究生招生 735 人，在学 1490 人。

2018 年成人本专科招生 273.31 万人，比上年增加 55.78 万人，增长 25.64%，增长幅度较大；在校生 590.99 万人，比上年增加 46.84 万人，增长 8.61%；毕业生 217.74 万人，比上年减少 29.30 万人，下降 11.86%。

全国高等教育自学考试学历教育报考 544.69 万人次，取得毕业证书 48.72 万人。

2018 年普通高等学校教职工 248.75 万人，比上年增加 4.45 万人，增长 1.82%；专任教师 167.28 万人，比上年增加 3.95 万人，增长 2.42%。普通高校生师比为 17.56∶1，其中，本科院校 17.42∶1，与上年持平，高职（专科）院校 17.89∶1，比上年有所扩大。成人高等学校教职工 3.80 万人，比上年减少 3381 人；专任教师 2.19 万人，比上年减少 2082 人。

《中国教育概况——2018 年全国教育事业发展情况》显示，教师学位层次构成继续提高。2018 年，普通高校研究生学位教师比例为 73.6%，比上年提高 1.7 个百分点；其中普通本科院校为 83.7%，比上年提高 1.7 个百分点；高职（专科）院校为 50.0%，比上年提高 1.8 个百分点。

高级专业技术职务教师比例略有提高。2018 年，全国普通高校高级专业技术职务教师比例为 43.2%，比上年提高 0.4 个百分点；普通本科院校为 48.7%，比上年提高 0.5 个百分点；高职（专科）院校为 30.3%，比上年提高 0.2 个百分点。

与此同时，普通高校办学条件不断改善，与教育质量提升紧密相关的教学科研仪器设备、信息化设备及网络课程资源等配置水平进一步提升。

2018 年，全国普通高校校均规模为 10605 人，比上年增加 175 人。其中，普通本科院校为 14896 人，比上年增加 257 人；高职（专科）院校为 6837 人，比上年增加 175 人。

2018 年，全国普通高校生均教学辅助及行政用房面积 13.9 平方米，比上年减少 0.1 平方米。其中，普通本科院校 13.2 平方米，比上年减少 0.1 平方米；高职（专科）院校 15.3 平方米，比上年减少 0.1 平方米。

教学科研仪器设备配置水平普遍提高。2018 年，全国普通高校生均教学科研仪器设备值为 1.57 万元，比上年增长 7.6%。其中，普通本科院校为 1.83 万元，比上年增长 8.0%；高职（专科）院校为 9875 元，比上年增长 6.9%。

2018 年，全国普通高校每百名学生拥有教学用计算机 26.9 台，比上年略增 0.2 台。其中，普通本科院校 26.7 台，与上年持平；高职（专科）院校为 27.5 台，比上年增加 0.7 台。

# 二、高等教育经费状况分析

世界各国都非常重视教育发展，不断增加国家财政性教育投入。根据有关资料统计，世界平均水平为 7% 左右，其中发达国家达到 9%，部分经济欠发达的国家也达到4%左右。① 随着各国对文化教育支出的倾斜，教育性经费占比未来将继续呈加速增长态势。国务院于1993年制定的《中国教育改革和发展纲要》中就明确提出："逐步提高国家财政性教育经费支出占国民生产总值的比例，在本世纪末达到4%。"② 尽管国家对高等院校的经费投入逐年增加（见表3－1），但直至2012年，国家财政性教育经费占GDP比例达到4.28%，才实现这个目标，但仍低于全球平均水平4.9%，并且其中还包含了行政费用等诸多不合理的成分。根据教育部发布的全国教育经费执行情况统计公告，国家财政性教育经费占GDP比重自2012年来一直维持在4%以上。教育部也在2012年3月发布的《教育信息化十年发展规划（2011—2020年）》中明确提出，各级政府在教育经费中按不低于8%的比例列支教育信息化经费，保障教育信息化拥有持续、稳定的政府财政投入。同时，国家对不同高校财政支持力度并不均衡，一些"985"大学每年可获得几亿元的经费，而一些偏远地区高校及高职、民办院校，国家财政支持的力度则较小。在学费收入减少的情况下，这些院校与"985"等重点院校的差距不断扩大，甚至会面临破产的风险。

表3－1　　　　　1992～2020年我国高等教育经费投入情况

| 年份 | 全国教育经费总投入（亿元） | 公共财政教育支出占公共财政支出比例（%） | 国家财政性教育经费占GDP比例（%） |
|---|---|---|---|
| 1992 | 867.05 | 15.10 | 2.71 |
| 1993 | 1059.94 | 14.57 | 2.46 |
| 1994 | 1488.78 | 16.07 | 2.44 |
| 1995 | 1877.95 | 16.02 | 2.32 |
| 1996 | 2262.34 | 16.23 | 2.35 |
| 1997 | 2531.73 | 15.61 | 2.36 |
| 1998 | 2949.06 | 15.32 | 2.41 |
| 1999 | 3349.04 | 14.49 | 2.55 |
| 2000 | 3849.08 | 13.80 | 2.58 |

---

① 孙杰. 2020年中国教育信息化行业现状及发展分析［EB/OL］. （2020－10－26）. https：//tech. ifeng. com/c/80rlVc4X5vP.

② 国务院. 中国教育改革和发展纲要（1993）［EB/OL］. （1993－02－13）. http：//www. moe. gov. cn/jyb_sjzl/moe_177/tnull_2484. html.

续表

| 年份 | 全国教育经费总投入（亿元） | 公共财政教育支出占公共财政支出比例（%） | 国家财政性教育经费占 GDP 比例（%） |
|---|---|---|---|
| 2001 | 4637.66 | 14.31 | 2.79 |
| 2002 | 5480.03 | 14.76 | 2.90 |
| 2003 | 6208.27 | 14.68 | 2.84 |
| 2004 | 7242.60 | 14.90 | 2.79 |
| 2005 | 8418.84 | 14.58 | 2.79 |
| 2006 | 9815.31 | 15.18 | 2.93 |
| 2007 | 12148.07 | 16.26 | 3.12 |
| 2008 | 14500.74 | 16.32 | 3.33 |
| 2009 | 16502.71 | 15.69 | 3.59 |
| 2010 | 19561.85 | 15.76 | 3.65 |
| 2011 | 23869.29 | 16.31 | 3.93 |
| 2012 | 27695.97 | 16.13 | 4.28 |
| 2013 | 30364.72 | 15.27 | 4.30 |
| 2014 | 32806.46 | 14.87 | 4.10 |
| 2015 | 36129.19 | 14.70 | 4.26 |
| 2016 | 38888.39 | 14.75 | 4.22 |
| 2017 | 42562.01 | 14.71 | 4.14 |
| 2018 | 46143.00 | 14.48 | 4.11 |
| 2019 | 50178.12 | 14.51 | 4.04 |
| 2020 | 53033.87 | 14.78 | 4.22 |

资料来源：1992~2015 年数据来自《中国统计年鉴 2016》，2016~2020 年数据来自《全国教育经费执行情况统计公告》。

# 三、中国高等教育基础设施状况分析

## 1. 高等院校数量不断增加

表 3-2 显示，我国普通高等院校数量从 1978 年的 598 所到 2017 的 2631 所[①]，39 年的时间翻了 4 倍多，并仍然处于增加中。截至 2020 年 6 月

---

① 教育部. 全国教育事业发展统计公报（2017）[EB/OL].（2018-07-19）. http://www. moe. gov. cn/jyb_sjzl/sjzl_fztjgb/.

30 日，全国高等学校共计 3005 所，其中：普通高等学校 2740 所，含本科院校 1272 所、高职（专科）院校 1468 所；成人高等学校 265 所①。

表 3-2　　　　　　　　1978~2020 年我国高等院校数量　　　　　　　单位：所

| 年份 | 普通高等学校 | 高职（专科）院校 | 年份 | 普通高等学校 | 高职（专科）院校 |
|------|------|------|------|------|------|
| 1978 | 598 | — | 2008 | 2263 | 1184 |
| 1980 | 675 | — | 2009 | 2305 | 1215 |
| 1985 | 1016 | — | 2010 | 2358 | 1246 |
| 1990 | 1075 | — | 2011 | 2409 | 1280 |
| 1995 | 1054 | — | 2012 | 2442 | 1297 |
| 2000 | 1041 | 442 | 2013 | 2491 | 1321 |
| 2001 | 1225 | 628 | 2014 | 2529 | 1327 |
| 2002 | 1396 | 767 | 2015 | 2560 | 1341 |
| 2003 | 1552 | 908 | 2016 | 2596 | 1369 |
| 2004 | 1731 | 1047 | 2017 | 2631 | 1388 |
| 2005 | 1792 | 1091 | 2018 | 2663 | 1418 |
| 2006 | 1867 | 1147 | 2019 | 2688 | 1423 |
| 2007 | 1908 | 1168 | 2020 | 2740 | 1468 |

资料来源：1978~2015 年数据来自《中国统计年鉴 2016》；2016~2019 年数据来自《全国教育事业发展统计公报》（2016~2019 年）；2020 年数据来自《全国高等学校名单》。

**2. 办学条件提高较为缓慢**

虽然院校的数量在不断增加，但各院校真实办学条件却相对落后。尽管近年来办学资源不断增加，但生均教育资源不断下降，生均教学用房面积、生均仪器设备、生均图书册数等衡量普通高校基本办学条件（见表 3-3）和核定年度招生规模的指标分别下降了 18%、3% 和 48%。教育资源投入并没有跟上扩招的速度，使得我国目前高校办学资源总体上仍然呈现相对短缺的状况②。

———————————

① 教育部. 全国高等学校名单 [EB/OL]. （2020-07-09）. http：//www.moe.gov.cn/jyb_xxgk/s5743/s5744/202007/t20200709_470937.html.

② 谢作栩，黄荣坦. 中国高等教育发展宏观调控模型研究 [J]. 高等教育研究，2004（6）：18-24.

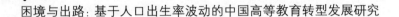

表 3-3　　　　　　　1997～2020 年中国普通高校办学基本条件

| 年份 | 普通高校校舍建筑面积<br>（万平方米） | 普通高校教学科研仪器<br>设备总值（亿元） |
|---|---|---|
| 1997 | 14373.53 | 203.75 |
| 1998 | 15400.46 | 225.77 |
| 1999 | 17524.79 | 390.05 |
| 2000 | 20749.00 | 476.37 |
| 2001 | 25956.23 | 598.34 |
| 2002 | 30251.29 | 745.80 |
| 2003 | 38201.76 | 912.98 |
| 2004 | 45510.55 | 1098.00 |
| 2005 | 51287.27 | 1216.80 |
| 2006 | 57356.27 | 1424.00 |
| 2007 | 57654.32 | 1607.40 |
| 2008 | 59214.55 | 1813.59 |
| 2009 | 63246.84 | 2046.00 |
| 2010 | 74604.00 | 2279.00 |
| 2011 | 78076.00 | 2555.00 |
| 2012 | 81060.42 | 2935.37 |
| 2013 | 84154.95 | 3309.58 |
| 2014 | 86310.71 | 3658.49 |
| 2015 | 89141.38 | 4058.60 |
| 2016 | 92671.05 | 4514.42 |
| 2017 | 95400.32 | 4995.29 |
| 2018 | 97713.56 | 5533.06 |
| 2019 | 101248.41 | 6095.08 |
| 2020 | 104033.81 | 6911.30 |

资料来源：1997～2009 年数据来自《中国教育统计年鉴》（1998～2010 年）；2010～2019 年数据来自《全国教育事业发展统计公报》（2010～2020 年）。

在校生规模从 1978 年的 228 万人增加到了 2017 年的 3779 万人[1]，39 年的时间翻了近 17 倍。但高校基础设施的增长速度远远落后于学生规模的增长速度，造成人均设施占有量的下降趋势[2]，一些高校图书资料陈

---

① 教育部. 全国教育事业发展统计公报（2017）[EB/OL].（2018-07-19）. http://www.moe.gov.cn/jyb_sjzl/sjzl_fztjgb/.

② 周学芳. 我国高等教育资源配置问题研究 [D]. 长春：吉林大学，2016.

旧匮乏，教学科研仪器设备、多媒体教学设备不足或设备陈旧低劣，实验室数量严重不足，远远不能满足学生正常的学习需要。

# 四、中国高等教育师资力量状况分析

教师是高等院校发展的重要基础，也是高等教育培养高素质创新型人才的关键所在。改革开放以来，中国高校教师队伍稳步发展。表 3－4 显示，高校专任教师数量近年来大幅增加，尤其是高校扩招之后，无论是一般普通高等学校还是高职高专学校，专任教师增长的幅度都比较大。根据教育部发布的《2020 年全国教育事业发展统计公报》，普通高等学校专任教师183.30 万人（教职工 266.87 万人），比上年增加9.28 万人，增长5.34%。

表 3－4　　　　　　　　1980～2019 年高校专任教师情况　　　　　　　单位：万人

| 年份 | 普通高等学校 | 高职（专科）院校 | 年份 | 普通高等学校 | 高职（专科）院校 |
|---|---|---|---|---|---|
| 1980 | 24.7 | — | 2008 | 123.7 | 37.7 |
| 1985 | 34.4 | — | 2009 | 129.5 | 39.5 |
| 1990 | 39.5 | — | 2010 | 134.3 | 40.4 |
| 1995 | 40.1 | — | 2011 | 139.3 | 41.3 |
| 2000 | 46.3 | 8.7 | 2012 | 144.0 | 41.3 |
| 2001 | 53.2 | 12.4 | 2013 | 149.7 | 43.7 |
| 2002 | 61.8 | 15.6 | 2014 | 153.5 | 43.8 |
| 2003 | 72.5 | 19.7 | 2015 | 157.3 | 45.5 |
| 2004 | 85.8 | 23.8 | 2016 | 160.2 | 46.7 |
| 2005 | 96.6 | 26.8 | 2017 | 163.3 | 48.2 |
| 2006 | 107.6 | 31.6 | 2018 | 167.3 | 49.8 |
| 2007 | 116.8 | 35.5 | 2019 | 174.0 | |

资料来源：1980～2018 年数据来自《中国统计年鉴2019》；2019 年数据来自《2019 年全国教育事业发展统计公报》。

但我国高等院校的生师比呈现倒"U"型结构，2002 年达到峰值（见表 3－5），这与前文所述高校适龄人口峰值年份一致。2002 年之后，高校生师比一直维持在17 左右。显然，高校生师比过高，这势必影响到学生培养质量。如果人口出生率一直保持低增长，高等院校在校人数将随之持续减少，所需教师人数亦将呈下降趋势，原来的在校生规模庞大与教师规模相对不足的矛盾将逐渐弱化，中国高等教育师资短缺的现象将随人口出生率的下降而得到一定程度的缓解。

表 3-5　　　　1993~2020 年普通高校生师比（教师人数 =1）

| 年份 | 普通高校 | 年份 | 普通高校 |
|------|----------|------|----------|
| 1993 | 8.00 | 2007 | 17.28 |
| 1994 | 9.25 | 2008 | 17.23 |
| 1995 | 9.83 | 2009 | 17.27 |
| 1996 | 10.36 | 2010 | 17.33 |
| 1997 | 10.87 | 2011 | 17.42 |
| 1998 | 11.62 | 2012 | 17.52 |
| 1999 | 13.37 | 2013 | 17.53 |
| 2000 | 16.30 | 2014 | 17.68 |
| 2001 | 18.22 | 2015 | 17.73 |
| 2002 | 19.00 | 2016 | 17.07 |
| 2003 | 17.00 | 2017 | 17.52 |
| 2004 | 16.22 | 2018 | 17.56 |
| 2005 | 16.85 | 2019 | 17.95 |
| 2006 | 17.93 | 2020 | 18.37 |

资料来源：1993~2015 年数据来自《中国统计年鉴 2016》；2016~2019 年数据来自《全国教育事业发展统计公报》（2016~2020 年）。

# 五、高等教育结构呈现多样化

一般而言，高等教育结构主要可以分为教育层次结构、教育科类结构和教育类型结构。在高等教育大众化的进程中，我国高等教育的办学层次、高校布局、办学类型都发生了深刻变化，并日趋多元化。

（1）高等教育层次多样化。我国属于"后发型"现代化国家，社会对人才的需求大体呈"金字塔"形，从大量的普通劳动到高、精、尖科学的研究，形成了由低级向高级递延的趋势。而多样化的人才需求应由多样化的高等教育层次予以匹配。我国目前的高等教育已涵盖了大学专科、本科（学士）、研究生（硕士和博士）等层次，并且在研究生阶段还有继续向两端延伸的趋势，如修课式的研究生教育和博士后教育。

从办学层次上看，专科比例逐渐提高，本专比例趋于合理[1]。扩招以来，专科学校的涨幅一直超过本科院校。《2013 年全国教育事业发展统计公报》的数据显示，2013 年全国普通高校中本科院校 1170 所，高职专科类院校 1321 所，比例约为 1∶1.1，相较于高校扩招前本专院校 2∶1 的比例来说，结构上有了很大改善。2019 年，我国普通本科院校数量为 1265 所，专科院校数量为 1423 所，相差 158 所。"双一流"建设高校 140 所，仅占本科院校的 11.07%，"双高计划"建设高校 197 所，仅占专科院校的 13.84%[2]。

（2）高等教育学科多样化。总体来看，高校基础学科的规模及比例呈现出下降的趋势，而与经济社会关系密切的应用性及实用性学科的规模及比例却保持着上升趋势。因而，经济社会、产业结构的多样化，必然会带动高等教育学科的多样化。我国国家标准《学科分类与代码》（GB/T13745—1992）中列出了 58 个一级学科、635 个二级学科和 2058 个三级学科的范围。

（3）高等教育办学类型多样化。从办学类型上看，高等教育大众化推进了高等教育类型的多样化，除了普通高等院校，如大学、学院、高职高专等类型的院校外，还出现了独立学院、民办学校、中外合作办学、成人教育、自学考试等多种类型的办学形式，极大地丰富了我国高等教育办学类型。其中，民办高等教育从无到有，发展较快。根据教育部发布的《2020 年全国教育事业发展统计公报》，民办普通高校 771 所（含独立学院241 所），比上年增加 15 所。普通本专科招生 236.07 万人，比上年增加 16.38 万人，增长 7.46%；在校生 791.34 万人，比上年增加 82.51 万人，

---

① 刘尧，刘岩. 我国高等教育发展的现状、问题与趋势［J］. 教育与现代化，2009（3）：63 - 64.

② 教育部. 全国教育事业发展统计公报（2019）［EB/OL］.（2020 - 05 - 20）. http：//www.moe.gov.cn/jyb_sjzl/sjzl_fztjgb/202005/t20200520_456751.html.

增长 11.64%。硕士研究生招生 1260 人，在学 2556 人。此外，职业教育同样也获得了迅速发展，日益成为高等教育的重要形式之一。随着高等教育发展从精英阶段向大众化阶段演变，终身职业教育已逐渐成为大学生提高自身竞争能力的重要渠道。根据鼎韬产业研究院的统计分析，经过培训就业的大学生与直接就业的大学生相比，其起薪平均要高 10.22%，这充分说明了职业教育的重要性①。

## 六、高等教育发展地区差异显著

受国家宏观政策、区域间经济结构、经济发展水平、政府财政支持能力、高等教育适龄人口数量及文化传统等诸多因素的影响，尽管高校设置向西部和地级城市倾斜与延伸，逐步打破了高校主要集中于东部和大中城市的格局，地区之间差距也正在缩小②，但我国高等教育发展地区间仍极度不均衡。

一方面，东部沿海经济发达地区和中西部经济欠发达地区相比，东部沿海地区的高校数量、在校生总数、教职工总数等明显多于西部地区。另一方面，地区间高等教育国家财政性教育经费投入也存在很大差异，最高的是北京地区，2011 年北京高等教育国家财政性教育经费约为 4946.8 亿元，占整个高等教育国家财政性教育经费的 12.1%；而对于欠发达的地区，如西藏、青海等，高等教育国家财政性教育经费投入分别为 107.2 亿元和 129.8 亿元，仅约为北京地区的 1/46③。

高等教育发展地区间的不平衡，不仅导致了不同经济发展水平地区接受高等教育机会的不平等，影响欠发达地区人口的生存和发展，还导致了

---

① 中国教育在线. 中国高招调查报告 [EB/OL]. (2015 - 06 - 04). http：//www. eol. cn/html/g/report/2015/.

② 袁卫. 中国高等教育大众化的现状、问题与展望 [EB/OL]. (2012 - 11 - 29). http：//ghc. hist. edu. cn/info/1007/1334. htm.

③ 根据《中国教育经费统计年鉴 2011》整理获得。

欠发达地区生源的大量流失，进一步加剧了对欠发达地区高校的冲击。

## 七、生源减少可能会导致高校管理混乱，<br>教育质量下降

人口出生率下降，必然会导致适龄高等教育人口数的减少，引发高校生源危机。学费收入仍然是当前大多数高校重要的资金来源。从某种程度上说，高校招生规模的大小，决定了收入水平的多寡。因此，很多高校都愿意不断扩大招生规模，各地大学城的兴起就是很好的例子。尽管高校扩招有其内在的合理性，但过度扩招则可能会带来诸如培养质量下降、就业压力加大等一系列问题。

生源危机之下，面临激烈的高校生源大战，一些高校由于招生数量严重不足，缺乏经费来源的支撑，可能会放松教育管理，导致高等教育质量下降。例如，近年来，出现了一些民办高职类院校为了吸引生源不择手段的现象，如承诺虚假高额奖学金、威胁或恐吓学生、恶意篡改学生志愿等乱象；除此之外，办学经费的不足也导致部分高校管理不善、教育资源浪费、办学质量下降等众多问题。一系列的负面影响只会导致这些高校的口碑和声誉越来越差，家长和学生的期望值越来越低，生源缺口越来越大，反而进一步恶化了部分高校的生存和发展环境。

# 第四章

# 人口出生率波动与高等教育发展的关联性

## 一、人口出生率波动对高等教育影响的作用机制

人口出生率波动反映了社会一定时期的生育水平，直接影响 18 年（一般而言，一个人 18 岁上大学）之后的高等教育适龄人口规模的变动。但这种影响在不同时期呈现的效应不同，一定时期内所出生的人口数量变动对数年后各个教育阶段适龄人口的影响，是由低向高呈梯度进行的①。人口出生率对若干年后的高等教育生源数量起直接作用。换句话说，高校招生的适龄生育人数，取决于若干年前的人口出生率。根据有关测算，我国高等教育适龄人口规模在 2009 ~ 2020 年前后逐年下降②。适龄入学人口是制定各级教育发展规划的重要依据，高等教育的发展必须与适龄入学人口的变化保持相对的平衡，而适龄入学人口的数量取决于我国人口出生率的波动情况。一般而言，应届高中毕业生是普通高校招生最主要的生源，其规模对高校招生规模具有最直接的影响③。

### （一）人口出生率波动引起高等教育生源规模的变动

一是人口出生率上升对高等教育生源规模的影响。人口出生率上升对

---

① 郭晨阳，杨卫军. 出生率变化对高等教育的影响研究 [J]. 西部人口，2009（1）：72 - 75.
② 谈松华，夏鲁惠. 适龄人口下降对我国高等教育的影响 [J]. 中国发展观察，2011（9）：17 - 19.
③ 苗文利，卜静静. 我国高校招生规模影响因素实证研究 [J]. 中国矿业大学学报，2013（2）：59 - 66.

高等教育生源规模的影响主要体现为高等教育适龄人口的增加导致高校报考人数的增加。在人口出生率上升阶段，新生儿数量增加，经过数年后导致小学、初中、高中的适龄入学人口增加，影响到普通高中的毕业生数量，进而影响到普通高校的生源规模①。以 18 岁为高等院校入学年龄来看，18 年后，由初等教育层层向上传导，这批婴儿潮时期所出生的人口将成为高校适龄入学人口，使得高校生源规模充足，报考人数不断增加，高考竞争激烈。

在我国 1977 年恢复高考之后的一段时间内，高等教育仍属于精英教育，只严格选拔少数精英人才。由于当时我国教育水平较低，相对于我国庞大的人口基数来说，通过选拔的高校生源仅占一小部分，高等教育适龄人口的报考率与录取率均较低。因此，当时人口的自然变动并未引发高校间的生源竞争，生源规模与入学率决定于学龄人口的能力与接受高等教育的需求。

二是人口出生率下降对高校生源规模的影响。人口出生率下降对高校生源的影响主要体现为高等教育适龄人口的减少导致高校报考人数的减少。低人口出生率导致人口减少，其直接后果就是各阶段适龄入学人口的相应降低。初等教育相对减少的适龄入学人口因教育的连续性逐级传递，由此导致高等教育适龄人口大幅减少。以 18 岁为高等院校入学年龄来看，18 年后，由初等教育层层向上传导，这批新生儿将成为高校适龄入学人口，但由于出生率降低引致高等教育适龄人口不断减少。国家卫生和计划生育委员会预测，中国人口峰值将于 2030 年出现，达 14.5 亿②，此后中国人口将进入负增长阶段。人口基数的下降必然带来高等教育生源规模的减少，也由此展开了生源争夺战。

1999 年之后，教育部制定了《面向 21 世纪教育振兴行动计划》，提出扩大高等教育招生规模，将高等教育入学率提高至 15%。1999 年，中国普通高校招生人数增加了 51.32 万人，招生总数达 159.68 万人，增长速度达到史无前例的 47.4%（其中普通高校本科生就扩招了 43.41%）。本科扩

①　陈伟，顾昕. 人口政策与普通高等教育的发展 [J]. 高等教育研究，2010 (3)：12 - 19.

②　王培安. 到 2030 年峰值时期中国有 14.5 亿左右人口 [EB/OL]. (2017 - 03 - 11).
http：//news. youth. cn/gn/201703/t20170311_9271227. htm.

招幅度 2000 年为 23.86%，2001 年为 19.10%。2002 年，全国高校展开了第四次大规模扩招，共约 320 万名考生进入大学，这一数字几乎是 1998 年扩招前的三倍，其中本科扩招幅度 2002 年为 14.92%。2003 年，中国普通高校本专科生在校人数超过 1000 万人①。根据教育部发布的《2020 年全国教育事业发展统计公报》，2020 年普通高校本专科生在校人数达到 3285.29 万人。

我国高等教育的毛入学率也在 2002 年达到了 15%，创历史新高。这标志着我国高等教育开始由精英教育走向大众化教育。在高等教育迈向大众化阶段后，如果录取比例不变（实际上在不断上升），且社会对于接受高等教育的需求比较稳定的情况下，那么高等教育适龄人口的规模将直接决定高等教育生源规模。

自实施计划生育并将其定为国策以来，中国人口出生率持续下降，新出生人口逐年减少，导致学龄学生人口下降，适龄高中生减少，这是高考生源连续多年下滑的主因②。例如，我国高等教育的适龄人口在 2008 年之后逐年下降，高等院校报考人数也因此大幅下降。根据中国教育在线的《2016 年高招调查报告》，我国各省区市高校招生计划已多年未完成。2016 年全国高考报名人数比 2015 年减少 2 万人，达到 940 万人，高考报名人数从近几年的止跌趋稳态势转变为略微下降③。随着我国高等教育迈入大众化阶段后，人口因素对高等教育规模的影响越来越明显④。中国人口出生率下降所引致的生源下降带来的高校招生难问题仍然继续存在，招生计划无法完成已成为普遍化、常态化。因此，各高校之间的生源争夺战必将愈演愈烈。实际上，近年来，国内各大高等院校在每年 6 月高考结束后，就

---

① 孙珩. 中国大学扩招史：大扩招改变了什么？[EB/OL].（2020-03-18）. https://mp.weixin.qq.com/s/tJ4f1dlgBG1aseZPE Eliww.

② 王清莲. 高职院校生源减少的现状与原因分析 [J]. 济南职业学院学报，2016（1）：15-17.

③ 中国教育在线. 2016 年高招调查报告 [EB/OL]. https://www.eol.cn/html/g/report/2017/zhaiyao.shtml.

④ 米红，文新兰，周仲高. 人口因素与未来 20 年中国高等教育规模变化的实证分析 [J]. 人口研究，2003（6）：76-81.

掀起了声势浩大的招生宣传热潮，各出奇招，以吸引优质生源报考。

## （二）人口出生率区域性横向波动引起的生源地域性竞争

我国的人口出生率存在显著的地区性差异，这种横向波动使各地高校拥有不同规模的高等教育适龄人口，因此面临的生源竞争压力也不尽相同。一般认为，经济发达的东部沿海地区因生产效率高，对劳动力素质的要求远远高于其对数量的要求，人口受教育年限较长而造成妇女生育年龄偏大；人口计划生育工作较为成熟，政策执行严格，人口增长受到有效控制。因此，东部地区人口出生率一般低于西部偏远地区[①]。

如图 4 - 1 所示，2016 年人口出生率较高的地区主要是新疆、西藏、海南、青海等经济较为不发达的地区，北京、天津、上海、黑龙江等东部地区人口出生率均较低。但由于我国人口出生率较低的东部地区存在地理区位及经济水平上的优势，更容易吸引来自全国各地的生源，其生源压力并不大。中西部地区人口出生率虽较高，但适龄高等教育人口流出比例较大，面临严峻的生源竞争，反而需要花更大的营销成本来争取生源。

## （三）人口出生率波动通过改变人口年龄结构影响生源竞争

人口出生率波动除了造成高等教育适龄人口规模问题，还会改变社会的年龄结构，从而通过影响社会的高等教育需求引发生源竞争。当人口出生率发生波动，各年龄段人口所占比重也会发生变化，对各阶段教育资源的配置及发展模式将提出新的要求。人口年龄结构对高等教育规模与质量、国家对各阶段教育经费的投入、师资力量的建立等都会产生影响，从而改变高等院校的生源竞争局面。当人口年龄结构固定不变时，人口对高等教育的影响较为稳定，高等院校只需按照人口出生率变动情况，维持相

---

① 晋良花，章琴. 人口出生率地区差异对经济发展影响分析 [J]. 商业时代，2013（16）：19 - 20.

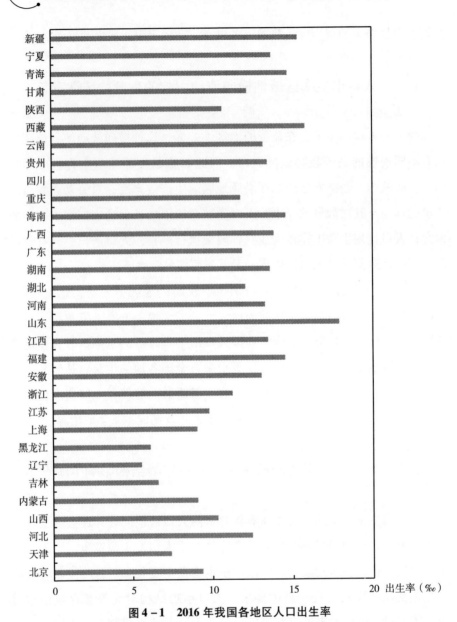

**图 4-1　2016 年我国各地区人口出生率**

资料来源：《中国统计年鉴 2017》。

同强度的教育经费和师资力量，就能适应人口变化的要求。而人口出生率波动引起年龄结构变化时，其变化产生的惯性作用，会逐渐对不同阶段、不同类型的教育产生影响，最终波及高等教育生源规模和质量，影响生源竞争。同时，人口出生率下降导致中国老龄化问题日趋严重，适龄劳动人口数量也随之减少。而社会对青壮劳动力的需求加大，但社会的有效供给严重不足，原本为增加竞争优势而进入大学的人群将会直接转向就业，由此对大学生源产生一定的挤出效应。

以当前的硕士研究生教育为例，继硕士研究生报名人数于 2008 年首次下降之后，2014 年、2015 年我国硕士研究生报名人数连续两年下降。2016～2017 年报名人数反弹（见图 4－2），主要是宏观经济下行导致就业趋向困难，原本面向就业的专业硕士报考势头强劲，并拉升了这一数值。结合表 1－1 可以发现，我国硕士研究生报考人数 2014～2015 年的两连降，正处在 22 年前（一般认为，18 岁开始上大学本科，4 年后开始报考硕士研究生）的人口出生率下降过程之中。因而，这一现象成为未来硕士研究生生源规模的一个预警，尽管近年来由于就业压力等因素的影响使得报名人数有所上升。

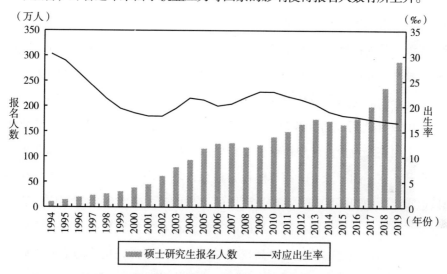

**图 4－2　1994～2019 年人口出生率波动下的硕士研究生报名人数变动**

注：对应出生率是指报考硕士研究生当年前 23 年的出生率，以 22 岁和 23 岁入学的硕士研究生出生年份当年的出生率平均得到。

资料来源：1971～1995 年人口出生率数据来自国家统计局《中国统计年鉴 2009》；硕士研究生报名人数数据来自中国教育在线网。

## （四）人口出生率波动通过改变升学观念影响生源竞争

人口出生率波动会影响家庭及社会的升学观念，从而导致生源规模的变化。若人口出生率下降，则意味着每个家庭生育的子女数量减少，家庭对子女教育将会更加重视，抚养孩子的负担较轻，也就更加愿意为子女的教育进行经济和精力上的投资，有利于高等教育生源规模的扩大。在我国，传统的以升学为主的教育观念仍是父母对子女教育投入的主要原则，因此在许多独生子女家庭中，父母在保证子女营养健康的同时，更会尽最大可能确保子女迈进高等院校的大门。在经济条件较好的家庭中，则会为子女的升学考虑更多选择，如鼓励高中毕业生不参加高考直接出国留学已成为许多家庭的选择，这在一定程度上加剧了国内高等院校的生源竞争。

## （五）人口出生率对高等教育质量的影响

一是人口出生率上升对高校办学质量的影响。人口出生率上升导致人口激增，其直接后果是各阶段适龄入学人口的激增。由于教育的连续性，初等教育的高适龄入学人口逐级向上传递，由此导致高等教育适龄人口大幅增加，因而对高等教育发展带来规模过度增加和质量提升的双重压力。

1999 年之后，为了教育公平，中国高等教育由精英教育走向大众化教育，中国高等教育发展规模得到了较好的解决，而高等教育质量却并未同步提升。在扩招背景下，高等院校为迎合市场、满足自身利益需求，往往只追求片面的规模扩张，在数量激增的过程中却并未重新制定相应的管理制度，忽视教学质量的提高。我国高等教育存在着规模扩张速度过快而导致的规模与质量之间的冲突，高校教学质量有所下滑，培养的毕业生质量还达不到社会的要求。全国人大代表、中科院院士崔向群就指出，毕业生质量在下滑，"研究生和以前的中专生、大专生也没有什么区别了"[1]，社会上也出现硕士研究生不如中专生的说法。尽管这种说法不一定全面，但也确实道出了现在高校人才培养质量不容乐观的现象。

二是人口出生率下降对高校办学质量的影响。人口出生率下降，生源

---

① 杨万国，林其玲，徐新媛，等．崔向群院士：现在研究生和以前中专生、大专生没有什么区别 [N]．新京报，2014 – 03 – 09（A21）．

规模相应下降，高等教育适龄人口总体规模减少使得高等教育投资有条件转向提高高等教育质量。同时，社会对于高校办学要求也更加注重质的提升而非量的增加，对高等教育质量也有更高的期待。在人口出生率不断下降的趋势下，高等院校的办学理念是走质量优先的内涵式发展道路，开始真正走向转型，而不再单纯依赖扩招。例如，进一步优化高等学校的教育资源配置，使生师比不断趋向合理化；开展小班教学；根据社会发展需要设置学科专业，提高就业率，从而吸引考生报考。

同时，在人口出生率下降的背景下，为使一些高校不因生源问题而被关闭，教育主管部门可能会为使这些高校能够招揽学生而降低入学要求。这一行为将有可能导致大学生整体素质下降。在高校"舍质取量"的招生之下，学生不用努力也能上大学，这将导致中学生学习积极性大大降低，从而加剧生源质量的下降①。

人口出生率下降同样会对研究生教育质量产生一定的影响。这是通过报名人数的变化对研究生教育质量产生间接影响，报名人数减少、招生规模上升的"剪刀差"日趋明显，中国的研究生教育正日渐由原本的"精英式"转向"大众式"培养。而在研究生规模大幅扩张中教学资源却并未相应增长，研究生教育质量显然难以得到保证，因而以就业率为代表的研究生培养质量其社会认可度一度低于本科生。

如果研究生考试的选拔性作用大幅降低，那么研究生生源质量下降就会成为必然现象。在未来，出于自身发展需要及满足社会发展需求，高等院校不会进行大规模的"缩招"，即研究生规模将继续增长或保持不变。在人口出生率下降趋势下，研究生考试报名人数减少的同时招生规模扩张（尽管近年来由于就业压力加大，报名人数有所增长，但难以改变基本趋向），如果研究生招生考试失去其选拔性作用，生源质量就将成为制约高校教育质量提升的重要因素。总之，高等教育适龄人口低谷的到来，是中国高等教育由粗放式转向内涵式发展的一个重要契机，为高等教育质量提

---

① 童乃诚. 适龄人口下降对高等教育的影响及应对策略 [J]. 广东轻工职业技师学院学报，2013（2）：42－45.

升提供了基本前提。为此，必须将人口出生率波动与高等教育供给侧结构性改革结合起来，充分考虑人口发展趋势，实现高等教育转型发展。

# 二、高等教育发展对人口出生率波动影响的作用机制

## （一）高等教育发展引发生育观念的转变

生育观反映了人们对生育问题相对稳定的看法和主张，在传统"多子多福"的观念中，生育是为了传宗接代和养儿防老。但随着高等教育的普及，人们科学认知水平的不断提高，国民素质也不断提升。受教育水平的提高，使人们的生育观念开始改变，不再受传统生育观念的约束，从而使得"晚婚晚育及优生优育"这一观念在广大青年男女中逐渐普及①。接受过高等教育的女性更多选择晚婚晚育、少生优生，这也在某种程度上降低了我国的生育水平。

根据教育部 2017 年 9 月 28 日的新闻发布会公布的数据，中国高等教育规模已位居世界第一，占世界高等教育总规模的 1/5，达 3699 万人。中国普通高校招生规模已经达到 748 万人，毕业生规模突破 700 万人。高等教育毛入学率从 2012 年的 30% 增长到 2016 年的 42.7%，我国正在快速迈向高等教育普及化②。面对如此庞大的群体，其生育观念的转变势必对中国人口出生率的波动产生深远而重大的影响。他们往往更能理性地思考生育问题，与其父辈思想观念完全不同，不再追求生育数量上的多少，而更看重的是能够对自己产生多少精神上的回报，对孩子的期望逐渐从多子多福和维持家庭劳动力转向教育投资，并进行智力开发和重视优生优育。

① 常蕾薇，郭晨阳．我国出生率转变对高校生源的影响及出路分析［J］．科技与教育，2009（3）：22－26.
② 胡浩．教育部：我国高等教育在学总规模位居世界第一［EB/OL］．（2017－09－28）．http：//www. gov. cn/xinwen/2017－09/28/content_ 5228337. htm.

## （二）高等教育发展对女性平均初育年龄的影响

一般而言，接受过高等教育的育龄妇女的生育起点要比其他文化程度的育龄妇女高。普通高等教育适龄人数减少，同时高中女生学习成绩普遍比男生更为优秀，使得高校里女性学生在同龄育龄女性中所占比重越来越大，从而降低了此年龄段育龄女性的生育率，进一步推迟了平均初婚和初育年龄。此外，这部分处于育龄阶段的女性在接受高等教育期间基本不会有婚育行为，从而在一定程度上降低了我国的生育水平，进而降低了人口出生率。

## （三）高等教育发展进一步提高人口素质，导致生育意愿下降

人口出生率的波动与新生人口数量的增减直接相关，而新生人口数量与人口素质质量密切相关。从微观角度看，家庭人口的高数量往往与低质量并存，适当的数量常常带来高质量。

高等教育发展在受到人口出生率制约的同时，又通过改善人口素质对人口出生率产生重要影响。一般而言，人类科学文化程度越高，自身控制调节能力就越强，人口出生率就越低。接受高等教育后的人群，往往注重自身素质的提升和工作上的进取，更重视自我价值的实现，满足于自身内心的精神愉悦，不再将自身未曾实现的梦想都寄托在下一代身上，不再仅仅满足于儿女绕膝的天伦之乐，由此引致接受过高等教育的公民生育意愿降低。而在住房、教育、医疗等巨大压力之下，公民生育意愿则进一步下降。国家卫生和计划生育委员会于 1992 年进行了 38 万人的抽样调查，以 70 岁妇女生育孩子数为例（未受到计划生育政策的影响），平均生育为 5.26 个，其中，文盲妇女平均生育为 5.68 个，小学程度平均生育为 4.80 个，初中程度平均生育为 3.84 个，高中程度平均生育为 2.85 个，大学程度平均生育为 2.05 个[①]。通过对北京高校在校生的问卷调查，77.5% 的学

---

① 毛勇，胡四能. 教育生态学视角下的人口、资源、环境对高等教育的影响 [J]. 江西教育科研，2005（7）：21 - 24.

生的理想子女数为 2 个①，相比于父母亲辈的六七个兄弟姐妹大大减少。

随着高等教育的不断发展，人口素质逐步提升，女性结婚意愿下降或过晚，生育意愿也会进一步下降，发达国家和地区如此，中国也是如此。中国高等教育扩招不仅使得大学生和研究生入学人数迅速增加，而且也使得其性别结构发生了重要变化，即女生在学生群体中的占比越来越高。1998 ~ 2019 年，本专科招生数从 108.36 万人增至 915 万人，研究生招生数从 72508 人增至 916503 人②，女生人数无论是本专科阶段还是在研究生阶段，都呈不断增长趋势，到 2019 年，女性在读本专科生、研究生占比分别达到了 51.72%、50.56%（见表 4 - 1）。

表 4 - 1　　　　2004 ~ 2020 年高等教育本专科及研究生女生规模概况

| 年份 | 普通本专科规模 | | | 研究生总规模 | | | 研究生层次规模 | | | |
| | | | | | | | 硕士研究生 | | 博士研究生 | |
| | 总数 | 女生数 | 占比（%） | 总数 | 女生数 | 占比（%） | 女生数 | 占比（%） | 女生数 | 占比（%） |
|---|---|---|---|---|---|---|---|---|---|---|
| 2004 | 13335000 | 6086800 | 45.65 | 819900 | 340800 | 41.57 | 28.89 | 44.15 | 51900 | 31.37 |
| 2005 | 15617800 | 7353200 | 47.08 | 978600 | 424600 | 43.39 | 362300 | 46.02 | 62300 | 32.57 |
| 2006 | 17388400 | 8357200 | 48.06 | 1104700 | 486100 | 44.01 | 417700 | 46.36 | 70500 | 33.87 |
| 2007 | 18849000 | 9258400 | 49.12 | 1195000 | 534600 | 44.74 | 458900 | 47.19 | 75800 | 34.07 |
| 2008 | 20210200 | 10076600 | 49.86 | 1283000 | 586000 | 45.67 | 503900 | 48.16 | 82100 | 34.70 |
| 2009 | 21446570 | 10825501 | 50.48 | 1404942 | 660873 | 47.04 | 575015 | 49.63 | 85858 | 34.86 |
| 2010 | 22317929 | 11350981 | 50.86 | 1538416 | 736230 | 47.86 | 644343 | 50.36 | 91887 | 35.48 |
| 2011 | 23085078 | 11804988 | 51.14 | 1645845 | 797500 | 48.46 | 699491 | 50.89 | 98009 | 36.13 |
| 2012 | 23913155 | 12280490 | 51.35 | 1719818 | 842417 | 48.98 | 738981 | 51.46 | 103436 | 36.45 |
| 2013 | 24680726 | 12769199 | 51.74 | 1793953 | 878484 | 48.97 | 768408 | 51.38 | 110076 | 36.90 |
| 2014 | 25476999 | 13277453 | 52.12 | 1847689 | 908287 | 49.16 | 792828 | 51.65 | 115459 | 36.93 |
| 2015 | 26252968 | 13761864 | 52.42 | 1911406 | 950163 | 49.71 | 826510 | 52.15 | 123653 | 37.85 |
| 2016 | 26958433 | 14161004 | 52.53 | 1981051 | 1003110 | 50.64 | 870978 | 53.14 | 132132 | 38.63 |
| 2017 | 27535869 | 14468508 | 52.54 | 2639561 | 1278134 | 48.42 | 1135961 | 49.88 | 142173 | 39.27 |
| 2018 | 28310348 | 14873873 | 52.54 | 2731257 | 1355745 | 49.64 | 1198490 | 51.18 | 157255 | 40.37 |
| 2019 | 30315262 | 15679080 | 51.72 | 2863712 | 1447939 | 50.56 | 1272680 | 52.17 | 175259 | 41.32 |
| 2020 | 32852948 | 16741724 | 50.96 | 3139598 | 1599447 | 50.94 | 1404086 | 52.53 | 195361 | 41.87 |

资料来源：教育部历年教育统计数据。

---

① 王成. 单独二孩政策下首都大学生生育观探索性研究 [D]. 北京：首都经济贸易大学，2015.

② 教育部教育统计数据（1998 年、2019 年）。

表 4 - 1 显示，自 2004 年以来，普通本专科、研究生女生数随总规模的扩大不断上升，且近年来有明显增加。以 2017 年为界，在 2017 年之前，普通本专科、硕士研究生女生占比不断上升，在 2008 年后超过半数，而 2017 年之后，女生占比上升趋势有所减缓，甚至出现递减倾向，但均高于半数；而博士研究生女生占比自 2004 年来持续上升，增势稳定。这就意味着我国女性受教育程度不断升高，将会对我国婚育率造成一定程度的影响。吴要武和刘倩（2014）的研究也表明，1999 年高校扩招后，女性在高等教育群体中开始占主导地位，一方面因为推迟进入婚姻市场，搜寻配偶失败的概率提高；另一方面更多地接受了高等教育的女性面对相对减少的潜在配偶供给，匹配困难和失败的风险进一步增大①。

新时代的女性经济基础大多较为稳固，观念更加开放，更加追求个人的自由生活和自身的价值重塑，有些甚至主张单身世界，这必然会引致婚姻乃至生育意愿的下降。1990 年中国 30 岁及以上未婚女性仅为 46 万人，2000 年超过 154 万人，2015 年攀升至 590 万人；其中，30～34 岁女性未婚率从 0.6% 攀升至 7.0%。从受教育程度看，30 岁及以上研究生学历女性未婚率高达 11%，远高于本科学历及以下女性未婚率的 5%②。由于婚姻匹配问题及单身主义盛行等现象，大龄女青年规模快速增加，而且是学历越高，"剩下"的概率就越大。这种情况必然会导致生育意愿下降，人口出生率必然也会呈下降趋势。

## （四）高等教育成本加重家庭子女培养负担，生育意愿下降

随着经济的迅速发展，国家对人才的需求也逐步加大，同时也带来了高昂的教育成本。在高等教育大众化的过程中，家庭作为社会的细胞，尤其是广大农民家庭，沉重的教育经费已经给他们造成巨大的影响。教育部

---

① 吴要武，刘倩. 高校扩招对婚姻市场的影响：剩女？剩男？［J］. 经济学（季刊），2015，14（1）：5-30.

② 任泽平，熊柴，周哲. 中国生育报告 2020 ［EB/OL］. (2020 - 10 - 13). https://www.sohu.com/a/424248520_467568.

承认的一本和二本学校年学费在 5000 元左右，三本和专科院校可达万元，加上住宿费、生活费和正常社交费用，仅仅大学四年的教育成本就将近七八万元。大学学费在近 20 年间上涨了 25 倍，但同期城镇居民人均年收入只增长了 4 倍，而扣除价格因素实际增长 2.3 倍。因此，大学学费几乎是 10 倍于居民收入的增长①。另外，还有无形教育成本，即高中毕业生由于放弃就业继续把时间用于求学而引起的机会成本。虽然现在人们普遍坚守知识改变命运的底线，视其为改变人生命运的捷径，但这条捷径成本太高，让越来越多寒门子弟不得不倾尽财力，甚至高筑债台。于是，一方面，家庭为培养子女接受高等教育而承受不断增加的财力负担；另一方面，接受高等教育后的家庭对未来提供子女高质量学习生活的期望，使得如今家庭无力承担过多子女的培养负担，生育意愿逐渐下降。

## （五）高等教育年限延长，使得生育率走低

随着我国高等教育向普及化阶段迈进，越来越多的高中毕业生将继续接受教育，多数大学生在本科毕业后仍选择继续深造、读研甚至读博，教育年限不断增加。虽然有文件规定大学生在校期间可以结婚，但是他们通常认为自身社会阅历不足，心理不够成熟，经济条件也不一定允许。在学业和就业的双重压力下，他们选择把时间与精力投入对今后事业的追求上，并对生活期望值和婚姻质量有着更高的要求，使得处于育龄阶段的年轻人在校期间基本不参加婚育行为，导致婚配年龄也有所延长。并且大学毕业后，他们刚走上工作岗位，考虑到事业初期生育孩子会干扰个人发展前景及养育孩子会带来较高的机会成本，导致他们初育年龄不会太小，从而成为晚婚晚育的主力军。其中晚婚晚育对人口增长的控制作用，主要是通过晚育来体现的。研究表明，女性接受高等教育的时间每增加一年，其生育率即可降低 5%～10%②。由于广大接受高等教育

① 刁清利.我国普通大学学费现状与对策研究［J］.科教导刊（上旬刊），2011（3）：1－2.

② 赵海龙，赵海利.教育外部收益的实证研究［J］.集美大学学报（教育科学版），2005（1）：39－49.

的学子，受教育年限增加，推迟了生育年龄，使得人口更新周期相应延长，客观上降低了人口出生率。因而晚育的程度越高，平均生育年龄推迟就越多，人口出生率降低的幅度也越大。

## （六）高等教育发展加快人口国际迁移，减少适育人群，降低出生率

我国自改革开放以来，向境外移民的人数逐年增加，迁移出国人口的文化素质越来越高，大多数具有本科以上学历，尤其是一些著名高校中技术性较强的理工科专业学生出国比例更大。而高层次出国人员回国率更低，往往会选择举家移民。据《中国统计年鉴》整理所得，从 1978 年到 2015 年底，各类出国留学人员本科生以上各类专业人才累计达 404.21 万人。其中 126.43 万人正在国外进行相关阶段的学习和研究，完成学业后选择回国发展的只有 221.86 万人，回国率只有一半。

但随着中国经济持续发展，近年来这种状况有所改变，2018 年我国出国留学人员总数为 66.21 万人，其中，国家公派 3.02 万人，单位公派 3.56 万人，自费留学 59.63 万人。2018 年各类留学回国人员总数为 51.94 万人，其中，国家公派 2.53 万人，单位公派 2.65 万人，自费留学 46.76 万人。2018 年与 2017 年的统计数据相比较，出国留学人数增加 5.37 万人，增长 8.83%；留学回国人数增加 3.85 万人，增长了 8.00%。而从 1978 年到 2018 年底，各类出国留学人员累计达 585.71 万人。其中 153.39 万人正在国外进行相关阶段的学习和研究；432.32 万人已完成学业；365.14 万人在完成学业后选择回国发展，占已完成学业群体的 84.46%[①]。

不过，出国留学的势头不可小视，因为有大量人员学成后留在当地发展。这不仅导致中国高等教育服务贸易显著逆差，人才流失，而且使生育人群规模减少，从而降低了中国人口出生率。

---

① 教育部. 2018 年度我国出国留学人员情况统计［EB/OL］. (2019 - 03 - 27). http：//www. moe. gov. cn/jyb_xwfb/gzdt_gzdt/s5987/201903/t20190327_375704. html.

# 三、我国出生率波动对高等教育
# 规模影响的实证分析

我国高等教育层次明显，相对于专科教育，大学本科教育社会地位较高。不仅如此，本科生内部也分层次，"985"院校、"211"院校和一般院校在社会上都有各自的地位和影响力。为了分析问题方便，本书只考虑普通高等教育。

一个适龄学生经过小学、初中、高中三个阶段的学习，大部分在18～22岁进入大学求学。这里为了便于统计，以18岁作为高等院校入学年龄，并假设不考虑新生人口的死亡和迁移境外等情况。

教育本身具有一定的连续性，不断下降的人口出生率对各层次教育的影响也因之逐级传递，最终将导致适龄高等教育人口数随之减少（除另有注明，本书所指适龄人口特指高等教育适龄人口）。我们选择适龄高等教育人口数作为高等教育规模的衡量指标。

我国高等教育已经实现了大众化，并且开始迈入高等教育普及化。这就意味着我国高等教育毛入学率将在现有的基础上不断提升或维持稳定，至少短期内不会下降。

人口出生率下降致使适龄高教人口规模降低，并会逐步导致高校出现生源危机。20世纪后期，计划生育政策的强力推行，使人口出生率迅速下降，高等院校入学适龄人口大幅减少，成为近年来高考报考人数大幅减少的主要原因。

表4-2显示，以2005年为界，在2005年之前，18岁人口数逐年递增，而2005年之后，18岁人口数逐年下降，2015年的18岁人口数（即1997年出生人口数）仅为2005年的71%，2031年的18岁人口数（即2013年出生人口数）仅为2005年的51.7%，届时我国18岁人口数量将大幅减少，这就意味着高教适龄人口数也将随之下降。因此，适龄入学人口数的逐年下降，将导致我国高等教育适龄高教人口规模的逐步下滑。

表 4 - 2　　　　　　　1996～2037 年我国高校适龄入学人口数

| 18 岁年份 | 总人口（万人） | 出生率（‰） | 出生人口（万人） | 出生年份 | 18 岁年份 | 总人口（万人） | 出生率（‰） | 出生人口（万人） | 出生年份 |
|---|---|---|---|---|---|---|---|---|---|
| 1996 | 96259 | 18.25 | 1756.73 | 1978 | 2018 | 126743 | 14.03 | 1778.20 | 2000 |
| 1998 | 98705 | 18.21 | 1797.42 | 1980 | 2019 | 127627 | 13.38 | 1707.65 | 2001 |
| 1999 | 100072 | 20.91 | 2092.51 | 1981 | 2020 | 128453 | 12.86 | 1651.91 | 2002 |
| 2000 | 101654 | 22.28 | 2264.85 | 1982 | 2021 | 129227 | 12.41 | 1603.71 | 2003 |
| 2001 | 103008 | 20.19 | 2079.73 | 1983 | 2022 | 129988 | 12.29 | 1597.55 | 2004 |
| 2002 | 104357 | 19.90 | 2076.70 | 1984 | 2023 | 130756 | 12.40 | 1621.37 | 2005 |
| 2003 | 105851 | 21.04 | 2227.11 | 1985 | 2024 | 131448 | 12.09 | 1589.21 | 2006 |
| 2004 | 107507 | 22.43 | 2411.38 | 1986 | 2025 | 132129 | 12.10 | 1598.76 | 2007 |
| 2005 | 109300 | 23.33 | 2549.97 | 1987 | 2026 | 132802 | 12.14 | 1612.22 | 2008 |
| 2006 | 111026 | 22.37 | 2483.65 | 1988 | 2027 | 133450 | 11.95 | 1594.73 | 2009 |
| 2007 | 112704 | 21.58 | 2432.15 | 1989 | 2028 | 134091 | 11.90 | 1595.68 | 2010 |
| 2008 | 114333 | 21.06 | 2407.85 | 1990 | 2029 | 134735 | 11.93 | 1607.39 | 2011 |
| 2009 | 115823 | 19.68 | 2279.40 | 1991 | 2030 | 135404 | 12.10 | 1638.39 | 2012 |
| 2010 | 117171 | 18.24 | 2137.20 | 1992 | 2031 | 136072 | 12.08 | 1643.75 | 2013 |
| 2011 | 118517 | 18.09 | 2143.97 | 1993 | 2032 | 136782 | 12.37 | 1687.00 | 2014 |
| 2012 | 119850 | 17.70 | 2121.35 | 1994 | 2033 | 137462 | 12.07 | 1655.00 | 2015 |
| 2013 | 121121 | 17.12 | 2073.59 | 1995 | 2034 | 138271 | 12.95 | 1786.00 | 2016 |
| 2014 | 122389 | 16.98 | 2078.17 | 1996 | 2035 | 139008 | 12.43 | 1723.00 | 2017 |
| 2015 | 123626 | 16.57 | 2048.48 | 1997 | 2036 | 139538 | 10.94 | 1523.00 | 2018 |
| 2016 | 124761 | 15.64 | 1951.26 | 1998 | 2037 | 140005 | 10.48 | 1465.00 | 2019 |
| 2017 | 125786 | 14.64 | 1841.51 | 1999 | | | | | |

资料来源：1978～2015 年数据来自《中国统计年鉴 2016》；2016～2019 年数据来自历年《国民经济和社会发展统计公报》；2020～2037 年数据为作者估算。

图 4 - 3 直观地显示了我国适龄高教人口的变化趋势。我国高等院校适龄入学人口在 2005 年达到峰值，但此后就一直处于下降趋势之中。这表明随着人口出生率的下降，高等院校在不久的将来必将面临严峻的生源规模不足问题。

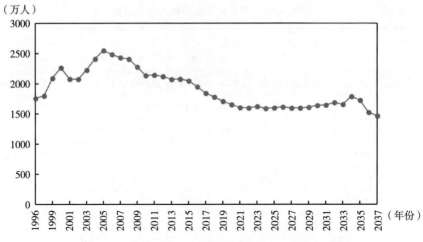

（万人）

**图4-3　1996～2037年我国适龄高教人口的变化趋势**

资料来源：1978～2015年数据来自《中国统计年鉴2016》；2016～2019年数据来自历年《国民经济和社会发展统计公报》；2020～2037年数据为作者估算。

另外，从表4-3中可以看出，在九年义务教育阶段，2000年小学和2005年初中都出现了招生数小于毕业生数的现象。这说明很多地区的中小学因生源不足而开始出现招生萎缩的态势。实际上，近年来农村地区不断出现的小学合并现象（中学也有），从一个侧面反映了由于人口出生率下降而导致的适龄生源不足的状况。这一状况必将在几年后逐层向上传递，最终会引致高校的生源不足。

表4-3　　　　　　　　1978～2019年我国初中及小学学生情况　　　　　　单位：万人

| 年份 | 招生数 | | 毕业生数 | |
|---|---|---|---|---|
| | 初中 | 小学 | 初中 | 小学 |
| 1978 | 2006.00 | 3315.40 | — | 2287.90 |
| 1980 | 1557.60 | 2942.30 | — | 2053.30 |
| 1985 | 1367.00 | 2298.20 | — | 1999.90 |
| 1990 | 1389.30 | 2064.00 | 1123.00 | 1863.10 |
| 1995 | 1781.10 | 2531.80 | 1244.40 | 1961.50 |
| 2000 | 2295.60 | 1946.50 | 1633.50 | 2419.20 |
| 2001 | 2287.90 | 1944.20 | 1731.50 | 2396.90 |
| 2002 | 2281.80 | 1952.80 | 1903.70 | 2351.90 |

续表

| 年份 | 招生数 | | 毕业生数 | |
|------|--------|--------|----------|--------|
| | 初中 | 小学 | 初中 | 小学 |
| 2003 | 2220.10 | 1829.40 | 2018.50 | 2267.90 |
| 2004 | 2094.60 | 1747.00 | 2087.30 | 2135.20 |
| 2005 | 1987.60 | 1671.70 | 2123.40 | 2019.50 |
| 2006 | 1929.50 | 1729.40 | 2071.60 | 1928.50 |
| 2007 | 1868.50 | 1736.10 | 1963.70 | 1870.20 |
| 2008 | 1859.60 | 1695.70 | 1868.00 | 1865.00 |
| 2009 | 1788.50 | 1637.80 | 1797.70 | 1805.20 |
| 2010 | 1716.60 | 1691.70 | 1750.40 | 1739.60 |
| 2011 | 1634.70 | 1736.80 | 1736.70 | 1662.80 |
| 2012 | 1570.80 | 1714.70 | 1660.80 | 1641.60 |
| 2013 | 1496.10 | 1695.40 | 1561.50 | 1581.10 |
| 2014 | 1447.80 | 1658.40 | 1413.50 | 1476.60 |
| 2015 | 1411.00 | 1729.00 | 1417.60 | 1437.30 |
| 2016 | 1487.17 | 1752.47 | 1423.87 | 1507.45 |
| 2017 | 1547.22 | 1766.55 | 1397.47 | 1565.90 |
| 2018 | 1602.60 | 1867.30 | 1367.80 | 1616.50 |
| 2019 | 1638.80 | 1869.00 | 1454.10 | 1647.90 |

资料来源：1978~2015 年数据来自《中国统计年鉴 2016》；2016~2019 年数据来自历年《国民经济和社会发展统计公报》。

依据前文所述，"全面放开二孩"政策也不能从根本上扭转人口出生率下降的趋势，我国适龄高教人口总体上也因之呈下降趋势。这必将导致高教适龄人口数不能满足高校生源的需求（高等教育保持既有规模），高校之间的生源竞争将日益激烈，生源减少也会加剧高校的竞争和淘汰，没有特色或经营不善的学校就会陷入困境。

根据统计，中国参加高考的人数在 1996~2008 年先稳步上升，于 2008 年达到高峰 1050 万人后开始下降（见图 4-4），此后一直处于下降趋势之中。截至 2016 年，参加高考人数已降低至 940 万人，2017 年与 2016 年持平。

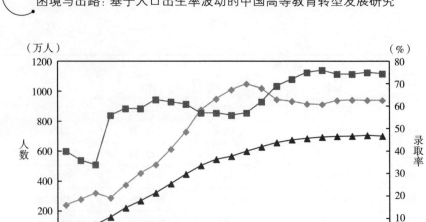

图 4 – 4　1996～2017 年中国高考参加人数及录取率

资料来源：中国教育在线网站。

　　全国高考报名人数在 2008 年达到历史最高峰 1050 万人之后逐渐回落，直至 2014 年止跌并连续 4 年稳定在 940 万人左右，自 2018 年起又出现了较为明显的增长，2018 年高考报名人数达到 975 万人。2019 年全国高考报名人数再次突破千万，达到 1031 万人，创下了 2010 年以来的历史新高。2020 年我国高考报名人数达到 1071 万人，比 2019 年增加了 40 万人。但与此同时，招生规模也显著增加，2019 年，我国普通高校本专科招生总数达到了 914.9 万人，2020 年按照教育部办公厅等六部门发布的《关于做好 2020 年高职扩招专项工作的通知》，仅高职院校就扩招 200 万人[①]，这是在 2019 年高职大规模扩招 116 万人后的再次扩招。由此可见，高考报名人数与高校招生人数之间的差距在不断缩小，二者越来越接近。

　　结合表 1 – 1，可以发现，这与 1978～1998 年的中国人口出生率波动趋势大致吻合，高考报考人数的下降是人口出生率下降的必然结果。因

　　① 教育部. 教育部办公厅等六部门关于做好 2020 年高职扩招专项工作的通知 ［EB/OL］. (2020 – 07 – 07). http：//www. moe. gov. cn/srcsite/A07/moe＿737/s3876＿qt/202007/t20200710＿471295. html.

此，随着高教适龄人口的持续减少，即使维持现有招生录取规模，我国高等教育发展也必然面临生源不足的危机，并会诱发因生源危机所潜伏的诸多不确定因素。

由此可见，人口出生率已经成为决定当前中国高等院校生源竞争的最主要因素。20 世纪 90 年代人口出生率的下降及学生拥有更多的教育选择权（如弃考、出国），导致高教适龄人数难以满足高校既有招生规模对生源的需求，高校扩招潜力将因人口出生率的下降而耗尽，高校之间的生源竞争也将因此而日益激烈，部分高校将会面临着严重的生存挑战，甚至由此引发高校的生源危机、财政风险甚至生存危机。

# 第五章

# 低出生率背景下高等教育
# 发展面临的转型困境

中国高等教育自 1999 年扩招以来一直沿袭外延式发展方式，使得高等教育在短期内就实现了由精英化教育向大众化教育的转变。2016 年，我国首次发布的《中国高等教育质量报告》显示，到 2019 年，中国毛入学率将达到 50% 以上（实际上，2019 年中国高等教育的毛入学率已达到 51.6%①），中国将迈入高等教育普及化阶段。但这种一味地注重规模和速度的外延式的高等教育发展方式并不能成为一种常态。近年来，随着中国人口出生率持续走低，"人口红利"逐渐消退，高等教育适龄人口的减少使得原有的单纯地依靠规模扩张的高等院校不再具有竞争力，外延式发展已不再适应中国高等教育发展的生存环境，高等教育转型发展面临着粗放式发展方式突出、高等教育质量尚未提升而生源规模却不断下降等一系列严峻的转型困境。

## 一、教育发展规律重视不够，
## 高等教育粗放式发展方式突出

由于忽视教育发展的客观规律，浓厚的行政本位使得中国高等教育依

---

① 教育部. 全国教育事业发展统计公报（2019）[EB/OL]. (2020 – 05 – 20). http://www. moe. gov. cn/jyb_sjzl/sjzl_fztjgb/202005/t20200520_456751. html.

然处于粗放式（外延式）的发展阶段，严重制约着高等教育转型发展。从过去精英化向大众化转变过程中，规模急速扩张，2002 年毛入学率突破15%，实现了高等教育大众化。中国高等教育经费、办学规模、教学与研究条件与 20 世纪相比，确实有了很大提高，但高等教育教学质量、学风等反而有所倒退，甚至出现高等院校片面追求豪华校园，为规模发展而牺牲质量，为经济利益而牺牲学术等不良现象。发达国家实现高等教育大众化一般需要花费半个世纪，英国甚至在 100 年以上。中国近代高等教育比西方国家晚近 800 年，无论是师资力量还是办学经验都不及发达国家，但中国却只用了较少的时间就达到了这一目标。

在生源规模不断减少的趋势下，如果再一味坚持粗放式跨越发展，必将进一步稀释高等教育质量。高等教育转型发展，必须遵循其自身发展规律，包括以质量提升为核心的发展方式、办学理念、教师与学生按一定比例配备、人才培养规模与质量相互制约、教学与科学研究相结合等规律①。因此，高等教育必须转向以质量提升为核心的内涵式发展道路，切实推进中国高等教育高质量发展，为经济社会可持续发展提供源源不竭的创新型、复合型高级专门人才。

## 二、人口红利消失与高等教育人口素质亟待提升的矛盾

人口出生率下降将带来传统意义上的"人口红利"消失。2019 年中国劳动年龄人口降至约 9.9 亿人，中国就业人员总量 2018 年首次出现下降。按照当前趋势，到 2050 年中国劳动年龄人口将在 2019 年的基础上再减少2.3 亿人至 7.6 亿人，即减少约 24%。1962～1975 年出生的第二轮婴儿潮人口是中国改革开放以来的经济社会建设的主力军。在长期低生育率背景下，中国年龄在 15～64 岁的劳动人口比例及规模分别在 2010 年、2013 年

---

① 刘道玉. 中国高教在转型中迷失方向 [J]. 同舟共进, 2011 (3)：24－26.

见顶，而日本、美国、英国的劳动年龄人口比例分别在 1991 年、2009 年、2013 年见顶，但他们的人均收入均远高于中国①。根据中国 2010 年人口普查资料，"80 后""90 后""00 后"的人口总数分别为 2.19 亿人、1.88 亿人、1.47 亿人，"90 后"比"80 后"约少 3100 万人，"00 后"比"90 后"约少 4100 万人，可见新增人口总数不断下降，劳动力供给总量也必然随之下降。随着中国劳动力供给总量的持续萎缩，劳动力供给成本也将日益上升，中国人口红利已经结束，但却面临着"未富先老"局面。

在适龄劳动人口数量下降的情形下，社会发展对高质量劳动者的需求将大幅增加。在数量难以满足的基础上，为维持国际竞争力就必须发掘新的人口红利，通过提高劳动人口的素质，以质量代替数量，以改革红利推动人口红利的转型发展②，让人才、科技、创新成为国家转型发展的新动力来源，进而推动社会全要素生产率的提升。在高等院校招生人数逐年增加，而高等教育资源受限制的条件下，社会对高质量劳动者不断扩张的需求转向更高要求，这对既有的高等教育模式、教育效率都提出了严峻考验。因此，加快高等教育转型成为当务之急。

# 三、高教规模扩张与适龄入学人口减少的矛盾引发高校生源乃至生存危机

高等教育是科技第一生产力和人才第一资源的重要结合点。中国为适应高等教育的大众化，自 1999 年以来逐步扩大了招生规模，并加大了对高等教育的财政投资。高等院校也为了获得更多的教育资源，通过不断设置专业、扩大招生规模等方式来增加招生数量。但 20 世纪后期推行的计划生育政策，使得中国人口出生率迅速下降，青少年占总人口的比例也急剧减

---

① 任泽平，熊柴，周哲. 中国生育报告 2020 [EB/OL]. (2020 – 10 – 13). https：//www. sohu. com/a/424248520_467568.

② 唐云云. 中国人口红利枯竭？厉以宁：那是不了解中国 [EB/OL]. (2016 – 12 – 10). https：//www. chinanews. com/cj/2016/12 – 10/8089944. shtml.

少，导致各级学校的生源规模持续萎缩，基础教育阶段学校不断掀起合并潮。这里仅以全国普通小学为例进行说明。1990 年是我国人口出生率的分水岭。1990 年之后，我国人口出生率呈现出明显的下降趋势，与人口出生率下降趋势相适应（见图 2-1），由于学龄生源的减少，全国各地小学不断合并，小学总数不断减少。由表 5-1 可以看到，自 1997 年以来，全国普通小学学校数量逐年减少，1998 年比 1997 年减少了 19214 所，1999 年比 1998 年减少了 27335 所，2000 年比 1999 年减少了 28669 所，全国小学数量不断减少，而且减少的幅度较大。从 1997 年的 628840 所减少到 2020 年的 157979 所，减少了 470861 所。由此可见，由于人口出生率的下降，全国小学总数也随之减少，小学合并潮不断进行，且合并数量巨大。

表 5-1　　　　　　1997~2020 年全国普通小学学校数

| 年份 | 学校数（所） | 年份 | 学校数（所） |
| --- | --- | --- | --- |
| 1997 | 628840 | 2009 | 280184 |
| 1998 | 609626 | 2010 | 257410 |
| 1999 | 582291 | 2011 | 241249 |
| 2000 | 553622 | 2012 | 228585 |
| 2001 | 491273 | 2013 | 213529 |
| 2002 | 456903 | 2014 | 201377 |
| 2003 | 425846 | 2015 | 190525 |
| 2004 | 394183 | 2016 | 177633 |
| 2005 | 366213 | 2017 | 167009 |
| 2006 | 341639 | 2018 | 161811 |
| 2007 | 320061 | 2019 | 160148 |
| 2008 | 300854 | 2020 | 157979 |

资料来源：教育部教育统计数据（1997~2020 年）。

2018 年，全国高职高专院校 1418 所，教职工 685266 人（专任教师 497682 人），在校生 1133.70 万人，比本科院校 1245 所多 173 所，比本科院校在校生 1697.33 万人少 563.63 万人。2019 年，又开始了扩招高职高专 100 万人，该年全国高职高专院校 1423 所，教职工 699400 人（专任教师 514436 人），在校生 1280.71 万人，比本科院校 1265 所多 158 所，比本科院校在校生 1750.82 万人少 470.11 万人[①]。一方面适龄高教生源在不断减少，另一方面高等教育规模在继续扩大，生源缺口越来越大。高职高专院校绝大多数处于"吃不饱"状态，在校生人数在 1000 人以下的比例超过 60%，四川省 2018 年高考录取率为 83.84%，很多高职高专院校未能完成招生计划[②]。因此，这些高校将成为第一批被重组的对象，否则难以保障其顺利生存与发展。

由此可见，伴随着中国出生人口数量的不断减少，生源危机必将一步步传导到各级各类教育机构。小学合并之后必将是初中、高中的合并潮（已经发生且仍将持续发生），最终传递到高等教育。高教适龄人口大幅减少，成为高校报考人数下降的主要原因。因此，假以时日，随着生源减少的逐段递延，高等院校的竞争将会越来越激烈，有些院校将会遭受由生源竞争所引致的生存危机。

## （一）优质生源争夺激烈

图 4-4 还显示，尽管高等教育生源规模明显下降，但高校录取人数却在增加。这种招生供求关系的失衡将直接导致激烈的"生源争夺战"。高等教育生源规模的下降意味着优质生源也相应减少，各高等院校为自身的生存与发展必将陷入一场优质生源争夺战之中。不仅"985""211"等重点院校为争夺优质生源展开生源大战，其他层次院校更会为生存竞争而参与其中[③]。近年来，随着高校持续扩招，各高等院校为了第一时间挖掘到优质生源，纷纷出台丰厚的奖励政策吸引优秀考生。受香港高校巨额奖学金的影响，北京大学、清华大学等内地名牌大学也纷纷加大了对各省尖子生的重奖力度，其他高校更是如此，这表明高等院校在争夺生源方面的竞

① 教育部教育统计数据（2018~2019 年）。
② 德阳市教育局（转引自云南经贸外事职业学院）. 广汉市高职院校扩招落地后遇到的困难及对策 [EB/OL]. http://www.ynjw.net/content17498.
③ 童乃诚. 适龄人口下降对高等教育的影响及应对措施 [J]. 广东轻工职业技术学院学报，2013（2）：42-45.

争已进入了白热化。

## （二）适龄人口的减少对高职院校尤其是民办高校冲击较大

自 20 世纪 90 年代以来，我国高等教育进入大幅扩招时期，招生规模从 1999 年扩招的 160 万人快速升至 2017 年的 761.49 万人（不含研究生 80.61 万人）[①]，2018 年招生规模则达到 790.99 万人（不含研究生 85.80 万人），2019 年招生规模则达到 914.90 万人（不含研究生 91.65 万人）。2017 年全国高考报名人数 940 万人，2018 年全国高考报名人数 975 万人，2019 年全国高考报名人数为 1031 万人。

从我国历年高考报考和录取人数可以看出（见表 5-2），近 20 多年间，我国高等教育报考人数呈先上升后下降再上升的趋势，分别于 2008 年、2021 年达到局部阶段性峰点。与此同时，高等教育招生规模则呈现出不断上升的趋势，生源缺口即普通高等教育高考报考人数与招生规模之间的差额越来越小。从高等教育报考人数两次峰点对比来看，两次峰点存在较大的差异，相较于 2008 年出现的局部峰点，2021 年的峰点高等教育录取比率出现了较大幅度的上升，这与高校数量增加和规模扩张带来的招生规模激增关系巨大。

表 5-2　　　　1996 年以来中国高考报名人数及招生规模　　　　单位：万人

| 年份 | 报名人数 | 招生规模 | 生源缺口 |
| --- | --- | --- | --- |
| 1996 | 241 | 96.58 | 144.42 |
| 1997 | 278 | 100.04 | 177.96 |
| 1998 | 320 | 108.36 | 211.64 |
| 1999 | 288 | 159.68 | 128.32 |
| 2000 | 375 | 220.61 | 154.39 |
| 2001 | 454 | 268.28 | 185.72 |

---

① 教育部. 全国教育事业发展统计公报（2017）[EB/OL].（2018-07-19）. http：//www. moe. gov. cn/jyb_sjzl/sjzl_fztjgb/.

续表

| 年份 | 报名人数 | 招生规模 | 生源缺口 |
|------|---------|---------|---------|
| 2002 | 510 | 320.50 | 189.50 |
| 2003 | 613 | 382.17 | 230.83 |
| 2004 | 729 | 447.34 | 281.66 |
| 2005 | 877 | 504.46 | 372.54 |
| 2006 | 950 | 546.05 | 403.95 |
| 2007 | 1010 | 565.92 | 444.08 |
| 2008 | 1050 | 607.66 | 442.34 |
| 2009 | 1020 | 639.49 | 380.51 |
| 2010 | 946 | 661.76 | 284.24 |
| 2011 | 933 | 681.50 | 251.50 |
| 2012 | 915 | 688.83 | 226.17 |
| 2013 | 912 | 699.83 | 212.17 |
| 2014 | 939 | 721.40 | 217.60 |
| 2015 | 942 | 737.85 | 204.15 |
| 2016 | 940 | 748.61 | 191.39 |
| 2017 | 940 | 761.49 | 178.51 |
| 2018 | 975 | 790.99 | 184.01 |
| 2019 | 1031 | 914.90 | 116.10 |
| 2020 | 1071 | 967.45 | 103.55 |
| 2021 | 1078 | 1001.32 | 76.68 |

注：生源缺口指普通高等教育高考报考人数与招生规模之间的差额。

2008 年以后的几年高考报名人数出现较大幅度下降主要有以下两个因素：首先，20 世纪 80 年代中期推行的计划生育的基本国策在农村的政策效应逐渐得到显现，高等教育适龄报考人数出现一定程度下滑。其次，高考志愿填报方式改革导致复读生源下降，2008 年起，教育部开始在各地推行平行志愿投档、录取方式，志愿填报风险降低叠加高等教育招生规模上升导致了复读生数量下降、间接导致了高等教育报名人数下滑。

2015 年后高考报名人数出现回升有以下因素：首先，国家教育体系不断完善和义务教育普及程度的提高导致普通高中学生规模出现增长，从而间接导致适龄高考报名人数上升；其次，随着国民经济的发展，居民的可支配收入在不断提高，教育观念也在逐渐发生改变，居民关注孩子教育的观念以及承担孩子教育支出的能力得到增强。

招生规模与报考人数之间的缺口越来越小，这与高等教育适龄人口减少形成强烈反差，给高等教育发展带来严峻挑战，其中一些学校不可避免会面临生存危机和破产风险，而部分高职院校则首当其冲。

适龄高教人口的下降对民办高职院校的冲击尤为严重。2000 年以来，我国民办高职院校进入快速扩张时期，相比公立知名高等院校，民办高职院校在资源获取、招生、就业等工作上存在诸多劣势，适龄高教人口的减少更是加剧了这一困境。因此，高职院校特别是一些民办学校或者独立学院离破产可能不会太遥远。

## （三）生源流失问题进一步加重了生源危机

受益于我国 20 世纪巨大的人口红利，适龄高教人口巨大，尽管我国目前宏观意义上的生源危机还未全面爆发，但局部的生源危机却日益显现。

随着人们对高等教育的认知趋向多元化，广大考生选择"用脚投票"已成为常态①。"考前放弃报名，考后放弃填志愿，录取后放弃报到"已成为近年来高招的新现象，高校生源流失问题越来越突出。其中，高职高专为争取更多生源，分数线一降再降，但仍然无法完成原定招生计划。"三放弃"现象进一步加剧了高校生源的流失。

同时，中国高等院校与世界一流大学之间一直存在着较大的差距，社会上对中国高等教育质量缺乏信心至今并未有根本性的改变，出国留学便成为许多人的首选。近年来，准备出国留学的高中毕业生越来越多。截至 2017 年，各类出国留学人员累计已达 519.49 万人②。2017 年，我国出国留学人数再创历史新高，达 60.84 万人，同比增长 11.74%，连续保持世

---

① 陈先哲. 新常态下我国高等教育面临双重转型 [N]. 中国社会科学报，2015 – 03 – 11（B05）.

② 教育部统计数据。

界最大留学生生源国地位①。2018 年我国出国留学生达到 66.21 万人，保持了继续增长的态势。

这一现象也说明了人们现在更加理性地对待中国高等教育发展，更加重视教育质量的提升，更加关注人力资本效益和高等教育的机会成本，人们不再为了上大学而上大学②。

## （四）适龄高教人口减少潜藏高校财务危机与生存危机

"生源争夺战"不仅使高等院校陷入生源不足的尴尬境地，甚至还会引发高等院校的财务危机与生存危机。扩招以来，众多高等院校因财力有限，教学仪器设备、场地及师资力量等严重匮乏，尤其是全国兴起的大学城建设，高校纷纷举债，大部分高校通过规模扩张的外延式发展、收取学费来维持学校正常运转。就大多数普通本科院校来说，财政拨款与学生规模直接相关，适龄高教人口减少引发的生源竞争将导致处于劣势地位的高等院校出现招生困难。一旦生源增长乏力，依靠外延式扩张发展的高校将难以为继。缺乏充足财源的后果就是严重的财政赤字与难以消除的运营风险，必将触发高校财务危机③。有专题调研表明，各高校几乎都存在贷款，2007 年全国高校贷款总额已达 2500 亿元④，截至 2011 年，这一数据已上升至 3500 亿元⑤。表 5 - 3 列示了 1999 年扩招以来部分高校负债情况，这些债务主要依赖地方政府减免和学费偿还。可见高校近年来的高速发展离不开银行信贷的支持。一方面，信贷资金有力地支持了中国高等教育的快速稳定发展，使得越来越多的国民能够有机会接受高等教育；另一方面，债务也使得高校背上了沉重的负担。

① 教育部统计数据。
② 陈锋正."生源危机"背景下我国高等教育发展战略研究 [J].教育与职业, 2013 (26)：5-8.
③ 于璐.我国高校财政危机的表现、成因及对策分析 [D].长春：吉林大学, 2008.
④ 范利静, 李元兵, 赵春风.关于高校负债问题的分析 [J].教育财会研究, 2015 (1)：77-79.
⑤ 郭晓丹.高校贷款风险问题分析及存在问题探讨 [J].现代营销, 2016 (5)：138-139.

**表5-3** **2016年中国高校扩招以来债务前十高校一览**

| 高校名称 | 规模（人） | 债务（亿元） |
|---|---|---|
| 吉林大学 | 70460 | 30 |
| 广东工业大学 | 44000 | 23 |
| 郑州大学 | 72000 | 21 |
| 南昌大学 | 51459 | 20 |
| 广州大学 | 33833 | 20 |
| 中山大学 | 50354 | 12 |
| 华南理工大学 | 45000 | 10 |
| 南京中医药大学 | 20000 | 9 |
| 江苏大学 | 33000 | 9 |
| 南京财经大学 | 25000 | 8 |

资料来源：高校规模来自各高校官方网站2016年数据，负债额来自凤凰网教育频道。

高额债务负担使高校负重前行，维持正常运转都很吃力，高校发展更是步履维艰。财务危机如未能及时化解，必将引发高校的生存危机。

## （五）因生源问题而引致的高等院校并购潮将会显现

生源危机的持续发展，必将突破高校生存的最低规模要求，这对民办高校以及高职高专院校而言显得更为显著。在此情形之下，为避免教育资源的闲置，并解决存量巨大的教职员工的出路，必将掀起新的一轮高等院校合并乃至兼并潮（这里统称为并购）。而这一次并购潮不同于以往的中国高等院校合并潮流，以往主要是为了跻身国家重点建设高校之列，如"211"工程、"985"工程，而21世纪的中国高校并购将是部分高校为了求生存的无奈之举。

为防止出现这种情况，有关部门可以提前进行预测，形成合理而有效的高校合并预案，以便高校合并时做到有序稳妥高效进行。2016年12月，辽宁省政府发布的《关于推进高中等学校供给侧结构性改革的实施意见》提出，到2020年辽宁省内普通高等学校调减15所左右，中等职业学校调减 200 所左右；到 2020 年，停招或撤销本科 39 种专业的 79 个专业点①。尽管这次合并调整有办学质量、办学条件等种种考虑，但高考报名人数逐年减少、招生困难无疑也是其中的一个重要考量因素。这一做法也将使得高校合并时能够做到有序进行，不至于引发混乱局面。

同时，因人口出生率下降而引致的生源危机，进而导致的高校合并，主管部门应遵循各高等院校自身发展需求进行自主合并重组，尽可能杜绝强制行为。这样的并购是基于各个学校自身发展的内在动力，因而其合并后的效果可能会达到最大化，而不至于出现 20 世纪 90 年代和 21 世纪初高校合并潮所导致的合并后有些高校的原本办学主体仍然貌合神离，独立学院和母体学校的关系未能理顺而使得独立学院先天不足。

当然，在这一进程中，政府主管部门应当进行统筹规划，提出高等院校办学的基本要求，并提供良好的高校合并法律法规环境，使高校合并沿着正确的方向前进。

## 四、高等教育规模大众化与高等教育质量内在要求的冲突

### （一）高等教育规模急速扩大与高等教育质量下降并存

图 4 – 4 显示，自 2008 年之后，尽管参加高考人数不断减少，但高校招生录取人数和录取率却一直处于上升状态，这说明高校招生规模不断扩大，高等教育普及取得了巨大成效。中国高等教育大众化进程基本上是通过单方面扩招来实现的，长期以来实行的是粗放式、追赶型的外延式发展方式，规模重视有余而质量重视不足，政府财政支持不足，高校"硬件""软件"设施远未达标，势必导致我国高等教育发展出现质量下降、结构

① 辽宁省人民政府. 辽宁省人民政府关于推进高中等学校供给侧结构性改革的实施意见 [EB/OL]. （2016 – 12 – 31）. http: //www. ln. gov. cn/zfxx/zfwj/szfwj/zfwj2011 _111254/201701/t20170110_2674319. html.

失衡等问题。高等教育的质量和数量是一对矛盾统一体，如果不能很好地协调两者之间的关系，教育规模扩张势必然会以一定程度的质量下降为代价。

高等教育大众化不仅包含量的增长，更重要的是包含质的变化。但中国高等教育扩招的日渐深入与质量危机的日益严重已成为制约中国高等教育高质量发展的主要矛盾。当前中国高等教育呈现出选拔属性，而育人理念缺乏。在这种思想的误导下，高等院校仅以高考分数作为衡量人才的标准，而很少关注教育过程，更难以重视培养质量。高等教育普及化阶段，高等教育不仅具有选拔性，更具有育人性，大学生应更好地完成精英教育的学业标准，从而确保高等教育质量。

高等教育毛入学率[①]是衡量一个国家高等教育规模的重要指标。根据教育部统计数据，我国高等教育毛入学率从 1978 年只有 1.55%，1988 年达到 3.7%，1998 年增长到 9.76%，20 年间每年平均增长 0.41%。1999 年实行扩招政策后，毛入学率快速攀升，高等教育规模急速扩大，2002 年达到 15%，2012 年达到 30.0%，2015 年达到 40.0%，2016 年达到 42.7%，至此高等教育开始迈入大众化阶段。截至 2017 年，我国高等教育毛入学率达到 45.7%，15 年间每年平均增长 2.05%[②]。在校生人数更是由扩招后急剧攀升，1999 年为 408.6 万人，2008 年突破 2000 万人，十年内增长至四倍多。2017 年普通本专科招生 761.49 万人，比上年增加 12.88 万人，增长 1.72%；普通本专科在校生 2753.59 万人。截至 2017 年全国各类高等教育在学总规模达到 3779 万人[③]，已位居世界第一，到 2019 年则达到创纪录的 4002 万人，高等教育毛入学率达到 51.6%[④]，中国已迈入高等教育普及化阶段。

纵观世界高等教育发展史，高等教育发展相继经历了精英化、大众化

---

① 毛入学率是指某一级教育不分年龄的在校学生总数占该级教育国家规定年龄组人口数的百分比。由于包含非正规年龄组（低龄或超龄）学生，毛入学率可能会超过 100%。

② 教育部. 全国教育事业发展统计公报（2017）[EB/OL].（2018 - 07 - 19）. http://www.moe.gov.cn/jyb_sjzl/sjzl_fztjgb/.

③④ 教育部. 全国教育事业发展统计公报（2019）[EB/OL].（2020 - 05 - 20）. http://www.moe.gov.cn/jyb_sjzl/sjzl_fztjgb/202005/t20200520_456751.html.

和普及化等不同阶段。普及化是高等教育发展进入大众化阶段后自然延展的结果，具有必然性①。但中国高等教育大众化与普及化的到来，却是依靠粗放式的发展道路，过度关注外延式指标来实现的，而忽略对内涵式指标的构建，导致诸如生师比、生均占地面积、生均校舍面积、生均教学仪器设备经费等教学质量保障条件都存在不同程度的下降，进而造成高等教育质量下降的局面。尤其在低出生率背景下，适龄高教人口的减少更使得高等教育发展加速进入了瓶颈期，很多高等院校片面追求外在规模的扩张，而忽视了对高等教育质量的内在追求。

首先，生源质量受影响，尤其是新办高校和新办专业大量招生或招生过度，生源质量更是堪忧。由于人口出生率不断下降而高校不断扩招，高考录取率不断上升，当前我国高考录取比例已经接近80%，理论上我国未来可能会发生"零分上大学的情况"，高考录取率达到100%。但目前，中国高校之间普遍以录取优惠政策的方式抢夺生源，这种在计划录取制度之下的"抢生源"并非良性竞争，很难促使高等院校将重点放在提升教育质量、教育服务上。"物竞天择，适者生存"的自然法则同样适用于高等院校之间的生源竞争，其最终结果只会拉大高等院校之间的差距，却难以形成层次合理、各有专攻的高等院校分布格局。而这种现象早有例证。我国台湾69所大学在2008年的招生规模为85270人，而报名参加统一考试并填报志愿的学生人数只有84313人②，也就是说只要去选填志愿，即使总分为零也可以上大学。中国内地的这种趋势近年来也日益明显。2018年我国高考本专科实际录取率全国达到81.31%；而到了2021年，全国的高考本专科录取率已经飙升至约93%③。

在适龄高教人口减少的背景下，很多高等院校为完成招生任务而不得不采取降低录取分数线的行为，高职高专院校更是如此。2018年，四川航

---

① 别敦荣，王严淞. 普及化高等教育理念及其实践要求 [J]. 中国高教研究，2016（4）：1-8.
② 台湾：即使门门零分也能够上大学 [EB/OL].（2008-07-22）. http：//info. edu. hc360. com/2008/07/221831146357. shtml.
③ 中国教育在线. 2022 高招调查报告 [EB/OL]. https：//www. eol. cn/e_ html/gk/report/2022/.

天职业技术学院计划招生 4800 人，实际报到人数为 4321 人；德阳科贸职业学院计划招生 2200 人，实际报到人数为 258 人（另有 19 人入伍保留学籍）。其中德阳科贸职业学院因第一次志愿填报人数不足，经请示同意降分（文科 150 分，理科 140 分，原录取分数线文科 190 分、理科 180 分）进行了第二次录取，最终实际报到数也只占计划数的 11.7%，四川省 2018 年高考录取率为 83.84%，最终还有很多高职院校没有完成招生计划。2019 年 3 月国家提出高职院校扩招 100 万人（实际增量 115 万人）宏伟目标。四川省教育考试院公布的数据显示，2019 年全省 55 所高职院校新增招生计划 35348 名，其中中职生 30904 名，普高生 4414 名。四川航天职业技术学院 2019 年招生计划为 6000 人，较 2018 年的 4800 人增加了 1200 人。德阳科贸职业学院 2019 年招生计划为 5000 人，较 2018 年的 2200 人增加了 2800 人①。上海市早在 2005 年就有 60 所二本高校因投档线生源不足而申请降分录取，南昌航空工业学院科技学院理科的录取分降到了 367 分，云南大学旅游文化学院和集美大学诚毅学院文科的第一志愿的录取分分别仅为 313 分、312 分②；2008 年上海又有 49 所外地高校因生源不足而采取降分录取，理科降低了 77 分，文科降低了 59 分，理科降分幅度最大的是贵州财经学院，录取分为 322 分，比"二本"理科最低录取控制分数线 399 分降低了 77 分。文科降分幅度最大的是江西理工大学应用科学学院，文科录取分为 369 分，比"二本"文科最低录取控制分数线 428 分降低了 59 分③。上海市 2017 年二本也出现了降分录取情况，共有 276 所高校降分录取，其中文史类 113 所、理工类 163 所。陕西省在 2007 年也出现了降分录取现象，按照征集志愿的第一、第二志愿和服从分配调剂录取后，仍有 30 所院校的文史类、45 所院校的理工类计划招生无法完成。为完成所涉及的这些院校的既定招生计划指标，陕西省在录取第二批本科时将对

---

① 德阳市教育局（转引自云南经贸外事职业学院）. 广汉市高职院校扩招落地后遇到的困难及对策 [EB/OL]. http://www.ynjw.net/content17498.

② 董川峰. 上海二本又有 60 所院校申请降分录取 [EB/OL]. (2005 - 07 - 29). http://edu.china.com.cn/zhuanti/gaokao/txt/2005 - 07/29/content_5928029.htm.

③ 钱滢. 外地"二本"院校在沪降分录取 理科最大降幅 77 分 [N]. 新民晚报, 2008 - 07 - 24.

部分院校降分录取有志愿的考生，文、理科降分幅度控制在 10 分以内①。由此可见，降分录取成为高考录取中的常规动作，已不再是个别现象，而是普遍行为，除非直接将录取控制线定得足够低。这种现象的背后，尽管原因较多，但由于人口出生率下降引致的高等教育适龄人口减少，无疑是其中的最重要原因。我们由此也不难发现，原有适龄生源群体中可供挖掘的空间已经很小，不仅生源短缺矛盾十分突出，而且生源群体的综合素质差异较大。这种现象导致大量原本不符合要求的生源进入高校，生源质量势必大幅下降，很容易造成高等教育质量滑坡的困境，从整体上降低了高等教育的质量。

其次，高校教育资源与质量管理措施并未与扩招同步跟进。中国高校办学条件本来就存在较大的欠账，国家财政支持十分有限，而 1999 年以来的高校扩招远远超出了办学条件的建设速度。在教学设施、师资、校园建设、图书资料等条件均不成熟的情况下，极有可能导致部分毕业生在质量上无法保证；专业结构调整速度跟不上扩招速度也将导致部分毕业生专业不对口，学用不一致，以致失业，造成高等教育资源的浪费；同时，完善的质量监控体系未能及时建立，也难以保证高等教育质量不出现滑坡现象。因此，在缺乏必要的教学质量保证措施的情况下，规模快速扩张势必导致高等教育质量的下降。

衡量高等教育质量的指标主要有在校生规模、生师比、人均设备均值等，其中生师比是反映一所高校办学质量的关键指标。中国高等院校生师比已连续多年持续走高，普通高校生师比 2017 年达到 17.52，生师比总体趋势上仍在不断扩大（见表 3 - 5），高等教育招生规模增幅始终高于专任教师增幅。

近年来，尽管适龄高教人口不断下降，但普通高等学校本科、高职（专科）仍在扩招，在校生规模不断扩大（见表 5 - 4）。2017 年普通高等学校在校生校平均规模为 10430 人，其中本科学校 14639 人，高职（专

---

① 张彦刚，林青.75 所二本院校降分录取有志愿考生 幅度 10 分内 [N]. 三秦都市报，2007 - 07 - 30.

科）学校 6662 人①。某些高校为了应对自身财务危机，不得不降分录取，争夺生源，这又将导致生源质量的下降。同时，人均设备均值近年来也不断增加，但增加的幅度并不大，难以满足高等教育规模发展的迫切需求。这些现象最终都会影响到高等教育人才培养质量。

表 5-4　　　　2010～2019 年普通高等教育本专科在校生规模
和教育科研仪器设备情况

| 年份 | 在校生规模（万人） | 教学科研仪器设备总值（亿元） | 人均设备均值（亿元/万人） |
|------|------|------|------|
| 2010 | 2231.79 | 2279.00 | 1.02 |
| 2011 | 2308.51 | 2555.00 | 1.11 |
| 2012 | 2391.32 | 2935.37 | 1.23 |
| 2013 | 2468.07 | 3309.58 | 1.34 |
| 2014 | 2547.70 | 3658.49 | 1.44 |
| 2015 | 2625.30 | 4058.60 | 1.54 |
| 2016 | 2695.84 | 4514.42 | 1.67 |
| 2017 | 2753.59 | 4995.29 | 1.81 |
| 2018 | 2831.03 | 5533.06 | 1.95 |
| 2019 | 3031.53 | 6095.08 | 2.01 |

资料来源：教育部《全国教育事业发展统计公报》（2010～2019 年）。

由此可见，中国高等教育发展过程中，生师比过高，教学质量难以得到保证；在校生规模持续增长，生源质量却不断下降；尽管生均设备均值等有所提升，但并无质的改变。与西方发达国家相比，中国高等教育大众化乃至普及化的进程虽快速推进但质量却较低。

## （二）高校学生管理的松懈与教育质量的下滑

在精英教育转向大众教育之后，生源质量也有所下降，高校加快了外延扩张的步伐，内涵建设则被忽视了，加上学生管理的松懈，导致高等教育质量出现下滑势头。不仅本科教育质量下滑，研究生教育也是如此。著

---

① 教育部. 全国教育事业发展统计公报（2017）［EB/OL］.（2018-07-19）. http://www. moe. gov. cn/jyb_sjzl/sjzl_fztjgb/.

名科学家钱学森在逝世前曾表示过对中国高等教育发展的忧虑，即"钱学森之问"。汤玲、施玮从高校研究生教育的角度探讨了高等教育质量，问卷调查（97 所高校 1000 多名研究生）表明，56.9% 的硕士生导师和 47.8% 的博士生导师认为研究生质量在下降①。尽管高等教育质量下降原因众多，但高校学生管理机制在整个高等教育中居于重要位置，其管理好坏与高等教育质量密切相关。

目前高校学生管理尽管有各种各样的制度，但是存在着严重的"软约束"，管理根本不到位。经过高考残酷竞争的洗礼，大学生普遍形成了一种心理预期，只要考上大学就万事大吉，大学变得很轻松，丧失了自主学习的动力。"90 后""00 后"基本上都是独生子女，有着"天之骄子"的优越感，个性突出，自我意识强烈，难以管束。很多同学沉迷于网络的虚拟世界，难以自拔，成了"新三废"，即"精神颓废、身体残废（体质差）、学业荒废"。更为严重的是，学生也学会了机会主义，成了北京大学中文系钱理群教授所说的"精致的利己主义者"。就业压力将直接关系到学生，进而会影响学校的整体学风。大学生行为短期化，只重视就业，这样一来，他们的学习积极性自然不高，非主流文化就会在校园盛行，主流文化自然会下沉，严重影响到大学的学风②。

同时，大学自身也在各种因素影响下放松了对学生的严格管理，放弃了本应坚守的质量标准。例如，考试管理和毕业论文管理不严，轻松过关。宽松的考试环境纵容了本科学生的轻松，而宽松的研究生答辩过程则助长了研究生学习不思进取的心理。这些都加剧了教学质量与培养水平的下降。学生评价教师导致有些教师时常给学生"放水"或降低考试难度。质量评价体系不完善，缺乏严格的毕业生质量标准，使得毕业率非常高，几乎人人都能毕业。这些宽松的管理给了学生非常不好的预期，那就是"大学，就是大概学学"。如此，高等教育质量就必然受到影响。因此，教育主管部门和高校必须高度注意并防止出现高等教育大众化后的"质量陷阱"。

---

① 汤玲，施玮. 从政策角度分析我国研究生教育质量问题 [J]. 黑龙江教育（高教研究与评估），2008（2）：35–37.
② 张润君. 制约我国高校发展的三大障碍 [J]. 江苏高教，2013（4）：50–52.

# 五、高等教育融资渠道狭窄与高等教育
# 规模扩张所需经费的矛盾

中国高等院校的经费来源主要有如下几个渠道：一是国家的财政资金投入；二是银行贷款和国债资金；三是高校自身学费收入和校办企业及科研收入；四是社会合作资金与捐助；五是民营资本。当前我国现行的高等教育融资体制是以政府财政拨款为主的单一融资模式，在这种体制下我国高等教育经费主要来源于政府部门①。2007～2018 年，教育经费总投入与公共财政教育投入一直稳步增长（见图 5 - 1），但增速有所回落。

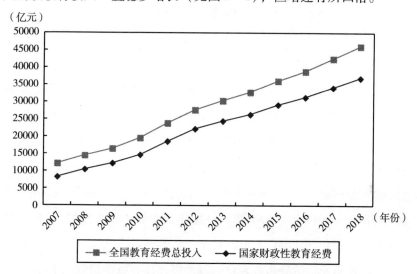

**图 5 - 1　2007～2018 年全国教育经费与公共财政教育经费投入**
资料来源：根据《全国教育经费执行情况统计公告》（2007～2018 年）整理。

高等教育财政支出总额在持续增长的同时，高等院校生均公共财政预算教育经费与预算公用经费却于 2012 年出现了同比下降（见图 5 - 2），这说明高等教育财政经费增长已难以跟上高等教育规模的扩张。

---

① 李占忠. 高校扩招与产业理念的理性思考 [J]. 石家庄联合技术职业学院学术研究，2006（2）：10 - 13.

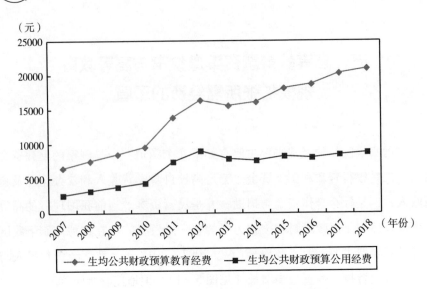

（元）

**图5－2　2007～2018年全国普通高校生均经费**
资料来源：根据《全国教育经费执行情况统计公告》（2007～2018年）整理。

除了国家对高等教育的经费投入，高等院校资金来源狭窄，其他主要靠争取各类课题经费、校办产业收益以及校友的捐赠等。融资渠道不畅严重制约了我国高等教育的发展。以政府财政拨款为主的单一的教育投资主体造成我国高等教育融资渠道的狭窄，筹资金额较小。从国家资金投入来看，国家财政性教育经费占GDP比例逐年增加，终于在2012年达到4.26%，这一指标仍低于国际平均水平4.90%，而这其中还包含行政费用等不合理成分。但该指标从2014年开始下降，一直处于波动之中（见表5－5），2016年达到4.22%，但2017年又开始下降。从学费收入来看，作为高校经费来源中的主要部分，适龄高教人口的减少将直接导致学费收入下降。

表5－5　　　　　　2007～2020年国家财政性教育经费占GDP比重　　　　单位：%

| 年份 | 占比 | 年份 | 占比 | 年份 | 占比 |
|------|------|------|------|------|------|
| 2007 | 3.32 | 2012 | 4.28 | 2017 | 4.14 |
| 2008 | 3.48 | 2013 | 4.30 | 2018 | 4.11 |
| 2009 | 3.59 | 2014 | 4.15 | 2019 | 4.04 |
| 2010 | 3.66 | 2015 | 4.26 | 2020 | 4.22 |
| 2011 | 3.93 | 2016 | 4.22 | | |

资料来源：历年《全国教育经费执行情况统计公告》。

　　高等教育的连年扩招，对于各高校，特别是政府投入较少的高职高专类院校及没有政府投入的民办学校来说，无疑是雪上加霜。一方面，为适应高等院校招生规模扩大，教育资源建设（如建设新校区，兴建宿舍、教室，配备教学硬件等）需要大量投入。另一方面，狭窄的融资渠道，无法满足高等教育规模扩张对投入的迫切需求。高等教育经费的短缺，使得相当一部分高校走上了依赖银行贷款的外部融资渠道。一旦招不到足够的生源，高校财务将陷入入不敷出的窘境，甚至有可能导致一些高等院校尤其是高职高专及民营院校在生源争夺战中被淘汰出局。这绝不是耸人听闻，而是真真切切的存在。例如，四川省 2018 年高考录取率就达到了83.84%，但很多高职高专院校却还未能完成既定招生计划。2018 年，全国高职高专院校有 1418 所，教职工 685266 人（专任教师 497682 人）[1]，绝大多数处于"吃不饱"状态，在校生人数在 1000 人以下的比例超过60%[2]。2019 年，又开始了扩招高职高专 100 万人，该年全国高职高专院校 1423 所，教职工 699400 人（专任教师 514436 人）[3]。生源问题将足以决定一个高校的存在与否。财政教育经费的支持不足，学校基础设施建设及教职员工的福利都难以支撑，如果再没有足够的生源，就难以保障一所高校的正常生存与发展，高校的重新整合就成为必然的选择。

# 六、高校资源配置失衡，结构性矛盾突出

## （一）高等院校趋同化现象严重

　　高等教育大众化进程中，存在严重的趋同化现象，高等院校趋同化取

---

　　① 教育部. 教育统计数据（2018）[EB/OL]. http://www.moe.gov.cn/s78/A03/moe_560/jytjsj_2018/.

　　② 德阳市教育局（转引自云南经贸外事职业学院）. 广汉市高职院校扩招落地后遇到的困难及对策［EB/OL］. http://www.ynjw.net/content17498.

　　③ 教育部. 教育统计数据（2019）[EB/OL]. http://www.moe.gov.cn/s78/A03/moe_560/jytjsj_2019/.

代了特色化和个性化，同质化现象严重。一段时期以来，高等院校外延式发展，致使办学特色缺乏、同质化严重，专业设置雷同、教育方式单一、缺乏创新等弊端成为普遍现象。例如，高校升格潮的蔓延，一些地方高等院校，纯粹为了向全国"985""211"等重点高等院校看齐，普遍出现"大而全""小而全"的局面。

　　我国著名教育家潘懋元先生就对这种现象进行了深入刻画："重点大学大办成人教育、高职教育、网络教育（指大众化的网络课程）；而高职高专则热心于'专升本'。升了本就要办成多科性大学，进一步争取评上硕士、博士授予单位，成为综合性、研究型的大学。全国全日制普通高等学校，除少数独立的公办高职和民办高职外，争奔一条道，以办成国内（或省内）一流，国外（或全国）有影响的多科性、综合性、研究型的巨型大学为制定发展战略的目标。显然，这是不符合高等教育发展规律的。"[①] 这种趋同模式，导致各个高校缺乏自身的办学特色和明确而合适的发展定位，人才培养质量也难以保证，更会导致毕业生难以学以致用，就业困难。高职高专升为应用型本科院校、升本院校热衷于多科性综合性大学的现象也不断出现。在专业结构设置上，主要偏向全科教育而缺乏特色教育，导致众多高校专业设置雷同，丢掉了自己独有的特色资源，造成教育资源的同质化倾向，也不利于高等教育的创新发展；为了所谓的专业建设，个别师范大学设立了"农业专业"。这不仅浪费了有限的教育资源，也难以培养出真正符合社会发展需求的高级人才，更影响了高等教育的培养质量。高等教育是科学技术和人才来源的重要结合点，低出生率背景下，高等教育有效供给不足将难以保障创新型社会建设所需的人力资本。

## （二）本科教育和高职教育定位模糊不清

　　在高等教育快速发展的过程中，一些学校急于扩大规模而忽视自身的办学特色，没有明确的定位；大批学校开设类似的专业，实行类似的培养

---

① 潘懋元. 大众化阶段的精英教育［J］. 高等教育研究，2003，24（6）：1-5.

模式，造成高校发展同质化，学历教育贬值。高等教育在总体发展滞后的基础上出现了本科教育高职化，高职教育本科化，各层次教育分工界限模糊、人才培养方式错位的问题。

本科教育是我国高等教育的主体，本来应注重某一专门领域的基础理论和专业理论知识，以理论教育为主。但近年来，为适应就业需求，本科教育日益高职化。而高职教育本来应注重实践应用型教育，强调理论和实践训练并重，并以就业为导向，但近年来高职院校因各种因素也不断重视理论教育，出现本科化倾向。同时，为了更好地生存发展，不少高职院校"削尖脑袋"升本科，形成了一股"专升本"洪流，但结果往往却是"只升格未升级"，导致高职院校陷入理论不如研究型大学，实践不如高职高专的窘境。同时本科教育在向实践靠拢的过程中，放弃了学术上的追求，盲目追求提高就业率导向的比重而忽视了学术研究，致使在实践领域未有成果的同时也丧失了其原本在学术理论研究上的优势。

## （三）不同院校层次差异大，教育资源与生源规模不匹配，加大转型难度

我国高等教育发展尽管成就斐然，但出于各种原因，高等教育资源与生源数量仍然不匹配，不同层次院校差异较大，"985""211""双一流"院校办学条件较好，其他院校则较差。以院生比为例，美国有4000多所高校，平均每7万人就拥有一所，而我国只有2000多所，平均每43万人才拥有一所[①]。因此，现有教育资源仍然不能满足高等教育适龄人口的受教育需求，尤其是中层和底层高校的办学资源明显不足。同时，适龄高教人口减少的背景下，在高等教育转型期不同类型层次院校所面对的生源规模下降导致的生源危机对其冲击也是不同的。对于"985""211""双一流"院校来说，适龄高教人口减少带来的影响主要是生源质量的压力；对于高职高专、新建本科院校及民办院校来说是生源规模危机，也即高校生存危

① 陈锋正．"生源危机"背景下我国高等教育发展战略研究［J］．教育与职业，2013（26）：5-8.

机。这些都使得中国高等教育转型发展的难度加大。

## （四）高等教育资源地区分布差异大

受中国经济发展不均衡的影响，中部、东部、西部地区高等教育资源分布差异也较大：东部地区经济发展水平高，高等教育投入力度比较大，资源聚集，整体水平较高；中西部地区较为落后，高等教育投入较低，同时高等教育的层次也较低。例如，高等院校数量在三大地区的分布存在巨大差距。2019 年，全国高等教育普通高校 2688 所，东部地区 11 省份（包括北京 93 所、天津 56 所、河北 122 所、辽宁 115 所、山东 146 所、江苏 167 所、上海 64 所、浙江 108 所、福建 90 所、广东 154 所、海南 20 所）高等院校数量合计 1135 所；中部地区 8 省份（包括安徽 120 所、河南 141 所、山西 82 所、湖北 128 所、湖南 125 所、江西 103 所、吉林 62 所、黑龙江 81 所）高等院校数量合计 842 所；而西部地区 12 省份（包括重庆 65 所、云南 81 所、四川 126 所、贵州 72 所、西藏 7 所、广西 78 所、新疆 54 所、青海 12 所、宁夏 19 所、甘肃 49 所、陕西 95 所、内蒙古 53 所）高校数量合计仅 711 所[①]，远低于东、中部水平。除了不同区域高校数量的不均，不同区域间高校质量的差距同样严重，经济发达的区域特别是沿海区域的高校能获得更好的资源，无论是教师资源、学校的硬件设施等都明显优于经济落后地区的高校。例如，我国的"985""211"工程院校集中于东部地区，而在西部地区却寥寥无几；西部地区高校生均教学科研仪器设备价值与东部地区相差 9 千多元等。各区域高等院校资源分布的巨大差异势必造成各地区之间的教育不公平，不利于整个高等教育的区域协调发展。

## （五）教师供给结构失衡

高校扩招之后，教师供给失衡尤为严重。这突出体现在生师比失衡

---

① 教育部. 教育统计数据（2019）[EB/OL].（2020 - 06 - 11）. http：//www. moe. gov. cn/s78/A03/moe_560/jytjsj_2019/gd/202006/t20200611_464854. html.

上，从表 3 - 5 可以清晰地看到，我国高等院校的生师比呈现倒"U"型结构，2002 年达到峰值 19.00，此后，高等院校生师比一直维持在 17 左右，2019 年为 17.95。部分高职高专院校教师供给形势可能更为严峻。2019 年，国家出台相关政策，决定高职高专院校扩招 100 万人（实际 115 万人），按照高职高专院校生师比不超过 18 的要求，应新增加 63888 名专任教师。但实际上，短期内难以达到这一要求。以四川航天职业技术学院为例，该校现有专兼任教师 857 名，在该校扩招 1200 人之后，需要新增加专任教师 944 人，但缺口达 87 人①。教师供给不足，导致高校生师比过高，这势必影响到高等院校学生培养的质量。

同时，教师供给结构失衡还突出表现在一些新设置的专业，由于仓促上阵，专任教师严重缺乏。为了抓住所谓的专业发展机遇，有的专业通常是一两个老师就可以开办起来，师资严重不足；而一些相对成熟的专业，专任教师的供给则处于饱和状态。这种教师结构性的失衡降低了高等教育资源的利用效率，也使得本来就缺乏的教育经费未能切实用在特色专业发展上，反而助长了高校同质化发展趋势。

## （六）学科分布结构不均衡

中国高等教育学科门类齐全，但学科分布结构不均衡。工学、文学、经济学、管理学、法学等专业受到学生的广泛欢迎，某些热门专业受到持续追捧，发展迅速。而哲学、历史学等学科仍长期处于冷门学科的位置。当前高校普遍开设的英语、法学、计算机科学与技术等专业在"各地低就业率本科专业"中多次上榜。这一现象说明高等院校盲目追逐社会热门专业、一拥而上，不仅导致了教育资源的浪费，而且也表明高等教育专业结构与社会需求存在一定程度的脱节问题。这显然不符合我国高等教育可持续发展战略，限制了我国高级专业人才的层次和结构，导致"就业难""人才荒"等一系列社会问题。

---

① 德阳市教育局（转引自云南经贸外事职业学院）. 广汉市高职院校扩招落地后遇到的困难及对策［EB/OL］. http：//www. ynjw. net/content17498.

## （七）高等教育优质资源供给不足与高等教育资源闲置并存

中国高等教育至今仍然面临优质高等教育资源缺乏问题，高等教育有效供给不足将难以保障创新型社会建设所需的人力资本。低人口出生率所带来的适龄高教人口的下降势必会导致高等教育入学人口的减少，但招生规模并未减少，教育资源将出现供过于求的状况。艾洪德等预测在当前人口出生率下降趋势下，我国将于 2030 年以前出现生源危机，高等教育整体将供过于求[①]。同时，有限的高等教育优质资源难以满足国人对更高质量教育的迫切要求，一部分人选择出国留学，使得高等教育有效供给不足与高等教育资源闲置并存，高等院校原有的为扩招而投入的教育资源，一部分因适龄高等教育入学人口的减少而被闲置，降低了高校资源的利用效率。

例如，我国高考报名人数于 2008 年开始回落（见图 4 - 4），一些区位优势不佳、师资薄弱、没有特色的地方高等院校已经出现招生计划难以完成的现象，首先受到冲击的便是高职专科类院校，其次是一般本科院校。中国教育在线发布的《2014 年高招调查报告》显示，很多省份在 2012 年开始就出现招生计划无法完成的现象。例如，在竞争激烈的考生大省河南，2013 年高招计划录取 60.6 万人，但实际仅录取考生 53.6 万人，将近7 万人的招生计划没有完成；山东省则连续 3 年未能完成高考招生计划，2013 年仍有 6.3 万个招生计划没有完成，占整个招生计划的 12%；新疆有0.46 万个招生计划没有完成，占整个招生计划的 3.53%；贵州有 0.24 万个招生计划没有完成，占整个招生计划的 5.13%。因此，生源不足不仅会导致高校招生指标的浪费，还会导致有限的高等教育资源闲置，不仅包括学校的宿舍、场地、设备等固定资产，还包括教师、管理人员等人力资源。

相较于高教适龄人数的逐年减少，我国高等教育教职工数呈现出增长趋势。如表 5 - 6 所示，2000 ~ 2019 年，我国普通高等教育教职工数一直保持上升趋势，2019 年教职工数是 2000 年的两倍多。但在高等教育适龄

---

① 艾洪德，吕炜，齐鹰飞，等. 人口约束下的高等教育：生源拐点与发展转型 [J]. 财经问题研究，2013 (9)：3 - 9.

人口下降、高等教育规模缩小的形势下，既有的教职工数量必然相对过剩。多余的在编人员安置问题将成为我国高等教育发展的又一难题，若解决不好，极有可能会引发更深层的社会问题。同时，由于人员相对过剩，高等院校必然会控制引入新生教师力量，而这将会导致老教师比例相对增加，教师队伍年龄结构的不协调。由此，必然会导致师资力量的闲置。

表5-6　　　　　　　2000~2019年我国普通高等教育教职工数　　　　单位：万人

| 年份 | 教职工数 | 年份 | 教职工数 |
|------|---------|------|---------|
| 2000 | 115.28 | 2010 | 215.66 |
| 2001 | 102.63 | 2011 | 220.48 |
| 2002 | 130.36 | 2012 | 225.44 |
| 2003 | 145.26 | 2013 | 229.63 |
| 2004 | 165.07 | 2014 | 233.57 |
| 2005 | 174.21 | 2015 | 238.39 |
| 2006 | 187.26 | 2016 | 240.48 |
| 2007 | 197.45 | 2017 | 244.30 |
| 2008 | 205.10 | 2018 | 248.75 |
| 2009 | 215.15 | 2019 | 256.67 |

资料来源：《全国教育事业发展统计公报》（2000~2019年）。

不仅如此，目前我国各高等院校由于均自成一体、"五脏俱全"，同质化严重，在生源竞争激烈的大环境下，绝大多数院校都没有与其他兄弟院校共享教学设施的意愿，如实验室和大型科研及师资等各种教育资源。如此一来，高等教育有限的资源被浪费的现象会愈演愈烈。因此，迫切需要在高等教育领域推进供给侧改革，以扩大优质高等教育资源有效供给，并尽可能避免教育资源的浪费，从根本上提升高等教育质量。

## 七、高等教育公益性与高等教育产业化的冲突

"教育兴则国家兴，教育强则国家强"[1]。任何民族和国家的强大都是

---

[1]　习近平谈教育发展：教育兴则国家兴，教育强则国家强［EB/OL］.（2018-09-10）. http://cpc.people.com.cn/n1/2018/0910/c164113-30282062.html.

接受优秀教育的结果。科技兴国，教育为本。教育是事关一个国家可持续发展和强盛的千秋大业。关于高等教育是应该以追求教育质量、服务大众、实现社会效益最大化的公益性为目标还是以追求盈利的产业性为目标，一直是近年来高等教育领域争论的焦点。

教育属于第三产业，而且是一种特殊的产业。这种特殊性最重要的一点，就是教育的公益性。它是一种社会公共服务事业，既为国家培养各类合格的专门人才，提升国民科技和人文素质，同时也承担着文化传承功能。"高等教育是一个国家发展水平和发展潜力的重要标志"[1]。中华人民共和国成立以来，高等教育基本上都是免费享受的，充分体现了教育的公益性。20 世纪 90 年代，高校收费开始普遍化。但高等教育的公益性并未被动摇。1999 年 9 月 1 日起施行的《中华人民共和国高等教育法》（1998年 8 月 29 日第九届全国人民代表大会常务委员会第四次会议通过，根据2015 年 12 月 27 日第十二届全国人民代表大会常务委员会第十八次会议《关于修改〈中华人民共和国高等教育法〉的决定》第一次修正）第二十四条明文规定，"设立高等学校应当符合国家高等教育发展规划，符合国家利益和社会公共利益"。这样就从法治上保障了高等教育的公益性，防止高等教育出现高收费，滑入产业化的泥淖。

高等教育产业化强调的是受教育者为获得相应的经济价值而应支付相关费用，要解决的重点是高校的办学经费来源问题，弥补原有的单一财政拨款的不足，提高投入产出收益。著名经济学家董辅礽就曾指出，从经济学的角度来看，教育是一种劳务，它既是消费的教育，又是投资的教育[2]。但如果人们对高等教育的需求增加驱使高等教育行业被过度地产业化，单纯地采用高校毕业生的收入水平来评判一所高校的"价值"优劣，那么必然会导致高校在招生对象、专业设置等方面急功近利，就弱化了高等教育的公益性，加剧了高等教育发展不公平的冲突，必然会丧失高等教育的本质。

---

① 习近平谈教育发展：教育兴则国家兴，教育强则国家强 [EB/OL]．（2018 - 09 - 10）． http：//cpc．people．com．cn/n1/2018/0910/c164113 - 30282062．html．

② 王瑜，曾智洪．高等教育的产业性与公益性的契合 [J]．科技管理研究，2006 (7)：135 - 136，146．

在低出生率背景下，公益性和产业性之间如何取舍就成为高等教育转型时必须面临的选择。高等教育既具有公益性也具有产业性，但更多的是其公益性。高等教育属于公共物品的范畴，并且其所创造的知识具有非分割性、非排他性和无限增值性，是面向全体公民、旨在增进社会公共利益、促进社会全面进步的社会服务，为社会经济发展提供越来越强大的智力支持。因此，有必要厘清对这一问题的认识，在保证高等教育公益性的基础上化解二者之间的冲突。

## 八、高等教育中研究生教育规模扩张与研究生教育质量滑坡的矛盾

高等院校在片面追求规模扩张的同时，却忽视了对高等教育质量的重视，没有充分认识到高等教育的质量和数量是一对矛盾统一体，教育规模上的过度扩张必定会以一定程度的质量下降为代价，即使高等教育中的研究生教育质量也未能幸免。中国的研究生教育正日益由原本的精英式培养滑向大众式培养。

人口出生率下降，经过逐级向上传导，研究生报名人数对研究生教育质量产生间接影响。近年来，硕士研究生报名人数小幅下降与研究生招生规模急速上升的"剪刀差"日益明显。在规模扩大的过程中，研究生教育资源并没有相应增长（如经费投入不够、研究生导师素质参差不齐等），过分强调就业导向的研究生教育使得研究生教育质量难以保证。同时，研究生学习积极性普遍不高，导致社会上有"一流的学士、二流的硕士、三流的博士"的说法，以就业率为代表的硕士研究生社会认可度一度低于本科生。

依据图 5-3，以 1998 年为界，可将我国硕士研究生教育招生分为两个阶段：1998 年及以前硕士研究生教育采取高门槛选拔性招生，硕士研究生的报录比不断升高。1999 年高校开始扩招，硕士研究生招生计划也改变了以往的温和增长，招生规模增速迅速由 1999 年的 7.2 万人跳升至 2000 年的 10.3 万人，2000 年猛增 43%，之后仍然保持较高增速。直到 2005

年，硕士研究生快速扩招的势头才开始回落，进入 10% 及以下的温和增长阶段，2016 年甚至还出现了 17.94% 的降幅。这一过程中，硕士研究生的报录比一度呈现不断下降的趋势，由 1998 年的 4.72 下降至 2015 年的 2.62，录取率上升近 1 倍，硕士研究生考试的选拔性作用大幅降低，生源质量下降也成为必然。出于自身发展需要及满足社会发展需求，高等院校在未来不会进行大规模的"缩招"，即硕士研究生规模保持不变或温和增长。在人口出生率下降趋势下，硕士研究生考试报名人数减少的同时招生规模却扩张，使得硕士研究生招生考核失去其选拔性作用，硕士研究的生源质量将成为制约高校教育质量提升的重要因素。

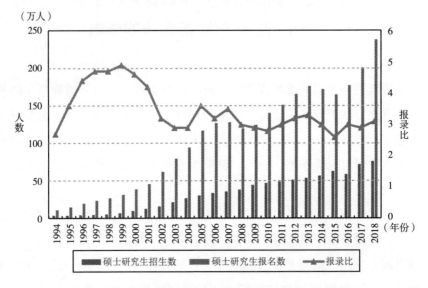

**图 5 – 3   1994 ~ 2018 年中国硕士研究生报名招生情况**

资料来源：硕士研究生招生数据来自《全国教育事业发展统计公报》（1994 ~ 2018 年）；硕士研究生报名数数据来自中国教育在线网。

# 九、后扩招时代来临，中国高等教育
# 转型不确定因素增加

在生源规模下降与生源流失的背景下，中国高等教育逐步由卖方市场向买方市场转变，后扩招时代已经到来，高教规模扩张下掩盖的众多问题也日益显现，使得中国高等教育转型发展的不确定因素增加。"举债兴教"让不少高校深陷债务风险。《全国地方政府性债务审计结果》的数据显示，截至 2010 年底，全国 1164 所地方所属的普通高校负债高达 2634.98 亿元，当年借新还旧偿债额为 542.47 亿元，有 95 所高校存在 27.18 亿元逾期债务。这些债务主要靠地方政府减免和学费偿还。未来一段时间内，高等教育扩招惯性仍然存在，使得高等教育转型的阻力大大增加。如果处置不当，就会导致大批高校由于招生生源持续不足而陷入财务危机乃至破产，出现大量银行呆账、坏账，甚至引发教职工的失业而引起社会动荡①。而这同时也会导致高等教育资源的闲置。这些问题如果处理得当，可推动高等教育由外延式发展方式转向内涵化发展方式，提高资源配置效率，使得高等教育发展与经济社会发展相协调。

---

① 王文龙. 后扩招时代中国高等教育发展研究 ［J］. 现代教育科学，2011（9）：55 - 59.

# 第六章

# 人口出生率波动背景下
# 中国高等教育发展趋势

## 一、中国高等教育规模与人口出生率
## 呈现非协同变化

衡量高等教育规模的指标一般有在校生规模、毛入学率、教职工人数等。由前述可知，高等教育规模主要由高等院校适龄入学人口规模和高等教育毛入学率这两个因素决定。在人口出生率不断降低的趋势下，也即未来高等院校适龄入学人口规模不断下降的趋势下，高等教育毛入学率成为决定高等院校生源高低的可变因素[①]。但毛入学率并非是完全的市场化指标，而主要依赖教育管理部门的政策考量。教育部于 1998 年 12 月 24 日公布的《面向 21 世纪教育振兴行动计划》提出，到 2010 年入学率接近 15%[②]的目标，这一目标在 2002 年便已达到，在五年内通过扩招实现了中国高等教育的大众化。《国家中长期教育改革和发展规划纲要（2010—2020 年）》提出，中国高等教育在学总规模在 2009～2020 年要从 2979 万人增加到 3550 万人，高等教育毛入学率从 2009 年的 24.2% 提高到 2020 年

---

① 常蔷薇，郭晨阳. 我国生育率转变对高校生源的影响及出路分析 [J]. 科技与教育，2009（3）：15－19.

② 教育部. 面向 21 世纪教育振兴行动计划 [EB/OL]. （1998－12－24）. http：//www. moe. gov. cn/jyb_sjzl/moe_177/tnull_2487. html.

的 40%①。实际上，中国高等教育毛入学率在 2015 年就达到了 40.0%，提前实现了预期目标（见表 6－1）。根据《中华人民共和国 2021 年国民经济和社会发展统计公报》，2021 年中国出生人口 1062 万人，比上年末增加 48 万人，人口出生率为 7.52‰②，死亡率为 7.18‰，自然增长率为 0.34‰，而 2021 年高等教育毛入学率已经达到 57.8%③。

表 6－1　1999～2020 年中国高等教育毛入学率和人口出生率非协同关系　单位：%

| 年份 | 毛入学率 | 人口出生率 | 年份 | 毛入学率 | 人口出生率 |
|------|---------|-----------|------|---------|-----------|
| 1999 | 10.5 | 14.64 | 2010 | 26.5 | 11.90 |
| 2000 | 12.5 | 14.03 | 2011 | 26.9 | 11.93 |
| 2001 | 13.3 | 13.38 | 2012 | 30.0 | 12.10 |
| 2002 | 15.0 | 12.86 | 2013 | 34.5 | 12.08 |
| 2003 | 17.0 | 12.41 | 2014 | 37.5 | 12.37 |
| 2004 | 19.0 | 12.29 | 2015 | 40.0 | 12.07 |
| 2005 | 21.0 | 12.40 | 2016 | 42.7 | 12.95 |
| 2006 | 22.0 | 12.09 | 2017 | 45.7 | 12.43 |
| 2007 | 23.0 | 12.10 | 2018 | 48.1 | 10.94 |
| 2008 | 23.3 | 12.14 | 2019 | 51.6 | 10.48 |
| 2009 | 24.2 | 11.95 | 2020 | 54.4 | 8.52 |

资料来源：毛入学率数据来源于《全国教育事业发展统计公报》（1999～2019 年）；人口出生率数据来源于国家统计局《中国统计年鉴 2016》和《中华人民共和国国民经济和社会发展统计公报》（2016～2019 年）。

　　综合上文的分析，可以看到中国高等教育的毛入学率和招生规模的改变与中国教育发展政策的转变密切相关。中国高等教育从 1999 年开始进入大幅扩招阶段，1999～2005 年每年扩招速度在 20% 以上（见表 6－2）。2007 年，《国家教育事业发展"十一五"规划纲要》颁布后扩招的速度才

---

　　① 国家中长期教育改革和发展规划纲要工作小组办公室. 国家中长期教育改革和发展规划纲要（2010—2020 年）[EB/OL].（2010－07－29）. http：//www. moe. gov. cn/srcsite/A01/s7048/201007/t20100729_171904. html.

　　② 国家统计局. 中华人民共和国 2021 年国民经济和社会发展统计公报［EB/OL］.（2022－02－28）. http：//www. stats. gov. cn/tjsj/zxfb/202202/t20220227_ 1827960. html.

　　③ 教育部发展规划司. 2021 年全国教育事业统计主要结果［EB/OL］.（2022－03－01）. http：//www. moe. gov. cn/jyb_ xwfb/gzdt_ gzdt/s5987/202203/t20220301_ 603262. html.

有所降低，将每年招生的增长速度控制在 10% 以内。2010 年颁布的《国家中长期教育改革和发展规划纲要（2010—2020 年）》明确提出了稳速增长的要求，高校招生增速在 2010～2020 年每年维持在 2%～3%①。从图 6-1 也可以看出，中国高等教育招生规模在 1999～2005 年呈现出快速增长的态势，这一速率在 2006 年才开始逐渐放缓，2010 年起更是呈现低增长态势，但招生规模随后又开始快速上升。

表 6-2　　　　　　1978～2020 年我国高校普通本专科学生情况　　　　　　单位：万人

| 年份 | 招生数 | 毕业生数 |
| --- | --- | --- |
| 1978 | 40.2 | 16.5 |
| 1980 | 28.1 | 14.7 |
| 1985 | 65.9 | 35.6 |
| 1990 | 60.9 | 65.4 |
| 1995 | 92.6 | 80.5 |
| 2000 | 220.6 | 95.0 |
| 2001 | 268.3 | 103.6 |
| 2002 | 320.5 | 133.7 |
| 2003 | 382.2 | 187.7 |
| 2004 | 447.3 | 239.1 |
| 2005 | 504.5 | 306.8 |
| 2006 | 546.1 | 377.5 |
| 2007 | 565.9 | 447.8 |
| 2008 | 607.7 | 515.9 |
| 2009 | 639.5 | 535.1 |
| 2010 | 665.8 | 575.4 |
| 2011 | 685.5 | 608.2 |
| 2012 | 688.8 | 624.7 |
| 2013 | 699.8 | 638.7 |
| 2014 | 725.4 | 659.4 |
| 2015 | 737.8 | 680.9 |
| 2016 | 748.61 | 704.18 |
| 2017 | 765.49 | 735.83 |

① 李立国. 中国高等教育大众化发展模式的转变 [J]. 清华大学教育研究, 2014 (1): 17-27.

续表

| 年份 | 招生数 | 毕业生数 |
|------|--------|----------|
| 2018 | 790.99 | 753.31 |
| 2019 | 914.90 | 758.53 |
| 2020 | 967.45 | 797.20 |

资料来源：1978～2015 年数据来源于《中国统计年鉴 2016》；2016～2019 年数据来源于《全国教育事业发展统计公报》（2016～2020 年）。

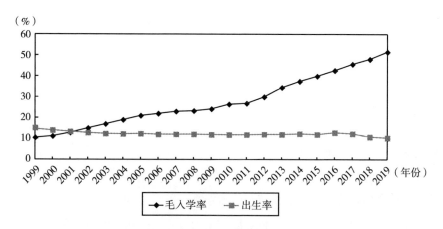

**图 6-1 1999～2019 年全国高等教育毛入学率和人口出生率非协同变化**
资料来源：《全国教育事业发展统计公报》（1999～2019 年）。

图 6-1 直观显示，与人口出生率呈下降趋势不同，我国高等教育毛入学率总体呈现的仍然是上升趋势。因此，中国高等教育规模与人口出生率呈现出显著的非协同变化。在中国高等教育迈向大众化阶段后，如果录取比例不变，且经济社会发展对于接受高等教育的需求比较稳定的情况下，中国高等教育适龄人口的规模将直接决定高等院校的生源规模，必定会影响到高等院校之间的生源竞争。

## 二、高等教育发展重心随人口出生率波动发生转变

目前，我国教育事业正步入"由大到强"的关键阶段，高等教育也应该切实转向内涵式发展道路。在适龄高教入学人口不断下降的情况下，提

高高等教育质量成为高教改革和发展的重心所在，也是目前高等教育发展最核心、最紧迫的任务[①]。中国高等教育质量的衡量标准也有所转变，从20世纪70年代的"入学率"到20世纪80年代的"办学条件"，再到20世纪90年代的"教学成果"，转变到21世纪的"教育效益"，高等教育评价依据经历了从"量"到"质"的转变。在人口出生率较高时期，高等教育的扩张尚能满足一些适龄高教入学人口的受教育需求，有利于促进高等教育的大众化。但在人口出生率下降时期，盲目的规模扩张不仅无益于保证高等教育的质量，也会导致"人人上大学"现象发生，无法真正体现出高考的选拔机制。从主要发达国家的经验看，仅仅依靠规模上的扩张来发展高等教育并不能带来预期的益处。因此，在适龄高教入学人口不断减少的背景下，高等教育的发展重心应更多地转向对人才质量的培养，使高等院校的科研成果、教学质量、毕业生就业率成为社会和广大考生关注的焦点，而不是招生规模的盲目扩张。在人口因素的影响下，中国高等教育发展重心从规模扩张转变到质量提升，不仅有利于增强高等院校作为办学主体的责任意识和使命感，而且有利于推动高校走以质量为核心的内涵式发展道路。

## 三、高等教育办学理念随人口出生率波动发生转变

办学理念是大学的灵魂，是高等院校自身发展的客观要求，是一所高校生存理由、生存动力和生存期望的有机构成，体现高等院校办学的总体指导思想，主要包括办学目的、工作思路和办学特色等要素。办学理念不仅支配着校长的办学行为，而且对师生员工具有目标引导和行为激励等功能。我国高等教育的办学理念一直是政策导向型，高等院校是在政府的直接领导下进行的，高校本身并不直接与社会进行资源交换。随着中国人口出生率不断下降，受适龄高教入学人口数量减少等外部因素的影响，高等

---

① 范笑仙，刘颖，李曼. 提高高等教育质量，建设高等教育强国——2011年高等教育国际论坛论文综述［C］//张宗荫，范笑仙. 2011年高等教育国际论坛论文集. 重庆：西南师范大学出版社，2011：425 –438.

院校与社会之间越来越有比较直接的联系，高等院校面向社会自主办学的理念也正在逐渐形成。高等院校办学理念开始关注市场，不再单纯依赖国家的经费划拨和政策支持，由国家下拨的"纵向经费"已只是高等院校总体经费来源中的一部分，来自其他方面的"横向经费"越来越占有较大的份额。而且"纵向经费"的下拨方式也由原来的分配方式转变为"项目方式"①，这一改变有助于激发高等院校的竞争意识。由此，一所高等院校的生源规模、质量、经费及声誉等，将由该院校在市场竞争中确立起来。随着未来适龄高教人口的持续下降，将学生视为客户的理念有望进一步内化在高校的办学理念之中。因此，办学理念的转变为高等教育质量的提升奠定了基础。

## 四、高等教育办学主体随人口出生率波动发生变化

基于中国国情，中国高等教育的办学主体主要有政府和私人部门两个主体②，但是私人部门与政府部门相比，在办学层次、办学规模，尤其是办学实力上都存在明显的差距，政府部门办学具有先天性的优势地位。在现阶段，私人资本将难以撼动政府作为中国高等教育办学主体的强势地位。而且，政府办高等教育是公共教育资源的主要获得者，又在一定程度上挤压了民办高等院校的经费来源。因此，在中国人口出生率下降、适龄高教人口减少的背景下，私人办学会愈加艰难，极易出现生存危机，而政府作为中国高等教育办学主体的优势地位则有可能会进一步增强。

## 五、高等教育专业结构随人口出生率波动发生变动

这种变动主要体现在两个方面：一是师范类专业生源不断减少。随着

---

① 谢维和. 当前中国高等教育的转型及其主要取向［J］. 中国高等教育，2011（6）：4-8.
② 祝爱武. 责任与限度：高等教育办学主体研究［D］. 南京：南京师范大学，2012.

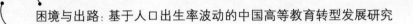
人口出生率下降，高校教师需求量也相应减少，师范类专业生源由于教师规模下降而随之不断缩减。20 世纪 30 年代的瑞典、70 年代的日本和 80 年代的美国，师范类专业都曾由于人口出生率的下降而受到影响。二是缺乏吸引力的专业生源不断减少。这类专业由于缺乏吸引力而在竞争中被高校逐渐淘汰，竞争同时将促使高校开设更多所谓的热门专业。不过，我国目前处于工业化中后期，高等教育致力于培养的与制造业密切相关的人才与未来后工业化社会所需要的高智能人才不匹配的矛盾可能又会导致高校就业的结构性问题。

# 第七章

# 低出生率背景下高等教育转型的机遇

中国用较短的时间完成了高等教育大众化。在人口出生率下降趋势下，人口红利逐渐消失，经济发展进入新常态，中国高等教育发展的内部条件与外部环境发生了巨大变化，高等教育发展的规模与速度都在逐步减缓，向内涵式发展方式转型已是大势所趋。因此，适龄高教人口下降所引发的生源危机，同时也是中国高等教育转型发展的难得契机。

## 一、国家层面对高等教育发展的高度重视

近年来，国家高度重视高等教育的改革和发展，先后就高等教育发布了一些纲领性、规范性的政策文件，如 1993 年颁布的《中国教育改革和发展纲要》、1998 年 12 月公布的《面向 21 世纪教育振兴行动计划》、2010 年颁布的《国家中长期教育改革和发展规划纲要（2010—2020 年)》等，世纪之交相继实施了"211"工程、"985"工程建设，高等教育取得了巨大成就。2012 年教育部《关于全面提高高等教育质量的若干意见》把人才培养作为提高高等教育质量的首要工作。人才培养质量成为高等教育发展的时代强音。

为进一步推动高等教育治理体系和治理能力建设，促进高等教育内涵式发展，使高等院校成为知识发现和科技创新的重要力量、先进思想和优秀文化的重要源泉、培养各类高素质优秀人才的重要基地，国家开始适时实施"双一流"（Double First - Rate，世界一流大学和一流学科）建设，

以此促进传统优势学科做大做强和现有学科的深度交叉融合，推动中国高等教育高质量发展。

早在 2010 年 7 月颁布的《国家中长期教育改革和发展规划纲要（2010—2020 年）》中，就提出了"加快建设一流大学和一流学科"，强调以重点学科建设为基础，继续实施"985"工程和优势学科创新平台建设，继续实施"211"工程和启动特色重点学科项目。改进管理模式，引入竞争机制，实行绩效评估，进行动态管理。鼓励学校优势学科面向世界，支持参与和设立国际学术合作组织、国际科学计划，支持与境外高水平教育、科研机构建立联合研发基地。加快创建世界一流大学和高水平大学的步伐，培养一批拔尖创新人才，形成一批世界一流学科，产生一批国际领先的原创性成果，为提升我国综合国力贡献力量①。

2015 年 8 月，中央全面深化改革领导小组会议审议通过《统筹推进世界一流大学和一流学科建设总体方案》，并在 2015 年 11 月由国务院印发，决定统筹推进建设世界一流大学和一流学科。2017 年 1 月，教育部、财政部、国家发展和改革委员会印发《统筹推进世界一流大学和一流学科建设实施办法（暂行）》。2017 年 9 月，教育部、财政部、国家发展和改革委员会联合发布《关于公布世界一流大学和一流学科建设高校及建设学科名单的通知》（见附录 2），正式确认公布世界一流大学和一流学科建设高校及建设学科名单，首批双一流建设高校共计 137 所，其中世界一流大学建设高校 42 所（A 类 36 所，B 类 6 所），世界一流学科建设高校 95 所；双一流建设学科共计 465 个（其中自定学科 44 个）。2017 年 10 月，党的十九大报告中提出加快一流大学和一流学科建设②。

开展首轮"双一流"建设（2016～2020 年）以来，中国高等教育改革发展成效明显，总体上实现了建设目标，但由于实际建设周期较短等原因，

---

① 国家中长期教育改革和发展规划纲要（2010—2020 年）[EB/OL]. （2010 - 07 - 29）. http：//www. moe. gov. cn/jyb_xwfb/s6052/moe_838/201008/t20100802_93704. html.

② 习近平. 决胜全面建成小康社会 夺取新时代中国特色社会主义伟大胜利——在中国共产党第十九次全国代表大会上的报告 [EB/OL]. （2017 - 10 - 28）. http：//cpc. people. com. cn/n1/2017/1028/c64094 - 29613660. html.

并未完全达到预期要求。按照《统筹推进世界一流大学和一流学科建设实施办法（暂行）》，"双一流"建设要求实行动态调整机制，教育部开展了新一轮建设。教育部、财政部、国家发展改革委于 2022 年 1 月 26 日联合发布《关于深入推进世界一流大学和一流学科建设的若干意见》，在《统筹推进世界一流大学和一流学科建设总体方案》的基础上，进一步明确和细化新一轮"双一流"建设的指导思想、基本原则、主要任务和支持机制，创造世界一流大学和一流学科建设新模式。新一轮"双一流"建设最大的变化便是不再区分一流大学建设高校和一流学科建设高校，坚持以学科为基础，聚焦内涵建设，强调探索自主特色发展新模式，创建真正意义上的世界一流。

随后，教育部、财政部、国家发展改革委于 2022 年 2 月 9 日公布了《第二轮"双一流"建设高校及建设学科名单》。名单包含了"双一流"建设高校及建设学科名单（见附录 3）和给予公开警示（含撤销）的首轮建设学科名单（见附录 4）。本次公布的名单共有建设高校 147 所，新增了山西大学、南京医科大学、湘潭大学、华南农业大学、广州医科大学、南方科技大学、上海科技大学 7 所高校。建设学科中数学、物理、化学、生物学等基础学科布局 59 个，工程类学科 180 个，哲学社会科学学科 92 个（北京大学、清华大学自主建设的学科自行公布）。15 所高校的 16 个学科被给予公开警示。

"双一流"建设体现了国家教育发展战略的意志，其重在质量和特色，受到了全社会的广泛关注。"双一流"建设，必将促进中国高等教育转向以质量提升为核心的内涵式发展。

2019 年 2 月，中共中央、国务院印发了《中国教育现代化 2035》，中共中央办公厅、国务院办公厅印发了《加快推进教育现代化实施方案（2018—2022 年）》。这是党中央、国务院贯彻落实党的十九大精神和全国教育大会精神、加快教育现代化所作出的重大战略部署。《中国教育现代化 2035》是我国第一个以教育现代化为主题的中长期战略规划，是新时代推进教育现代化、建设教育强国的纲领性文件，面临的是实现两个一百年奋斗目标的历史交汇期，是贯彻落实党的十九大精神和全国教育大会精神、实现 2035 年教育现代化目标奠定基础的关键时期，也是中长期教育规划纲要、"十三五"规划收官和"十四五"规划起步的衔接期。为此，《中国教育现代化2035》定位于全局性、战略性、指导性。与以往的教育中长期规划相比，《中国教育现代化2035》时间跨度更长，重在目标导向，对标新时代中国特色社会主义建设总体战略安排，从两个一百年奋斗目标和国家现代化全局出发，在总结改革开放以来特别是党的十八大以来教育改革发展成就和经验基础上，面向未来描绘教育发展图景，系统勾画了我国教育现代化的战略愿景，明确了教育现代化的战略目标、战略任务和实施路径，到2035年，总体实现教育现代化，迈入教育强国行列，推动我国成为学习大国、人力资源强国和人才强国，为到21世纪中叶建成富强民主文明和谐美丽的社会主义现代化强国奠定坚实基础。

《加快推进教育现代化实施方案（2018—2022年）》聚焦未来五年教育发展的战略性问题、当前教育发展面临的紧迫性问题和人民群众关心的问题，定位于行动计划和施工图，是加快推进教育现代化、建设教育强国的时间表、路线图，提出了加快推进教育现代化的实施原则，突出行动性、操作性，重在问题导向。《加快推进教育现代化实施方案（2018—2022年）》提出加快"双一流"建设，推进高等教育内涵发展。通过继续实施中西部高等学校基础能力建设工程等措施，提升中西部高等教育发展水平。按照可实施、可量化、可落地的原则，将教育现代化远景目标和战略任务细化为未来五年的具体目标任务和工作抓手①，更好地发挥教育服务国计民生的作用，确保完成决胜全面建成小康社会教育目标任务，为推动高质量发展、实现2035年奋斗目标夯实基础。

关于推进高等教育内涵式发展方面，国家层面尤为重视。《加快推进教育现代化实施方案（2018—2022年）》提出加快"双一流"建设，推动建设高等学校全面落实建设方案，研究建立中国特色"双一流"建设的综

---

① 《加快推进教育现代化实施方案（2018—2022年）》提出了推进教育现代化的十项重点任务，即：实施新时代立德树人工程、推进基础教育巩固提高、深化职业教育产教融合、推进高等教育内涵发展、全面加强新时代教师队伍建设、大力推进教育信息化、实施中西部教育振兴发展计划、推进教育现代化区域创新试验、推进共建"一带一路"教育行动、深化重点领域教育综合改革。

合评价体系。建设一流本科教育，深入实施"六卓越一拔尖"计划 2.0，实施一流专业建设"双万计划"，实施创新创业教育改革燎原计划、高等学校毕业生就业创业促进计划。提升研究生教育水平，完善产教融合的专业学位研究生培养模式、科教融合的学术学位研究生培养模式，加强紧缺高端复合人才培养。完善高等教育质量标准和监测评价体系。提升高等学校科学研究与创新服务能力，实施高等学校基础研究珠峰计划，建设一批前沿科学中心，支持高等学校建设一批重大科技基础设施，积极参与国家实验室建设。继续实施高等学校哲学社会科学繁荣计划①。

为更好地推进"双一流"建设，教育部于 2019 年 4 月 9 日发布通知，决定启动一流本科专业建设"双万计划"，按照计划，将在 2019 年至 2021 年，建设 1 万个左右国家级一流本科专业点和 1 万个左右省级一流本科专业点，面向各类不同的普通本科高等高校。鼓励分类发展、特色发展，重点围绕建设新工科、新医科、新农科、新文科示范性本科专业，引领带动高校优化专业结构、促进专业建设质量提升，推动形成高水平人才培养体系。此外，教育部于 2019 年 10 月发布《关于一流本科课程建设的实施意见》，提出建设适应新时代要求的一流本科课程，全面开展一流本科课程建设，即一流课程"双万计划"建设，也就是建设 1 万门左右国家级一流课程和 1 万门左右省级一流课程（也称为"金课建设计划"），统筹规划国家级和省级一流课程培育与建设，大力推动优质课程资源广泛共享，为实施中国高等教育质量"变轨超车"奠定更为坚实的基础②。

为深化新时代教育评价改革，中共中央、国务院于 2020 年 10 月印发了《深化新时代教育评价改革总体方案》，坚持以立德树人为主线，以破"五唯"为导向，以五类主体为抓手，着力做到政策系统集成、举措破立结合、改革协同推进，构建符合中国实际、具有世界水平的评价体系。这成为指导深化新时代教育评价改革的纲领性文件，有利于保障中国高等教育高质量发展。

---

① 中共中央办公厅，国务院办公厅. 加快推进教育现代化实施方案（2018—2022 年）[EB/OL]. （2019 - 02 - 23）. http：//www. gov. cn/xinwen/2019 - 02/23/content_5367988. htm.

② 教育部. 关于实施一流本科专业建设"双万计划"的通知[EB/OL]. （2019 - 04 - 09）. http：http：//www. moe. gov. cn/srcsite/A08/s7056/201904/t20190409_ 377216. html.

## 二、经济社会发展为高等教育转型发展 提供了深厚的物质基础

世界银行专家贝努瓦·米洛特指出，高等教育的受教育机会始终与国家的经济水平相关①。没有相应的经济发展水平的支持，高等教育就难以快速发展。改革开放以来，中国经济发展取得了巨大成就，积累了雄厚的经济实力（见表7-1），国家对高等教育的投入也不断增加。根据《中国统计年鉴》，1979~2020年我国国内生产总值（GDP）年平均增长速度为9.2%，属于较高增长水平，创造了大量社会财富，为支持高等教育高质量发展提供了重要支撑。经济增长与高等教育投入的持续增加使高等教育转型发展拥有了坚实的物质基础。

基于雄厚的国家经济实力，中国可以适度降低学杂费比重，逐步提高高等教育财政投入的比重，这同时也为解决中国高等教育非平衡发展提供了基础条件，中国由教育大国成长为教育强国就有了可靠的物质保障。

表7-1　　　　　　　　　　2000~2019年中国GDP一览　　　　　单位：亿元

| 年份 | GDP | 年份 | GDP |
|------|------|------|------|
| 2000 | 100280.1 | 2011 | 487940.2 |
| 2001 | 110863.1 | 2012 | 538580.0 |
| 2002 | 121717.4 | 2013 | 592963.2 |
| 2003 | 137422.0 | 2014 | 641280.6 |
| 2004 | 161840.2 | 2015 | 685992.9 |
| 2005 | 187318.9 | 2016 | 740060.8 |
| 2006 | 219438.5 | 2017 | 820754.3 |
| 2007 | 270092.3 | 2018 | 900309.5 |
| 2008 | 319244.6 | 2019 | 986515.2 |
| 2009 | 348517.7 | 2020 | 1015986.2 |
| 2010 | 412119.3 | 2021 | 1143670.0 |

资料来源：2000~2020年数据来自历年《中国统计年鉴》；2021年数据来自《中华人民共和国2021年国民经济和社会发展统计公报》。

---

① 贝努瓦·米洛特，李璐. 高等教育支出与产出：错综复杂的关系 [J]. 北京大学教育评论，2013（2）：46-63.

# 三、低出生率背景下高等教育转型发展迎来新的契机

高等教育外延式发展已不再适应我国高等教育发展的生存环境和转型面临的困境及对人才培养的客观需求，需要及时进行改革。而中国人口出生率近年来持续走低，适龄高教人口不断减少，恰恰为中国高等教育转向以质量提升为核心的内涵式发展道路提供了新的契机。

## （一）适龄高教人口减少有利于深化高等教育供给侧结构性改革

适龄高教人口的减少尽管为高等教育发展带来了一定的负面影响，但却为中国高等教育深化供给侧结构性改革提供了良好的机遇。随着中国人口出生率下降，高等教育大众化和普及化的压力大大减轻，不必再追求规模的过快扩张，这同时也为中国高等教育转向以质量提升为核心的内涵式发展开辟了新路径。因此，教育主管部门可以充分利用这一机遇，大力深化高等教育供给侧结构性改革，大力推进高等教育内涵式发展，合理有效地布局高等教育资源，促进高等教育结构优化，变革招生和就业制度，创新适应市场竞争需求的复合型人才培养模式，完善教育经费投入机制，合理推动高校之间的以质量为核心的竞争与并购重组，以促进我国高等教育布局的整体优化和教育质量的全面提升。

## （二）适龄高教人口减少有利于高等教育向内涵式发展转变

人口出生率下降造成高等教育学龄人口的减少，推动高等院校转变教育投资方向，真正从扩大教育规模转向提高办学质量，促使高校走可持续的内涵式发展道路。

在适龄高教人口出生率下降的背景下，高等院校面对生源竞争和质量提升的双重压力，不得不改变通过扩大办学规模来吸引生源的惯性思维，认识到在生源竞争中只有注重教学质量的提升才能增强自身竞争力和吸引力。首先，适龄高教人口减少，迫使高等院校合理定位、特色化发展，使得高等教育更具有针对性、专一性，有利于高等院校为社会培养更多的复合型高素质人才；其次，适龄高教人口减少加快了高等学校进行学科调整的步伐，高等院校将根据国家和经济社会发展需要，适应"双一流"建设，保留一些有生命力的优势学科，取消或合并一些弱势学科；最后，适龄高教人口减少使得高等院校在引入新师资力量时，更加注重教职人员的学历和科研素质，从而促进高等院校现有教师队伍的优化调整，为中国高等教育质量提升提供基本保障。

因此，高等教育适龄人口的减少为高等教育转型发展提供了一个难得的机遇，使得高等院校从忙于扩招中冷静下来进行反思，切实走以质量提升为核心的内涵式发展道路，促进中国高等教育实现由"量"向"质"、由"大"到"强"的跨越，从根本上保障中国高等教育的可持续发展。

## （三）适龄高教人口减少利于缓解高等教育资源数量及结构矛盾

高等教育扩招以来，我国高等教育资源不足的问题逐渐显现，制约着中国高等教育的健康持续稳定发展，影响着高等教育质量的提升。

首先，在高等教育经费投入方面存在较大欠缺。尽管高等教育经费投入一直增加（见表7-2），但直至2012年，国家财政性教育经费占GDP比例达到4.28%，才实现1993年制定的《中国教育改革和发展纲要》中提出的"逐步提高国家财政性教育经费支出占国民生产总值的比例，在本世纪末达到4%"[①] 目标。然而，高等院校公共生均财政预算教育费与预算

---

① 国务院. 中国教育改革和发展纲要（1993）[EB/OL].　（1993 - 02 - 13）. http：//www. moe. gov. cn/jyb_sjzl/moe_177/tnull_2484. html.

公用经费却在 2013 年出现了同比下降（见图 5－2）。2014 年我国普通高等教育财政性支出约为 6713.1 亿元，占全国国民生产总值的 0.71%[①]，这一数字不仅低于世界发展中国家 0.74% 的平均水平，与国际平均水平 0.82% 也存在着一定差距[②]。因此，现有的经费投入仍然难以满足高等教育发展的实际需求。作为高等教育事业发展的先决条件，教育经费投入不足的问题亟须解决。

其次，在高校教师资源方面生师比严重失衡的问题。如表 7－2 所示，中国普通高等院校生师比近年来一直徘徊在 17.5：1，2002 年甚至高达 19：1，而国际上这一比例仅为 14.00：1。因而，高等院校生师比一直存在严重的不合理问题。此外，近年来中国普通高等院校教职工与专任教师之间的比值也不断加大，已由 2000 年的 1：0.46 扩大到 2019 年的 1：0.68，而世界各国高等学校平均教职工与专任教师的比值为 1：1[③]。由此可见，尽管中国高等学校师资力量在不断增加，但仍难以与高校在校生规模相匹配。

表 7－2　　　　2000～2019 年我国普通高等师资力量变化情况

| 年份 | 生师比 | 职工与专任教师比 |
| --- | --- | --- |
| 2000 | 16.30：1 | 1：0.46 |
| 2001 | 18.22：1 | 1：0.52 |
| 2002 | 19.00：1 | 1：0.56 |
| 2003 | 17.00：1 | 1：0.50 |
| 2004 | 16.22：1 | 1：0.53 |
| 2005 | 16.85：1 | 1：0.55 |
| 2006 | 17.93：1 | 1：0.57 |
| 2007 | 17.28：1 | 1：0.59 |
| 2008 | 17.23：1 | 1：0.60 |
| 2009 | 17.27：1 | 1：0.61 |
| 2010 | 17.33：1 | 1：0.62 |
| 2011 | 17.40：1 | 1：0.63 |

---

① 教育部. 2014 年全国教育经费执行情况统计公告［EB/OL］.（2015－10－13）. http：//www.moe.edu.cn/srcsite/A05/s3040/201510/t20151013_213129.html.

② 孙玉凤. 我国高等教育资源配置现状、问题及对策研究［D］. 兰州：兰州大学，2013.

③ 尚海磊. 对高等教育资源浪费根源的制度性分析及对策［J］. 南京理工大学学报，2007（1）：70－74.

续表

| 年份 | 生师比 | 职工与专任教师比 |
|---|---|---|
| 2012 | 17.52：1 | 1：0.64 |
| 2013 | 17.53：1 | 1：0.65 |
| 2014 | 17.68：1 | 1：0.66 |
| 2015 | 17.72：1 | 1：0.68 |
| 2016 | 17.07：1 | 1：0.67 |
| 2017 | 17.52：1 | 1：0.67 |
| 2018 | 17.56：1 | 1：0.67 |
| 2019 | 17.95：1 | 1：0.68 |

资料来源：教育部《全国教育事业发展统计公报》（2000～2019年）。

最后，在高等院校基础设施方面存在严重短板。自1999年以来，我国普通高等院校校均规模呈现大幅上涨趋势，1999年3815人，2000年5289人，2001年5870人，直至上升到2017年的10430人。2018年普通高等学校校均规模10605人，其中，本科院校14896人，高职（专科）院校6837人。2019年普通高等学校校均规模11260人，其中，本科院校15179人，高职（专科）院校7776人①，校均规模不断上升，必然会加剧高校基础设施方面的压力。

而在此期间，高等院校的校舍面积、教学科研仪器设备等增长速度却无法与之相匹配，校均规模增长的同时，人均基础设施占有量却在下降，难以适应高等教育大众化的客观需求，因而高等教育发展受到一定程度的影响。

根据教育部的统计数据，1998年之前，高校招生年均增长约8.5%。1999年开始大幅度扩招，截至2009年，招生人数已从1998年的108.4万人增加到当年的639.5万人，在校人数超过2100万人，招生人数年均增长约17.5%，增速比1998年以前高1倍。而1995～2009年，全国高校教学科研仪器设备总值从158亿元增长到1360亿元，尽管增长了近8倍（见图7-1）②，但从图7-1中的增长趋势看，2000年以前增长速度相对较

① 教育部.全国教育事业发展统计公报（1998—2019）［EB/OL］.http：//www.moe.gov.cn/jyb_sjzl/sjzl_fztjgb/.

② 高等学校仪器设备共建共享（CERS）［EB/OL］.（2012-09-04）.http：//www.edu.cn/xxh/fei/jcyy/ky/kygx/201209/t20120904_838733.shtml.

慢，年均增长率约 15.0%。可以看到，教学科研仪器设备总值增速长期低
于高校招生规模的增速，尽管 2000 年后增长速度明显加快，年均增长速度
达到 22.6%，比 2000 年以前快了 1 倍①。依据表 7 - 3，相对于高校招生规
模的增长，教学科研仪器设备总值的增速较慢。高校基础设施方面存在的
短板必然会影响高校教学质量的提升。

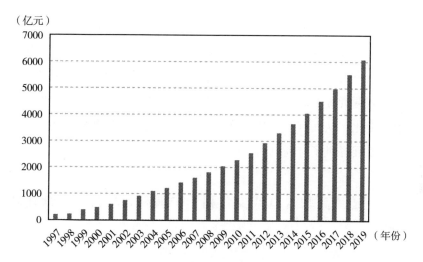

**图 7 - 1　1997 ~ 2009 年全国高校教学科研仪器设备总值变化**
资料来源：1997 ~ 2009 年数据来自《中国教育统计年鉴》（1998 ~ 2010 年），2010 ~ 2019 年
数据来自《中国教育概况》（2010 ~ 2019 年）。

表 7 - 3　　　　　　　　2010 ~ 2019 年普通高等学校基础设施情况一览

| 年份 | 招生规模（万人） | 校舍总建筑面积（万平方米） | 教学科研仪器设备总值（亿元） |
|---|---|---|---|
| 2010 | 665.76 | 74604.00 | 2279.00 |
| 2011 | 685.50 | 78076.00 | 2555.00 |
| 2012 | 688.83 | 81060.42 | 2935.37 |
| 2013 | 699.83 | 84154.95 | 3309.58 |
| 2014 | 725.40 | 86310.71 | 3658.49 |
| 2015 | 737.85 | 89145.38 | 4058.60 |
| 2016 | 748.61 | 92675.05 | 4514.42 |

————————————

①　高等学校仪器设备共建共享（CERS）［EB/OL］.（2012 - 09 - 04）. http：//www.edu.cn/
xxh/fei/jcyy/ky/kygx/201209/t20120904_838733.shtml.

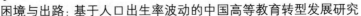
续表

| 年份 | 招生规模（万人） | 校舍总建筑面积（万平方米） | 教学科研仪器设备总值（亿元） |
|---|---|---|---|
| 2017 | 765.49 | 95400.32 | 4995.29 |
| 2018 | 790.99 | 97713.56 | 5533.06 |
| 2019 | 914.90 | 101248.41 | 6095.08 |

资料来源：教育部《全国教育事业发展统计公报》（2010～2019年）。

但随着中国人口出生率的下降，高等教育适龄人口相应减少，由此引致高等教育对教育资源的需求有所降低，从而使得中国高等教育长期以来存在的经费不足、师资不足、设施不足等矛盾得以缓解，高等院校规模扩大与高等教育资源不足之间的矛盾得以缓和，高等教育资源的分配也会出现显著的变化，从而有利于高等教育资源分配的结构性调整，为中国高等教育转型发展提供了有利机遇。

## （四）适龄高教人口减少有利于中国高等教育由大众化转向普及化

中华人民共和国成立之初，全国人口中80%为文盲，高等教育毛入学率仅有0.26%[①]。经过70年的发展，到2019年中国高等教育已悄然进入普及化阶段。

20世纪90年代末，中国高等教育开启了扩招大门，高等教育毛入学率迅速上升，推动中国高等教育在短时间内进入了大众化阶段。一般认为，高等教育毛入学率即同一年度高等院校在校生数占高等教育适龄人口总数的比例，是衡量一个国家高等教育发展情况的指标。高等教育毛入学率达到50%以上，就认为进入普及化阶段。2017年我国高等教育毛入学率还仅为45.7%，但与50%的国际标准差距越来越小[②]，而在2019年我国高

---

① 胡浩，周畅.70年，从文盲占八成走向高等教育普及化［EB/OL］.（2019-09-07）. http：//www.xinhuanet.com/politics/2019-09/07/c_1124971807.htm.

② 谈松华，夏鲁惠.适龄人口下降对我国高等教育的影响［J］.中国发展观察，2011（9）：17-19.

等教育毛入学率就达到51.6%[①]，已经超过了国际标准，中国已经建成了世界上规模最大的高等教育体系，已经从高等教育大众化迈向了高等教育普及化阶段。

随着我国高教适龄人口数的减少，高等教育毛入学率将会呈继续增长的趋势，有利于进一步加快实现我国高等教育由大众化转向普及化，能够满足更多的学生对高等教育的需求，接受高等教育的培养，实现大学梦想与人生价值。同时，高等教育普及化也进一步提高了国民的整体素质，为国家和社会发展提供了强大的人才支撑。

## （五）适龄高教人口减少有利于激发高等教育特色化发展

限于种种原因，中国高等教育发展出现严重的同质化趋势，"大而同""小而全"，大多数高等院校对创新与探索的重视力度不够，造成多数高等院校教学模式如出一辙。高等院校的办学特色、管理特色、教学特色、学科特色、专业特色、课程特色等都没有得到充分体现、有效提倡和切实保障，高等院校毫无"个性"可言。即使个别高等院校已开始重视特色发展，但对特色的思考与实践仍停留在具体的操作层次，很多时候是为了特色而特色，如特色学科、特色专业，仍然未能与高等院校未来的生存和发展战略真正联系起来，因而也就无法将特色化作为其未来发展的价值导向，从而形成富有本校内在特质的有效定位和特色化发展策略。

适龄高教人口的减少所引发的生源竞争，将迫使各高等院校抛开传统固化的发展模式，在竞争中不断打造并形成自身特色，真正做到特色立校，特色育人，以满足经济社会发展对人才的不同需要。这就要求高等院校必须充分考虑学生的个性化需求，通过教学模式和管理水平的革新，最大限度地满足不同类型学生的需要；同时，高等院校也需要按照地域、发展目标、招收学生类型的不同来制订培养计划，以帮助学生从容应对复杂多样的社会压力。

---

① 教育部. 中国教育概况——2019年全国教育事业发展概括［R］. 2020.

## 四、高等院校之间的生源竞争日益激烈
## 与质量提升契机显现

人口出生率下降趋势下，适龄高教生源减少迫使高等院校之间在招生、人才培养质量、毕业生就业等各方面展开全方位的竞争。中国经济发展的非均衡性，区域经济发展水平和地理位置差异将导致高等院校两极化加剧：经济发展基础好、地理位置优越的高等院校教育资源供不应求；经济发展基础薄弱、地理位置偏僻的高等院校招生会出现困难甚至面临倒闭危险，而民办高等院校则首当其冲。

多年前，以北京大学为首的"北约"、以清华大学为首的"华约"与以天津大学为首的"卓越联盟"就展开了生源大战①。现在各高等院校每年高考结束之际旋即开展轰轰烈烈的招生宣传大战，各路招生宣传大军云集优质生源地，提供各不相同的优惠条件，如学费减免、自由选择专业等，不一而足。

高等院校生源竞争程度的加强，有利于克服中国高等院校由于长期高等教育适龄人口红利而形成的办学惰性，从而有利于激发高等院校办学活力，主动适应外部竞争环境的变化，全方位提升自身的核心竞争力，培养适应经济社会发展需求的人才，从而推动中国高等教育质量的提升。因此，从这个角度而言，高等院校之间的生源竞争将为中国高等教育质量提升提供良好机遇，促使高等院校真正将办学力量汇聚到质量提升上来，真正走内涵式的可持续发展道路，注重创新型、复合型、应用型人才的培育。

---

① 齐美东，蒋化邦．基于人口出生率波动的中国高校生源问题探讨 [J]．高教探索，2012 (1)：22 – 27.

# 第八章

# 发达国家或地区应对生源下降问题的
# 经验借鉴

进入 21 世纪以来，伴随着高等教育的大众化与普及化，高等教育进一步走向改革发展、转型升级的道路。与此同时，世界人口呈现出总量增速放缓、总生育率下降及人口老龄化加速等基本趋势。而且越发达的国家或地区人口增长越缓慢，甚至出现负增长，但最不发达的国家或地区人口增长依然较快，人口增长集中于人口大国[①]。因此，随着人口出生率的不断下降，发达国家和地区的高校普遍面临生源不足的困境。从部分发达国家或地区高等教育转型过程来看，破解高等教育生源危机、实现高等教育转型发展的关键就在于走内涵式发展道路。

美国和日本作为具有代表性的发达国家，中国台湾作为我国具有代表性的发达地区，他们的人口变化同中存异。对这两个国家和一个地区的人口变化趋势进行分析，可以发现当前世界人口变化呈现出人口出生率普遍下降、人口增速持续放缓，即老龄化和少子化并存的一般趋势。

## 一、美国和日本应对生源下降问题的经验

### （一）美国和日本人口出生率变化趋势

总和生育率（total fertility rate）表示假设妇女度过整个生育期（15 ~

---

① 刘丽坤. 世界人口增长渐呈集中化趋势［N］. 社会科学报，2017 – 08 – 24（7）.

44 岁）并按照当期的年龄别生育率生育孩子所生育的孩子数，即女性人均生育数。表 8-1 为 1993~2020 年美国和日本总和生育率状况。从中可以看到，各个国家人口呈现出总体下降趋势，甚至出现负增长。老龄化和少子化正日益成为各国面临的主要人口问题，这也是当前世界人口变化的一般趋势。

表 8-1 　　　　　　　　1993~2020 年美国和日本总和生育率状况 　　　　　　　单位：%

| 年份 | 美国 | 日本 |
| --- | --- | --- |
| 1993 | 2.02 | 1.46 |
| 1994 | 2.00 | 1.50 |
| 1995 | 1.98 | 1.42 |
| 1996 | 1.98 | 1.43 |
| 1997 | 1.97 | 1.39 |
| 1998 | 2.00 | 1.38 |
| 1999 | 2.01 | 1.34 |
| 2000 | 2.06 | 1.36 |
| 2001 | 2.03 | 1.33 |
| 2002 | 2.02 | 1.32 |
| 2003 | 2.05 | 1.29 |
| 2004 | 2.05 | 1.29 |
| 2005 | 2.06 | 1.26 |
| 2006 | 2.11 | 1.32 |
| 2007 | 2.12 | 1.34 |
| 2008 | 2.07 | 1.37 |
| 2009 | 2.00 | 1.37 |
| 2010 | 1.93 | 1.39 |
| 2011 | 1.90 | 1.39 |
| 2012 | 1.88 | 1.41 |
| 2013 | 1.86 | 1.43 |
| 2014 | 1.86 | 1.42 |
| 2015 | 1.84 | 1.45 |
| 2016 | 1.82 | 1.44 |
| 2017 | 1.77 | 1.43 |
| 2018 | 1.73 | 1.42 |
| 2019 | 1.71 | 1.36 |
| 2020 | 1.64 | 1.34 |

资料来源：世界银行公开数据。

值得注意的是,美国和日本虽然都属于发达国家,但其人口变化趋势却不尽相同,这两个国家的生育率还是有所差异的。自 20 世纪 90 年代以来,美国的总和生育率除个别年份外、日本的总和生育率长期低于 2.1 的更替水平(见表 8 – 1),其中日本生育率更低,这点也可从图 8 – 1 中得到直观反映。从图 8 – 1 中可以明确看到美国的生育率水平在 2.1 的更替水平上徘徊,但日本的生育率水平远远低于 2.1 的更替水平。

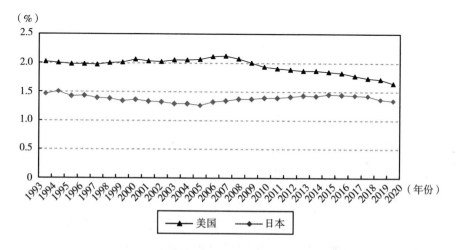

**图 8 – 1  1993 ~ 2018 年美国和日本生育率变动趋势**
资料来源:世界银行公开数据。

因为美国的移民国家特色,美国的人口增速相较于日本下降较慢。虽说这给美国带来了较为稳定的人口增速,但需注意到少数族裔将占据美国人口的很大比例。

## (二) 美国和日本人口出生率下降对生源的影响

随着人口出生率的逐步下降,发达国家或地区高校普遍面临生源不足的问题,其影响主要分两个方面:一是人口出生率对高校生源规模的直接影响,人口基数的下降必然导致高校适龄生源规模的减少,高考报考人数也将相应下降。二是人口出生率下降通过影响人口结构间接影响高等教育生源规模,与人口出生率下降相对应的是人口老龄化问题将日趋严重,社会的适龄劳动人口数量降低，原本出于增加竞争优势目的而上大学的人群将会直接转向就业①，从而使得高等教育规模出现下降。

### 1. 美国少子化对高等教育生源的影响

近年来美国的出生人数稳定在 400 万人左右，适龄生源的减少必然造成美国高校生源的下降。20 世纪 80 年代美国的高等教育经历了高等教育适龄人口减少的压力。1980 年，美国 18 ~ 21 岁年龄段上大学的人数量达到高峰，为 1738.7 万人，高等教育适龄人口攀升至最高点后开始下降并急剧减少，1980 ~ 1994 年的 14 年间，美国 18 ~ 21 岁人口的数量约减少了 327 万人，美国高等院校中女生入学率近年来突破 100%②。美国高校的航空航天工程、工业和机械工程、信息电气科学等本科教育面临严峻的生源困境，从 1982 年开始，相关专业入学人数每年下降约 1 万人。同时在生源危机的严峻压力下，1969 ~ 1975 年，美国有 132 所高校被迫关闭，其中 104 所为私立院校③。在这一时期，因美国人口结构变动、联邦政府财政教育预算削减，无论各种规模的公立大学还是私立大学及学院都潜伏着严峻的生源危机，上百所学院和一些州立大学面临破产的命运。

### 2. 日本高等教育少子化危机

日本人口近年来更是进入负增长时代，日本少子化问题日益突出，使得日本高校对生源的需求超过了现存的适龄生源供给，高等教育的生源危机日益严峻。2007 年，日本高中毕业生与大学招生规模基本相当，日本高中毕业生提前进入了"全入时代"。日本 18 岁人口数量于 2013 年达到了 122.8 万人，而 2014 年相比上一年减少了 4.7 万人，预计到 2024 年将减少至 106 万人，相较 2013 年减少了 13%④。

---

① 齐美东，田蕾. 人口出生率下降趋势下的研究生教育转型研究 [J]. 研究生教育研究，2017（8）：19 - 24.
②③ 张济洲，毕宪顺. 高等教育如何应对生源危机——以美国和日本为例 [J]. 教育与经济，2013（3）：65 - 68，32.
④ 郭晓瑜. 日本少子化及其对教育的影响研究 [D]. 长春：吉林大学，2017.

少子化造成日本大学生源紧张，特别是日本私立大学、短期大学难以生存。1989 年仅有 4% 的私立大学无法达到额定招生人数标准，十年后则激增到 30%。为抢夺生源，超过一半的私立大学采用没有条件限制的开放式入学来招生。日本短期大学的数量在 1995 年达到了顶峰，之后从 1996 年的 598 所减少至 2008 年的 417 所；而日本短期大学新生注册人数在 1990 ~ 2005 年从 235195 人减少至 99431 人，在校学生总人数则从 47.3 万人减少到 17.2 万人①。

## （三）美国和日本应对生源下降的措施

美国和日本高等教育应对人口下降的对策各有特点，研究他们为应对生源下降所采取的措施，可以为我国高等教育的改革带来一定启示。

### 1. 美国高校解决生源短缺的措施

美国政府和高校管理者在应对人口出生率下降所导致的生源危机时，一方面，非常重视开源节流、发掘潜力、提高效益；另一方面，则积极寻求社会资助并扩大生源市场，较为成功地解决了适龄高教生源短缺对高等教育的影响，保持了高等教育规模持续增长。主要有以下措施。

第一，招收大龄成年生源，开展终身教育行动。高等教育适龄人口数量的减少，导致高校传统生源短缺。为了防止高等教育出现衰败，美国高校积极招募成年大学生，高校学生年龄结构向高龄化方向发展。1970 ~ 1992 年，美国高校中 25 岁以上大学生的比例由 27.8% 猛增至 63.8%。1982 年，全美所有在读大学生中有 14% 的人年龄在 36 岁或以上②。新型大龄生源的增加促使美国高校的生源结构朝多元化发展，这也符合当今终身学习的发展趋势。

---

① 吴丽华，罗米良. 少子化趋势下日本高等教育发展对策及启示 [J]. 现代教育科学，2010 (3)：92 - 95.

② 张济洲，毕宪顺. 高等教育如何应对生源危机——以美国和日本为例 [J]. 教育与经济，2013 (3)：65 - 68，32.

第二，开拓海外生源市场，出台招生优惠政策。在国内生源不能满足高校需求的情况下，美国开始把目光转向留学生，积极开拓海外生源市场。一直以来，美国都备受留学生的青睐，在此基础上，美国为吸引生源，出台了不少招生优惠政策。例如，美国放宽外国留学生入学招生条件，名校也提前放宽申请入口，以此来鼓励更多外国留学生到美国就读。此外，美国移民和海关执法局扩大了可延长实习期限的外国留学生范围，这也吸引了更多优秀人才到美国深造。通过表8-2可发现，留美留学生从2007年的62万多人增加到2016年的近108万人，增长幅度达到72.94%，可见美国积极开拓海外留学生市场来增加生源的措施十分有效。

表8-2 2007~2020年留美学生人数

| 时间（学年） | 留美留学生人数 | 时间（学年） | 留美留学生人数 |
|---|---|---|---|
| 2007/2008 | 623805 | 2014/2015 | 974926 |
| 2008/2009 | 671616 | 2015/2016 | 1043839 |
| 2009/2010 | 690923 | 2016/2017 | 1078822 |
| 2010/2011 | 723277 | 2017/2018 | 1094792 |
| 2011/2012 | 764495 | 2018/2019 | 1095299 |
| 2012/2013 | 819644 | 2019/2020 | 1075496 |
| 2013/2014 | 886052 | | |

资料来源：美国国际教育协会（IIE）. Census-Overall-Enrollment-1949-2020［EB/OL］. https：//opendoorsdata. org/data/international-students/enrollment-trends/.

根据2020年国际教育交流门户开放报告，国际学生总数为1075496人，国际学生仍占美国高等教育总人口的5.5%。此外，IIE还有数据显示，2019年国际学生为美国经济贡献了约410亿美元。中国连续第11年成为美国最大的国际学生来源国，2019/2020学年有372532名学生就读于本科、研究生、非学位和选择性实践培训（OPT）项目，比2018/2019学年增加了0.8%（见表8-3）。中国学生数量庞大，占到全部国际生数量的34.6%[①]。

---

① 美国国际教育协会（IIE）. 2020年美国门户开放报告［EB/OL］.（2020-11-18）. https：//new. qq. com/omn/20201118/20201118A03WRQ00. html.

表 8 - 3　　　　　　　　　2004～2020 年中国留美学生人数　　　　　　单位：人

| 时间（学年） | 留美留学生人数 | 时间（学年） | 留美留学生人数 |
|---|---|---|---|
| 2004/2005 | 62523 | 2012/2013 | 235597 |
| 2005/2006 | 62582 | 2013/2014 | 274439 |
| 2006/2007 | 67723 | 2014/2015 | 304040 |
| 2007/2008 | 81127 | 2015/2016 | 328547 |
| 2008/2009 | 98235 | 2016/2017 | 350755 |
| 2009/2010 | 127628 | 2017/2018 | 363341 |
| 2010/2011 | 157558 | 2018/2019 | 369548 |
| 2011/2012 | 194029 | 2019/2020 | 372532 |

资料来源：美国国际教育协会（IIE）. Census-All-Places-of-Origin-1 ［EB/OL］. https：//open-doorsdata. org/data/international-students/all-places-of-origin/.

第三，重构教育服务模式，优化教育管理制度。美国高等教育注册学生中非全日制学生生源比例由 1980 年的 45.3% 上升到 1987 年的 47.5%，非全日制学生的比重不断增大。为了适应大龄学生的特性与不同的入学方式，美国高等院校重构其教育服务模式，实施灵活的教育管理制度。美国高等院校在不断变化的生源市场环境中发挥体制优势，积极开拓生源，以适应各类特征的大学生发展，扩大成年大学生选择性[1]。

第四，完善政府资助体系，提高入学积极性。美国政府实施社会化运作与管理的资助体系和奖励政策，放宽社会生源就学的标准，拓宽学生的入学渠道。1972 年，美国开始实施著名的大学生助学项目——佩尔助学金，激发了成年潜在生源入学的积极性。同时，美联邦政府实施"课税抵免"政策，这也在一定程度上减轻了低收入成年大学生的研修费用。美国政府资助体系的完善不仅使适龄高校生源受益，而且吸引了社会成年生源返校继续学习[2]。

美国政府为应对生源危机所实施的对策，最终使得美国高校的类型、功能、学生群体等朝多样化发展，保证了美国高等教育的稳定发展，使美

　　[1][2]　张济洲，毕宪顺. 高等教育如何应对生源危机——以美国和日本为例 ［J］. 教育与经济，2013（3）：65 - 68，32.

国的高等教育较为顺利地转变为终身教育体系。

### 2. 日本政府和高校应对生源短缺的措施

为应对少子化所带来的入学人口减少问题，日本实施了一系列的高等教育改革措施来缓解生源短缺的状况。

第一，整合教育资源，开展高等院校合并重组。日本政府逐渐加快对大学的合并重组，更新院系结构，通过高校间的合并重组，从而提高竞争力，使得教育质量的提升得到保障。面对生源危机，为适应高等教育多样化需求，私立大学也开始革故鼎新，在课程设置和安排上体现出非常大的灵活性，如开设夜间授课、周末授课、卫星大学、远程教学等。

第二，扩招留学生数量，接轨国际高等教育。日本高校生源的短缺仅仅依靠日本国内生源是无法解决的，必须要吸收大量的留学生来填补生源空缺。因此，日本政府和高等院校积极拓展海外留学生市场，扩大海外生源数量，大力推行高等教育国际化，参与国际高等教育竞争。日本前首相福田康夫就曾于2008年雄心勃勃地规划"30万留学生国家教育战略"，日本海外留学生占在校生的比例预计将从2007年的3.3%达到2020年的10%以上，这一举措将会极大地缓解日本高等院校的生源荒问题。由表8-4可发现，自日本实施"30万留学生国家教育战略"① 后，赴日的外国留学生人数整体上呈上升趋势。

表8-4                                2007~2016年赴日外国留学生人数                    单位：人

| 年份 | 人数 | 年份 | 人数 |
|---|---|---|---|
| 2007 | 118498 | 2012 | 137756 |
| 2008 | 123829 | 2013 | 135519 |
| 2009 | 132720 | 2014 | 184155 |
| 2010 | 141774 | 2015 | 208379 |
| 2011 | 138075 | 2016 | 239287 |

资料来源：2007~2016年《在日外国留学生在籍调查报告》。

---

① 2008年1月，日本新首相福田在国会施政演说中，明确提出到2020年"接收30万留学生计划"。2008年7月，该计划被审议通过并升至国家战略，被定为日本新留学政策，2009年该计划的细节开始逐步实施，从而掀起了新一轮的日本留学热潮。

第三，注重研究生教育，扩大研究生规模。扩大研究生教育，在某种意义上说，是对因生源减少导致大学本科教育培养质量下降的弥补。因此，自 20 世纪 90 年代以来，日本将改革和发展研究生教育作为高等教育发展的一个重要目标，以实现高等教育的"高度化"。扩大研究生教育规模也成了日本研究生教育改革和发展的重要措施之一。日本大学审议会于 1991 年 11 月通过了《关于研究生院数量上的调整》的报告，提出到 2000 年研究生院的在学人数要达到 1991 年的 2 倍。于是，以国立大学为中心的主要大学开始竞相扩大研究生院[1]，大幅扩大了研究生招生规模。1991 年日本硕士在读研究生 68739 人，博士在读研究生 29911 人。2000 年日本硕士在读研究生 142830 人，博士在读研究生 62481 人。2016 年日本硕士在读研究生 159114 人，博士在读研究生 73851 人，专门职研究生 16623 人[2]。

第四，改变终身雇佣制，招募社会大龄生源。随着科技不断进步、经济持续发展，工作岗位也不断更新和淘汰，日本的终身雇佣制已难以适应时代发展的要求，企业和公司员工迫切希望重返校园以更新知识和提高技能。为此，日本许多私立高等院校通过强化企业员工在职进修来帮助企业员工更新知识和提升技能，在一定程度上弥补了适龄生源不足所带来的经济损失，提高了学校的社会影响力[3]。

总体来看，少子化曾给日本高等教育的发展带来不利影响，但这同时也为日本高等教育的改革提供了契机。不过值得注意的是，面对少子化所带来的适龄生源短缺问题，日本还未真正建立起新型的生源市场，日本高等教育改革还需进一步努力，以便寻求更加完善的解决对策。

## （四）借鉴美国和日本应对生源下降的主要经验

人口出生率下降是一个普遍性的社会问题，发达国家和地区尤其严

---

① 石人炳. 日本生育率下降对高等教育的影响 [J]. 南京师大学报（社会科学版），2005 (5)：84 – 88.

② 数据来自日本文部科学省.

③ 张济洲，毕宪顺. 高等教育如何应对生源危机——以美国和日本为例 [J]. 教育与经济，2013 (3)：65 – 68，32.

重。分析美国和日本高校为应对生源危机问题而采取的措施，可以为我国高等教育解决生源紧张问题提供有益的经验与启示，以此推动我国高等教育可持续发展。

### 1. 注重定位差异，避免同质化竞争

我国高校定位层次有差别，因此需要明确各层次高校定位，扭转高校建设同质化趋势。各高校应结合地区发展实际差异，根据自身优势，准确定位，办出特色，根据自身层次定位及经济建设和社会发展需要制定合理的人才培养模式、人才培养计划①，从而使得各层次高校区别开来，发挥各自的特长及优势，为经济社会发展培养不同层次、不同类型的人才，以避免同质化竞争。

### 2. 对内扩展继续教育，对外开拓海外生源

我国人口出生率的下降，必然会导致高校适龄生源数量减少，为了防止高等教育萎缩，应从两个方面来扩展生源：一方面，应大力发展继续教育，顺应终身教育思潮，积极招募社会成人大龄生源，鼓励已参加工作的人士重返校园进修；另一方面，我国要出台相关留学来华政策，接轨国际教育市场，积极吸引海外生源，扩大留学生规模。

### 3. 鼓励高校交流与合作，互补资源

我国高等院校经过多年的发展，截至2015年，已拥有2560所普通高等院校②。而且各高校定位层次也有差别，重点院校、省属普通一本、二本及高职院校层次分明，每所高校都有各自的特长与优势。因此，可以开展高校间的合作办学，互相交流学术资源，增强自身的学科发展，从而吸引生源。此外普通高校也可聘请知名院校教授作为本校的特邀教授，进而增强师资水平，提高教育教学质量及学校科研能力。

---

① 刘红. 生源减少背景下云南省高职院校发展策略研究 [D]. 重庆：重庆师范大学，2014.
② 教育部. 中国教育概况——2015年全国教育事业发展概括 [R]. 2016.

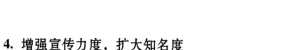

**4. 增强宣传力度，扩大知名度**

高校适龄生源日益减少，而与之相对的却是高校在不断扩招，所以学生将拥有更多的选择权。因此面对日益激烈的生源竞争，我国各地方院校应该充分利用校内外各种宣传媒介，加大宣传力度，增加学校的影响力，让社会公众全方位了解学校发展情况。此外，高校也可积极开展校企合作，通过与相关产业、企业的深度融合，提升学校品牌影响力。

**5. 发展研究生教育，推动研究生教育转型**

当前扩大研究生教育规模，能够在一定程度上解决大学生源不足的问题，从某种意义上说，也是对因生源减少导致高等教育质量下降的弥补。但在这个过程中，研究生教育也面临着机遇与挑战，应积极推动研究生教育转型。具体来说包括：完善研究生招生考试制度，制订个性化培养方案；推动研究生教育内涵式发展，注重学生的综合素质培养；完善研究生培养管理制度，加强教学质量监控，等等①。

**6. 提供融资保障，降低教育成本**

高等教育的发展及其规模的扩张需要大量的资金保障，尤其是在生源紧张的情况下，高校必须合理制定学费标准，同时也需提供相应的资助与奖励，以此来降低学生的教育成本从而吸引生源。但目前我国高等教育资金的来源和增长速度难以满足高等教育发展的需要，因此，这就要求我国高校完善融资渠道，除依靠国家教育财政拨款外，还需发展其他教育融资渠道，如社会投资、资本市场融资等。与此同时，政府也要积极为高校提供融资保障，给予高校更充足的教育经费，这在一定程度上可帮助高校解决生源紧张问题。

**7. 优化教育资源配置，提高教学质量**

高等教育适龄人口总量与结构变动既关系到教育资源的配置，还关系

---

① 齐美东，田蕾. 人口出生率下降趋势下的研究生教育转型研究［J］. 研究生教育研究，2017（8）：19－24.

到中国人口受教育水平的全面提高。虽然我国受高等教育的人口规模正在迅速增加，但随着近年来人口出生率的下降，未来我国高等教育适龄生源将会呈现出下降趋势，这种情况下，高校不仅需要增加生源、注重规模的增长，同时更需要提升教育质量。在未来高等教育生源减少的情况下，高校可以寻求高等教育资源的优化配置，促进教育公平，提高教学质量。尤其要通过对高等教育资源进行合理的布局，保证人力、财力及物力得到最大限度的运用，切实提高教育质量，培养创新型、复合型人才。

# 二、中国台湾应对生源下降问题的经验

## （一）中国台湾人口出生率变化趋势

中国台湾作为具有代表性的发达地区，其人口变化与其他发达地区相比同中存异。对中国台湾的人口变化趋势进行分析，可以发现中国台湾人口变化趋势，与当前世界人口呈现出人口出生率普遍下降、人口增速持续放缓，即老龄化和少子化并存的一般趋势基本一致。

表 8-5 为 1993~2018 年中国台湾人口生育率状况。从中可以看到，中国台湾人口出生率呈现出总体下降趋势，甚至出现负增长。老龄化和少子化正日益成为中国台湾面临的主要人口问题，这也与当前世界人口变化的一般趋势基本一致。

表 8-5　　　　　　　　　1993~2018 年中国台湾人口生育率　　　　　　单位：%

| 年份 | 人口生育率 | 年份 | 人口生育率 |
|------|-----------|------|-----------|
| 1993 | 5.70 | 1999 | 4.50 |
| 1994 | 5.50 | 2000 | 4.80 |
| 1995 | 5.50 | 2001 | 4.10 |
| 1996 | 5.40 | 2002 | 3.90 |
| 1997 | 5.30 | 2003 | 3.60 |
| 1998 | 4.30 | 2004 | 3.40 |

续表

| 年份 | 人口生育率 | 年份 | 人口生育率 |
|---|---|---|---|
| 2005 | 3.30 | 2012 | 3.80 |
| 2006 | 3.30 | 2013 | 3.20 |
| 2007 | 3.20 | 2014 | 3.40 |
| 2008 | 3.10 | 2015 | 3.50 |
| 2009 | 3.10 | 2016 | 3.40 |
| 2010 | 2.70 | 2017 | 3.30 |
| 2011 | 3.20 | 2018 | 3.10 |

资料来源：1999~2019 年《中国统计年鉴》。

值得注意的是，中国台湾虽然属于发达地区，但其人口变化趋势与其他发达地区却不尽相同，生育率变化上有所差异。美国及日本的总生育率均低于2.1的更替水平（见表8-1），其中日本生育率更低，而中国台湾的生育率水平虽然在下降，但保持在一个较高的水平，均在2.1的水平之上。

## （二）中国台湾人口出生率下降对生源的影响

由于中国台湾人口出生率不断下降，少子化现象愈加严重。少子化对台湾高等教育发展带来了巨大冲击。一般而言高校生源与人口增长正相关，而由于台湾少子化问题的日益严重，台湾高校的招生规模不断减小，台湾高等教育发展面临新的挑战。

中国台湾自1993年步入"老龄化"社会后，人口问题日趋严重。1993年，台湾65岁以上人口占总人口的比例超过7%，进入"高龄化社会"；2016年这一比例则达到13.2%（见表8-6），即将进入"高龄社会"。此外台湾老龄化指数（65岁以上人口与0~14岁人口之比）也由1993年的28.27%，上升到2016年的98.88%。在人口老龄化的同时，台湾少子化问题也日益突出。未满15岁的青少年人口比例由1993年的25.1%缩小至2016年的13.35%，青少年人口减少近一半。而且在2016年台湾老年人口首次与幼年人口接近持平。如果现有趋势不被改变，那么在

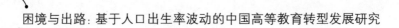

预见的将来台湾老年人口将正式超过青少年人口。因此，随着台湾人口出生率不断下降，未来高等教育生源规模将会随之不断减少。

表8-6                1993～2016年中国台湾人口总数及分布情况

| 年份 | 人口总数（万人） | 女性占比（%） | 0~14岁占比（%） | 15~64岁占比（%） | 65岁及以上占比（%） | 人口自然增长率（%） | 一般生育率（%） | 粗出生率（%/千人） | 出生人口数（万人） |
|---|---|---|---|---|---|---|---|---|---|
| 1993 | 2099.5 | 48.44 | 25.10 | 67.80 | 7.10 | 5.03 | 5.70 | 15.60 | 32.75 |
| 1994 | 2117.8 | 48.50 | 24.40 | 68.20 | 7.40 | 0.99 | 5.50 | 15.30 | 32.40 |
| 1995 | 2135.7 | 48.54 | 23.80 | 68.60 | 7.60 | 0.99 | 5.50 | 15.50 | 33.10 |
| 1996 | 2152.5 | 48.59 | 23.10 | 69.00 | 7.90 | 0.95 | 5.40 | 15.20 | 32.72 |
| 1997 | 2174.3 | 48.65 | 22.60 | 69.30 | 8.10 | 0.95 | 5.30 | 15.10 | 32.83 |
| 1998 | 2192.9 | 48.73 | 22.00 | 69.80 | 8.30 | 0.68 | 4.30 | 12.40 | 27.19 |
| 1999 | 2209.2 | 48.80 | 25.43 | 70.13 | 8.44 | 0.72 | 4.50 | 12.89 | 28.48 |
| 2000 | 2227.7 | 48.86 | 25.10 | 70.30 | 8.60 | 0.81 | 4.80 | 13.80 | 30.74 |
| 2001 | 2240.6 | 48.93 | 20.81 | 70.39 | 8.81 | 0.60 | 4.10 | 15.65 | 26.10 |
| 2002 | 2252.1 | 49.00 | 20.42 | 70.56 | 9.02 | 0.53 | 3.90 | 15.02 | 24.82 |
| 2003 | 2260.5 | 49.06 | 19.83 | 70.94 | 9.24 | 0.43 | 3.60 | 10.06 | 22.74 |
| 2004 | 2268.9 | 49.13 | 19.34 | 75.19 | 9.48 | 0.36 | 3.40 | 9.56 | 25.69 |
| 2005 | 2277.0 | 49.22 | 18.70 | 75.56 | 9.74 | 0.29 | 3.30 | 9.06 | 20.63 |
| 2006 | 2287.7 | 49.33 | 18.12 | 75.88 | 10.00 | 0.30 | 3.30 | 8.96 | 20.50 |
| 2007 | 2295.8 | 49.44 | 17.56 | 72.24 | 10.21 | 0.28 | 3.10 | 8.92 | 20.48 |
| 2008 | 2303.7 | 49.53 | 16.95 | 72.62 | 10.43 | 0.24 | 3.10 | 8.64 | 19.90 |
| 2009 | 2312.0 | 49.67 | 16.34 | 73.03 | 10.63 | 0.21 | 3.10 | 8.29 | 19.17 |
| 2010 | 2316.2 | 49.77 | 15.65 | 73.61 | 10.74 | 0.09 | 2.70 | 7.21 | 16.70 |
| 2011 | 2322.5 | 49.86 | 15.08 | 74.04 | 10.89 | 0.19 | 3.20 | 8.48 | 19.69 |
| 2012 | 2335.6 | 49.94 | 14.63 | 74.22 | 15.15 | 0.32 | 3.80 | 9.86 | 22.99 |
| 2013 | 2337.4 | 50.01 | 14.32 | 74.15 | 15.53 | 0.19 | 3.20 | 8.53 | 19.94 |
| 2014 | 2343.4 | 50.08 | 13.99 | 74.03 | 15.99 | 0.20 | 3.40 | 8.99 | 25.07 |
| 2015 | 2349.2 | 50.14 | 13.57 | 73.92 | 12.51 | 0.21 | 3.50 | 9.10 | 25.38 |
| 2016 | 2354.0 | 50.22 | 13.35 | 73.46 | 13.20 | 0.15 | 3.40 | 8.86 | 20.86 |

资料来源：《中国统计年鉴》（1999～2017年），其中女性占总人口的百分比根据"女性人口/人口总数"计算所得。

台湾"经建会"在 2010 年 9 月发布的《2010 年至 2060 年台湾人口推计》研究报告中指出，台湾人口结构朝少子化及高龄化快速转型，即使台湾的总生育率在未来反弹回升，总人口数量负成长已无法逆转，并以最不乐观的推算分析，认为台湾人口从 2018 年后开始减少，2061 年将减少到 1719.1 万人[1]。

人口出生率的持续下降，导致台湾大专院校面临严峻的招生困难局面，尤其是私立职业技术学校处境更加艰难。据台湾教育部门预估，台湾大一新生到 2028 年仅剩 15.8 万人，较 2006 年的 25 万人减少近 10 万人。按照这一趋势发展，预计未来台湾将会有 1/3 的大学倒闭[2]。在 1993 ~ 2001 年的台湾大学联招期间，台湾大学的报名人数就呈下降趋势，这充分说明了台湾适龄生源的减少。但在这期间台湾大学的录取人数却稳步增长，并且台湾高等教育人口净在学率日益提升，一是因为台湾大学数量逐步增长，二是台湾高校面临生源不足而降低招生标准。为了应对少子化对高等教育带来的冲击，台湾自 2002 年废除大学联考，以"多元入学方案"取代。

但台湾高校为争取更多生源以维持生存，大学入学招生录取分数线一降再降，联合招生考试不再体现出选拔人才的功能。这将造成高校生源质量的下降及教育水平的降低，将不利于提高教育竞争力[3]。

## （三）中国台湾应对生源下降的措施

为了应对少子化带来的生源危机，中国台湾开始了一系列的高等教育改革，出台了一系列的应对措施，以此来推动高等教育普及。

第一，聘任短期专任教师及专案教师。生源危机将导致部分高校达不到招生要求，为防止经营亏损，高校将会辞退更多的大学教师。因此，台湾部分高校为应对少子化所带来的生源危机，开始更多地聘任短期专任教

---

① 黄俊凌．台湾的人口问题及应对分析 [J]．现代台湾研究，2015 (5)：50 - 54.
②③ 王建民．台湾人口老化与少子化问题及其经济社会影响 [J]．北京联合大学学报（人文社会科学版），2017 (7)：52 - 58.

师及专案教师，以此来降低学校运营成本①。

第二，鼓励大学改革与合并。台湾教育部门鼓励大学改革与合并，近年来已有多所高等院校推进合并。尽管部分合并方案因高校之间的利益分配引起一定的反对声音，但在现实生存压力之下，高校转型合作将成为不可避免的发展趋势。此外，台湾地区相关部门也在研究相关的大学淘汰机制，拟让一些生源不足的高校转型为其他的非营利组织。

第三，扩大留学生规模。在本地区生源不足的情况下，台湾高校可考虑增加留学生名额，从其他地区吸引学生来台求学。具体来说，台湾相关部门可以考虑进一步放宽留学限制，提升外地学生赴台就学的意愿，积极提供大陆地区学生及国际学生到台湾攻读学位的机会。从表8-7中可以发现，台湾地区每年境外留学生人数以较快的速度增加，2007~2016年留学生人数增加了2倍之多。

表8-7　　　　　　　2007~2016年中国台湾境外留学生人数

| 年份 | 人数 | 年份 | 人数 |
| --- | --- | --- | --- |
| 2007 | 30509 | 2012 | 66961 |
| 2008 | 33583 | 2013 | 79730 |
| 2009 | 39533 | 2014 | 93645 |
| 2010 | 45413 | 2015 | 111340 |
| 2011 | 57920 | 2016 | 116416 |

资料来源：台湾地区教育年报2016年版。

第四，注重定位与分类指导，打造办学特色。台湾高校间的招生竞争日益激烈，因此，明确学校定位与发展愿景，塑造学校院系特色，显得尤为重要。台北市立大学教育行政与评鉴研究所教授兼台湾教育大学系统执行长王保进博士提出，校务的治理与经营要运用SWOT分析方法，明确学校的自我定位、校务发展方向、发展使命和愿景。同时，还可通过分类奖励机制，引导大学选准发展方向②。

---

① 王建民. 台湾人口老化与少子化问题及其经济社会影响 [J]. 北京联合大学学报（人文社会科学版），2017（7）：52-58.
② 袁薇佳. 台湾高等教育的发展特点及其启示 [J]. 教育评论，2016（3）：64-67.

　　台湾少子化趋势使得台湾许多大学唯恐招生不足从而影响收入，所以不断降低录取分数线，导致大学筛选人才的功能不复存在。与此同时，生源质量的下降，对学校教学和科研质量均产生一定程度的负面影响。因此面对少子化带来的高校生源短缺问题，台湾有关机构及高校必须重视并采取合适有效的政策，避免台湾高等教育质量进一步下降。

　　中国台湾为应对高等学校生源下降问题，采取了一些有利于扩大生源的措施，取得了一定的成效。探究中国台湾高等教育为应对生源下降所采取的措施，可以为中国高等教育在人口出生率下降的趋势下转型发展带来一定启示。

# 第九章

# 低出生率背景下中国高等教育
# 转型的路径选择

## 一、中国高等教育转型发展的基本原则

### （一）公平优先兼顾效率

党和国家坚持教育优先发展的战略地位，加大高等教育的投入力度。中国高等教育体系渐趋完善，教育公平迈出重大步伐，但公平与效率问题仍受社会公众广泛关注。对于高等教育领域而言，几乎重大变革无不与公平和效率有关[①]。办人民满意的教育，始终是我国高等教育改革与发展的基本目标与要求。当前高等教育领域的主要矛盾表现为人民群众日益增长的接受优质高等教育的需求同落后的高等教育供给之间的矛盾，高等教育公平问题日益凸显。2018年《政府工作报告》又提出"发展公平而有质量的教育"[②]。发展公平而有质量的高等教育已成为中国高等教育转型发展的主旋律。

教育公平是社会公平的重要基础，这包括教育起点公平（人人都享有平等的受教育的权利和义务，机会公平）、教育过程公平（相对平等的受教育机会和条件）和教育结果公平（教育成功机会和教育效果的相对均等）。公平与效率往往处于难以兼得的冲突状态。对效率的过分追求可能

---

① 瞿振元. 高等教育内涵式发展的实现途径 [J]. 中国高等教育，2013（2）：12-13.
② 李克强：发展公平而有质量的教育 [EB/OL].（2018-03-05）. http://edu.people.com.cn/n1/2018/0305/c1006-29848659.html.

会产生新的公平问题。近年来，我国高等教育资源满足大众高等教育需求的机会增多，但高等教育大众化进程提高了高等教育机会获得的不公平性，扩招政策的实施也最终呈现出"效率优先，兼顾公平"的总体特征①。

为此，中国高等教育改革要以教育公平为基本前提，以更有效的方式配置有限的高等教育资源，注重高等教育资源配置的效率。对于高考与招生制度、高校收费制度、高等教育管理制度等问题更要权衡得失，兼顾改革效率与公平，推动高等教育均衡发展，实现高等教育由大变强、由量到质的提升。

## （二）政府主导下渐进式改革

中国经济改革的成就得益于选择了一条符合中国国情的从计划经济向市场经济过渡的渐进式改革路径，不断实现帕累托改进②。但中国高等教育资源配置仍然呈现出较多的计划特征，高等院校也缺乏足够的独立性与自主性。基于我国高等教育发展实际，结合我国近年来的改革经验，以及社会对高等教育关注度高等方面的特征，中国高等教育改革应在政府宏观指导下处理好政府、社会与高等院校之间的关系，切实完善顶层设计，实施渐进式改革；政府对高等教育的管理将逐步由直接干预转向间接管理，以增量改革促进存量变革，逐步放开无关大局的管制，以减轻改革的阻力与压力，探索一条符合中国国情的具有中国特色的高等教育内涵式发展道路。政府在这一过程中要发挥重要的宏观调控作用，微观的事情应让高等院校在高等教育公平竞争中加以解决。

## （三）教育法治先行

法治是社会正常运行的重要基石，也是一种重要的社会治理方式。高

---

①　魏晓艳. 大学扩招是否真正推动了高等教育公平——高等教育大众化、扩招与高等教育代际传递 [J]. 教育发展研究，2017 (11)：26-35.

②　潘懋元. 公平与效率：高等教育决策的依据 [J]. 北京大学教育评论，2003，1 (1)：54-57.

等教育健康发展必须以完善的教育法治为保障。目前有关高等教育方面的法律法规主要有：《中华人民共和国教育法》和《中华人民共和国高等教育法》。全国人民代表大会常务委员会于 2015 年 12 月颁布修正的《中华人民共和国教育法》（主席令 12 届第 39 号，1995 年 3 月 18 日第八届全国人民代表大会第三次会议通过，根据 2009 年 8 月 27 日第十一届全国人民代表大会常务委员会第十次会议《关于修改部分法律的决定》第一次修正，根据 2015 年 12 月 27 日第十二届全国人民代表大会常务委员会第十八次会议《关于修改〈中华人民共和国教育法〉的决定》第二次修正），对中国教育的基本问题都做出了根本性的规定。因而，这个法律既是中国教育工作的根本大法，又是依法治教的根本大法。全国人民代表大会常务委员会于 2018 年 12 月颁布修正的《中华人民共和国高等教育法》（1998 年 8 月 29 日第九届全国人民代表大会常务委员会第四次会议通过，根据 2015 年 12 月 27 日第十二届全国人民代表大会常务委员会第十八次会议《关于修改〈中华人民共和国高等教育法〉的决定》第一次修正，根据 2018 年 12 月 29 日第十三届全国人民代表大会常务委员会第七次会议《关于修改〈中华人民共和国电力法〉等四部法律的决定》第二次修正），对高等教育的基本原则、教育方针、高等教育的任务、高等教育基本制度、高等学校的设立、组织和活动、高等学校教师和其他教育工作，高等学校的学生以及高等教育的投入和条件保障等进行了较为全面的规定。这些法律法规为中国高等教育的健康持续发展提供了法治基础。

人口出生率下降的背景下，高等教育转型发展有了更为有利的宽松环境，但仍然必须贯彻法治先行的原则。国家应在现有教育法律法规基础上，进一步完善相关法律制度，结合经济社会发展的客观需要以及互联网时代高等学校的实际情况，对高等教育发展的基本问题，尤其是对自主创新型人才的培育问题进行完善立法，进一步规范高等教育主体的基本行为，廓清政府治理与高等学校治理的边界，厘清高等院校中行政人员、教师、学生三者之间的权利和义务，区分高等学校与社会治理的范围。例如，关于毕业生就业问题，就应从法律上加以规范，到底是不是由高等教育机构来承担责任；教师或辅导员对不认真学习、考试作弊的学生进行批评教育可能导致其走极端的行为，教师或辅导员是否应承担责任，承担多大的责任。对这些问题都应加以法治化，运用法治方式来进行治理，从源头上做到高等教育发展有法可依、有法必依，以法治思维和法治方式治理中国高等教育。这也是中国构建高等学校治理体系和治理能力现代化的必然要求。

## 二、由外延式转向内涵式发展是中国 高等教育转型的基本路径

党的十九大报告指出"加快一流大学和一流学科建设，实现高等教育内涵式发展"[1]，这是党和国家在中国特色社会主义进入新时代的关键时期对高等教育提出的新要求。《国家中长期教育改革和发展规划纲要（2010—2020 年）》中指出："提高质量是高等教育发展的核心任务，是建设高等教育强国的基本要求。"[2] 内涵式发展始终把提高质量、培养世界创新型人才作为核心追求，这也是国外高等教育发展所遵循的成功办学经验。1984年，美国高质量高等教育研究小组指出："倘若美国高等教育沉湎于不求进取的状态，倘若允许追求高校文凭而不学习，那么各级教育都会深受其害。"[3] 因此，高等教育必须以提高教育质量为核心。

外延式发展是为适应外部需求，依靠外部资源投入，低水平重复设置，以快速实现规模增长与扩张的发展模式。自 1999 年中国高等院校扩招以来，在招生规模持续扩大与政府投资不断扩大的背景下，各地纷纷兴起大学城建设，高等院校数量不断增加，高等教育发展突飞猛进，整体规模

---

① 习近平. 决胜全面建成小康社会 夺取新时代中国特色社会主义伟大胜利——在中国共产党第十九次全国代表大会上的报告 [EB/OL].（2017 - 10 - 28）. http：//cpc. people. com. cn/n1/2017/1028/c64094 - 29613660. html.

② 教育部. 国家中长期教育改革和发展规划纲要（2010—2020 年）.（2010 - 07 - 29）. http：//www. moe. gov. cn/srcsite/A01/s7048/201007/t20100729_171904. html.

③ 高等教育内涵式发展是什么意思 [EB/OL].（2017 - 12 - 27）. https：//www. 360kuai. com/pc/9cf933f146f1fbf7a？cota = 3&kuai_so = 1&tj_url = wd&sign = 360_57c3bbd1&refer_scene = so_1.

持续扩大，呈现出典型的外延式发展。我国普通高等学校数量从1999年的1942所增长到2017年的2631所，平均每年增加38所以上；普通高等学校在校生人数由1999年的413.42万人增长到2015年的2625.30万人，年均增长率约12%[①]。然而，低出生率背景下高等院校将面临生源短缺与高等教育资源不足的问题，曾经依赖外部要素投入实现规模扩张的外延式发展道路将难以为继。

中国高等教育转型发展就是要从以往仅仅注重规模的外延式发展转向注重质量与效益的内涵式发展。外延与内涵的关系是规模与效益、规模和质量的关系[②]。高等教育内涵式发展是在外延式、粗放式发展的基础上，遵循"以人为本"的基本发展理念，以提升人才培养质量为核心，通过科学定位、突出特色、优化结构、提升质量及增强效益实现高等教育内部要素驱动的发展模式，更加关注学生综合素质培养与个性发展，是规模与质量相协调统一的可持续发展方式。因此，中国高等教育必须转向以质量提升为核心的内涵式发展道路，实现高等教育由大变强、由量到质的提升，为经济社会发展提供创新型、应用型、复合型的高素质人才。

## 三、以供给侧结构性改革推动内涵式发展

外延式的发展造成中国高等教育供给端结构、质量、效益问题突出。从结构上看，高等院校建设追求大而全，同质化问题严重，职业教育发展落后；从质量上看，学生理论基础薄弱，实践能力差，创新能力不足，难以满足企业岗位要求；从效益上看，高等院校科研经费来源主要以财政拨款为主，管理僵化，投入产出比偏低。因此，中国高等教育供给"低端化"十分明显，已难以完全适应经济结构转型升级和人民群众对优质高等教育的迫切需求。

---

① 全国教育事业发展统计公报（1999~2017年）［EB/OL］. http：//www.moe.gov.cn/jyb_sjzl/sjzl_fztjgb/.

② 何亚福. 中国生育率或将再次下降［N］. 新京报，2016-12-31（A04）.

　　而在人口出生率下降的趋势之下，中国高等教育将出现供给过剩与有效供给不足并存的问题。为解决经济发展存在的结构性问题，国家正在推行供给侧结构性改革，以优化经济结构，促进要素流动和优化配置，使经济增长提质增效。为此要通过供给侧结构性改革，破除束缚高等教育改革发展的体制机制障碍，建立结构合理、特色鲜明、注重创新的高等教育供给体系，推进中国特色现代大学制度建设，践行规模与质量协调统一的内涵式发展，全面提升中国高等教育整体质量，实现高等教育由大到强的转变。

# 第十章

# 人口出生率下降趋势下中国高等教育转型发展的政策建议

"建设教育强国是中华民族伟大复兴的基础工程"①。中国高等教育资源短缺、供给不合理、质量不高，以及人口出生率下降导致的生源下降等问题，迫切需要对高等教育进一步深化改革，加快高等教育现代化，办好人民满意的高等教育。同时，人口出生率下降的趋势也迫使人口管理将由重数量向重质量转变，这也对高等教育转型发展提出了新的要求。为此，高等教育主管部门和高等院校，要积极加快高等教育供给侧结构性改革，推动高等教育治理体系和治理能力现代化，促进中国高等教育稳妥转型发展，提升高等教育发展的质量，满足人民群众对高质量高等教育的客观需求，为国家发展和社会进步培育具有自主创新精神的各类创新型复合型高级专门人才。

## 一、教育发展规划和教育政策制定应重视前瞻性研究

凡事预则立，不预则废。正确的理论对实践有正面积极的指导作用，有效的教育发展规划及教育政策制定对高等教育发展起着重要的引导作用。因此，国家有关部门应重视前瞻性研究，提前对教育资源投入进行科

---

① 习近平. 决胜全面建成小康社会 夺取新时代中国特色社会主义伟大胜利——在中国共产党第十九次全国代表大会上的报告 [EB/OL]. (2017 - 10 - 28). http://cpc.people.com.cn/n1/2017/1028/c64094 - 29613660.html.

学的规划，使高等教育发展适应国家人口增长和社会经济发展的需求。

从历史上看，自1977年以来我国高等教育规划的制定缺乏人口学科学依据，决策缺乏充分的可行性论证。我国是人口大国，人口不但是教育的唯一对象，还对我国经济社会发展起着决定性的推动作用。因此，人口自然成为制定教育发展规划所需考虑的首要因素。并且人才培养周期较长，可通过人口出生率，小学、初中、高中升学率等数据来预测高等教育适龄人口规模，使其研究具有可行性。

因此，要加强教育学与人口学领域的交叉研究，深入探讨二者之间的内在关联性，充分考量人口自身发展的特点和规律，在人口与经济社会发展的基础上提前进行高等教育发展统筹规划，尊重实际，全面考虑高等教育的教育供需状况，考虑国民经济和社会发展的客观需求，对教育资源投入进行科学的谋划，以避免高等教育规模的大起大落，最大限度地发挥教育投资的效率，有效避免宝贵的高等教育资源的可能浪费。

## 二、以"双一流"建设为契机推动高等教育转向以质量提升为核心的内涵式发展

目前，我国高等教育办学规模已居世界首位，"但规模扩张并不意味着质量和效益增长，走内涵式发展道路是我国高等教育发展的必由之路"①。

高等教育由精英化向大众化再向普及化发展是高等教育发展的必然趋势。随着我国人口出生率不断下降，我国高等教育发展的规模扩张期即将结束，高等教育规模增幅减缓将成为常态。我国高等教育发展已步入转型期，即从过去的以规模扩张为核心的外延式发展转向以质量提升为核心的内涵式发展，从追求高等教育规模变成更加注重高等教育质量的提升。

---

① 习近平在北京大学师生座谈会上的讲话［EB/OL］．（2018-05-03）．http：//cpc．people.com．cn/n1/2018/0503/c64094-29961631．html．

党的十九大报告提出，要"加快一流大学和一流学科建设，实现高等教育内涵式发展"①。因此，政府应从宏观角度出发，以"双一流"建设为契机，抓住人口出生率下降的有利机遇，大力实施以内涵提升为核心的高等教育供给侧结构性改革，满足经济社会发展对高素质人才的需求，形成高等教育发展与国民经济社会发展相互促进的良性循环局面。

## （一）坚持以人为本，走内涵式发展道路

人才培养是高等教育的首要职能②。由于我国人口出生率下降，适龄高等教育人口在既有高教规模下，高等教育会面临更严重的生源危机。高等教育生源危机不仅体现在生源的数量上，更体现在生源质量上。为此，高等教育发展要牢固树立以人为本的理念，坚持以学生为中心，有效激发学生自主学习的兴趣和潜能，增强自主创新精神、实践能力和社会责任感，促进学生全面发展。切实创新人才培养模式，制订符合高校自身特点的人才培养方案，针对不同层次、区域、时期的教育采取不同的办学模式，以满足个性化的教育需求，培养和造就一大批社会所需要的人才。以质量提升为中心，走内涵式发展道路，将改革和创新意识渗透到培养教育的各个环节③，铸造具有特色的师资队伍，营造良好学风，把培养掌握雄厚专业知识、富有创新精神、具备实践能力的优秀人才作为高等教育的主要目标。

## （二）以提高办学质量为目标配置资源

人口出生率下降趋势下，高等教育规模化压力大为缓解，高等院校要

① 习近平. 决胜全面建成小康社会 夺取新时代中国特色社会主义伟大胜利——在中国共产党第十九次全国代表大会上的报告 [EB/OL]. （2017 – 10 – 28）. http：//cpc. people. com. cn/n1/2017/1028/c64094 – 29613660. html.
② 李国强. 也谈我国高等教育现阶段的发展特征 [J]. 高等教育研究，2017（7）：20 – 26.
③ 朱音萍. 我国人口变动对高等教育影响研究 [D]. 北京：首都经济贸易大学，2011.

积极主动追求高等教育质量与内涵式发展,以"双一流"建设推进以质量提升为核心的高校综合改革,将各种资源配置到办学质量上来。

高等院校要本着内涵式发展原则,应在办学规模、效益与质量协调发展的基础上,着力从策略管理向战略管理转变,从重视数量的管理向重视质量的管理转变,以提高办学质量作为各工作环节的重点,形成明确的战略目标和完善的发展规划,将有限的教育资源向教学环节集中配置。这些资源主要包括师资、教学设施、教学经费等,从而提高教学质量。同时,要切实提高教师待遇,解决教师的后顾之忧,如提高教师薪酬待遇水平、改善教师的办公条件、解决住房问题等,使教师专注于教学工作,从而为提高教学质量提供基本的保障。

## (三)创新高等院校人才培养模式

高等教育是国家自主创新体系的重要组成部分,高等院校不仅是知识的传承、传播、应用的重要基地,更是培育具有自主创新精神的创新型复合型高级专门人才的摇篮。国务院于 2006 年颁布的《国家中长期科学和技术发展规划纲要(2006—2020 年)》和国家中长期教育改革和发展规划纲要工作小组办公室于 2010 年发布的《国家中长期教育改革和发展规划纲要(2010—2020 年)》都提出了 2020 年中国进入创新型国家行列的目标。高等院校要主动适应国家创新体系和中华民族伟大复兴的需要,不断更新办学理念,积极探索创新高等院校人才培养模式。

创新高等院校人才培养模式的首要目标就是着眼于国家经济社会发展需求,服务于国家长远战略目标。为此,各层次高等院校要依据自身的发展定位,确立不同的人才培养模式,以适应经济社会发展对不同层次的人才需求,学科设置与人才培养要围绕市场需求;专业设置上要与地方产业发展相呼应,产学研相结合,依托区域产业发展推动院校持续发展,更要突出专业的宽口径,以增强学生未来的发展潜力,为全面提升高等院校毕业生的自主创新意识和创新能力提供坚实的理论基础。

创新高等院校人才培养模式要以提升大学生尤其是研究生的自主创新

能力为核心。高等院校切实强化学校专业特色，在人才培养上要注重教学质量，着重培养学生的自主创新能力，提升学生的综合素质。为此，要完善以"学生为主"的教学组织方式；注重对学生的创新思维训练；培育学生创新团队，加强对学生自主创新能力的培养。

创新高等院校人才培养模式还要以社会实践为依托。丰富多彩的社会实践为培养创新人才提供了可以依托的广阔舞台。通过校际合作、企校合作、地校合作等方式拓宽培养渠道，如合作建立创新试验园，在产教融合中推动高等教育发展，把人才培养、科学研究与知识产品开发结合起来，提高学生整体素质，以培养适应社会经济发展需要的复合型、创新型人才，并最终提升学校学术声誉和整体竞争力。人才培养还要紧跟社会发展潮流，与社会接轨，使毕业生能更快地适应社会，满足社会岗位的需求，从而缓解毕业生就业难的问题。

创新高等院校人才培养模式的关键环节在于师资队伍建设。创新高等院校人才培养模式关键是要有一支具有自主创新精神的指导教师队伍。具有自主创新精神的高素质教师队伍是培养出高水平的创新型毕业生的重要基础。古语云："名师出高徒。"名师的自主创新能力提供了学生足以追赶和效仿的标杆。有了名师的指导，学生也就比较容易成为具有自主创新的人才。中国东晋书圣王羲之，集各家书法于一体，终成一代书法宗师。在王羲之教导之下，其子王献之的书法超越了王羲之本人，名扬天下。世界著名的一代绘画宗师达·芬奇，刚投师于韦罗基奥时，韦罗基奥没有首先教他创作作品，却要他日复一日地画蛋。时间长了，达·芬奇不明其间道理生出厌烦情绪。韦罗基奥这时才告诉达·芬奇画蛋的真正意义所在，即培养达·芬奇观察事物和把握形象的能力。根据美国哥伦比亚大学社会学教授 H. 乍克曼（Harriet Zuckerman）对诺贝尔奖获得者师承关系的调查研究，在 1972 年以前获得诺贝尔物理、化学、生理医学奖金的 92 名美籍科学家中，有 48 人曾是前辈的诺贝尔奖获得者的学生、博士后研究生或助手。92 名美国诺贝尔奖获得者的平均获奖年龄是 51 岁，但不容忽视的事实是，受诺贝尔奖获得者指导的人比没有受其指导的平均获奖年龄要小

7.2岁。也就是说，获奖的时间要早7年①。这些都充分表明了名师指导的重要性。培养具有自主创新精神的人才，必须有一支与之相适应的高水平的师资队伍。因而，创新高等院校人才培养模式必须抓住师资队伍建设这个关键环节。教育主管部门要为师资队伍建设提供更为良好的外部环境，高等院校更是要将师资队伍建设放在学校生存与发展的核心位置，切实将广大教师从与教学科研关系不大的事务中解放出来，并提供良好的师资队伍发展氛围，使其能够安心教学科研工作，真正以培育具有自主创新精神的一流毕业生为己任。只有培养出来的毕业生成为适应社会发展的一流人才，取得一流成就，这样的大学，才是真正的一流大学。

## （四）实施"严进严出"，确保培养质量

随着扩招后高等教育毛入学率的上升，大学生培养质量近年来有下降趋势，专业素质较差，几乎人人都能毕业。学文的写不了文章，学理的记不清公式。这不仅不利于人才质量的提高，也有损于高等教育的声誉。若长此以往，势必影响高等教育的质量、高等教育的可持续发展和适应经济社会不断发展的人力资源素质。因此，高等院校必须切实重视人才培养的质量，实施"质量兴校"战略。

高等院校要切实改变目前大学"严进宽出"，甚至是"宽进宽出"的模式，积极推行"严进严出"的模式，用"严进"确保生源质量，用"严出"倒逼人才培养质量的提升。例如，严格学生日常管理，提高学生上课的就座率、抬头率，强化对本科生各学习阶段的考核要求；在硕士生、博士生学习中段进行中期考核等，以确保人才培养质量。教育主管部门要发布强制性规定，加强修学年限管理，规定毕业生只有在毕业当年的6~8月才可以外出参加招聘会，社会各类型机构也只能在毕业当年6~8月开展针对应届毕业生的招聘会，以确保大学生有足够的时间来高质量地

---

① 深度解读：加入716团队的4大理由［EB/OL］. https：//www.sohu.com/a/122023064_574111.

完成学业，切实改变目前"本科4年变成3年""专科2年变1年""硕士3年变2年""专业硕士2年变1年"的不良状况。再如，对学生毕业论文应严格实施以质量为核心的学位论文管理制度，明确论文质量标准，建立有效的激励与约束相容的机制，对学位论文全流程管理。为保证学位论文的质量，对学生进行必要的平时论文写作训练是必要的，这也是大多数高校坚持研究生毕业必须要公开在某一种类的期刊上发表学术论文的重要原因。目前的查重措施可能是不足的，因为其仅仅查出重复率的多少，而不能判定论文的真实质量。为此，有必要完善学位论文管理机制，对学位论文选题、开题、评阅、答辩、辩后自查、辩后评估、辩后督查等各个环节都要进行严格规范，其中评阅、答辩环节均实施双盲规定，即双盲评阅、双盲答辩。辩后自查环节由学位授予单位自行进行质量自查。辩后评估环节由省级教育主管部门组织进行学位论文质量评估。辩后督查这一环节由教育部学位管理部门进行全面审查，并与研究生招生指标、学位点评估等相挂钩，以推动高等教育质量的提升。在这一过程中，还要区分指导教师的指导责任和学生的主体责任划分问题，做到教师的归教师、学生的归学生，指导教师不能无限地背书，切实改变目前"教师着急、学生不着急"的不正常状况。因为文为心声，学位论文是学生内心世界的真实反映，是其自身知识掌握与能力提升相结合的产物，是其科研实践、创新能力与探索活动的成就，体现了其逻辑思维能力锻炼的最终成果。

# 三、深化高等教育管理体制改革，优化大学外部治理环境

高等教育管理体制是高等教育发展的基本制度保障。为此要破除不适应高等教育发展需要的体制机制障碍，其核心是理顺政府和高校、管理者和办学者、高校内部各部门之间的关系。由于长期以来，中国高等教育实行集权式管理，高校的行政管理工作烙下了计划管理体制的烙印，政府对大学的领导覆盖了从人事、财务到教学等全部领域，政府与大学演变成上

下级的行政管理关系，高校办学自主权难以落实①，行政化色彩浓厚，管理体制严重僵化，高等院校缺乏承担完全自主办学的意愿与能力，难以适应国家经济结构转型升级所提出的多样化、个性化的高等教育需求，削弱了高等院校供给优质教育的能力。

因此，要加快高等教育供给侧结构性改革，就必须转变政府治理职能，扩大高校办学自主权，激发高校办学活力。党的十八届三中全会《中共中央关于全面深化改革若干重大问题的决定》明确指出"深入推进管办评分离，扩大省级政府教育统筹权和学校办学自主权，完善学校内部治理结构"②。这就需要理顺办学体制、管理体制和投资体制，统筹政府、市场和高校三方关系，发挥各自优势，弱化政府的行政干预，全面落实高校的办学自主权，推动高等教育管理方式由集权式向分权式转变③，探索建立符合国家治理现代化要求的中国特色大学制度，深化高校内部管理体制改革，适应创新型人才培养要求。例如，在人口出生率下降、生源减少的情况下，大学可以放缓甚至停止扩招的步伐，重新审视高等教育质量，构建严格的高等教育质量体系及其保障体系，促进高等教育由"量"向"质"、由"大"向"强"进行转变。

同时，应着力构建新型的政府与高校关系，优化大学治理外部环境。适应国家治理体系和治理能力现代化的需要，对于高等教育而言，也需要构建新型的政府与高校关系。简而言之，这种新型关系，就是政府不直接干预高等院校具体事务，而是通过宏观规划、法治治理等方式引导高等教育发展、保障其正确的发展方向，并进行外部监督，同时教育主管部门要为高等教育发展提供良好的外部治理与政策支持环境，例如融资保障计划、基础设施建设支持、校地关系便利等，从而保障高等院校的可持续发展。

---

① 胡建华. 步入深水区：高等教育改革的两难问题 [J]. 江苏高教，2015（2）：1-5.
② 新华社. 中共中央关于全面深化改革若干重大问题的决定 [EB/OL].（2013-11-15）. http://cpc.people.com.cn/n/2013/1115/c64094-23559163-12.html.
③ 郭立宏，王震强. 渐进式改革中高等教育体系改革的先导性分析——兼论西部大开发战略中优先进行高等教育改革的意义 [J]. 中国软科学，2000（6）：60-63.

# 四、调整高等教育资源布局，优化高等教育结构

出于历史原因，中国高等教育资源分布呈现出显著的不均衡状况。重点高校大多分布于东部发达地区，其他优质院校也基本位于省会或中心城市。重点高校凭借其优质的教育资源，不仅聚集了一流的师资力量，具有较高的学术研究水平，而且也垄断了一流的生源，从而进一步拉大了其与普通高校之间的差距①。同时，高等教育以本科教育为主，职业教育受政府忽视与社会歧视双重影响而发展缓慢，教育供给结构不合理。进行高等教育供给侧结构性改革就必须积极调整高等教育资源布局，建立结构合理、特色鲜明的高等教育体系。

首先，优化高等教育办学层次结构。为适应经济社会发展需要，第一层次的高等专科教育规模还应进一步扩大，以适应高等教育大众化发展趋势，满足当前社会经济发展对普通层次人才的大规模需求；地方本科院校要适度扩大规模，适应地方经济转型升级的需要，培养应用型创新型人才，完善硕士学位授予权建设；研究型大学需要进一步提升科研水平，强化博士学位授予权建设，从而形成完善的学士学位授予大学、硕士学位授予大学和博士学位授予大学组成的多元化高等教育办学层次。

其次，优化高等教育区域结构，推动区域高等教育协调发展。我国教育系统长期存在着区域发展不协调、城乡发展不协调的内在结构性矛盾②。当前我国高等院校的区域分布很不均匀，经济发达地区的高教资源更为集中，尤其是北京、上海两地。为此，教育主管部门要大力优化本科高等院校区域布局，逐步增加中西部地区地方本科高校数量并强化政策扶持力度，尤其是财政教育经费的支持力度，对东部地区高等院校密集区可鼓励高校外迁到西部地区，或者在西部地区建立分校，并按照学校本部同样的

---

① 陈昌贵. 公平与效率：我国高等教育的对策取向［J］. 中山大学（社会科学版），2003（3）：107－108.

② 苏小燕. 供给侧改革与地方本科高校转型发展［J］. 中国高等教育，2017（7）：7.

标准进行管理，这既是推动区域高等教育资源均衡分布的重要举措，也是促进中国高等教育公平的客观需要。

再次，大力鼓励民办院校发展。民办高等院校是中国高等教育体系的重要组成部分，但民办高等院校因其教育资源匮乏、创办起点低、师资力量较薄弱，其办学质量一直深受社会质疑，在日益激烈的生源竞争中处于劣势。在中国高等教育转型发展阶段，要进一步破除束缚民办高等院校发展的体制机制障碍，切实加大对民办高等院校的扶持力度，发挥民办高等院校的管理优势，以其灵活的市场化专业调整行为，满足与经济发展相适应的多样化和个性化教育的需求。为此，《国家教育事业发展"十三五"规划》明确强调，"鼓励社会力量和民间资本通过多种方式举办学校和教育机构"，"建立非营利性和营利性民办学校分类管理政策体系，实行差别化扶持"①。

最后，积极统筹学校整体建设和学科建设，适时推动高校重组布局。在人口出生率下降趋势下，"双一流"建设为高等院校整体建设和学科建设指明了发展方向，从整体上统筹高等院校建设和学科建设，有利于促进以质量提升为核心的内涵式发展，推动中国高等教育转型发展。为应对人口下降趋势，更有效地利用高等教育资源、实现优势互补、促进"双一流"建设，高等教育转型改革应以学科建设为牵引，推动高等院校布局优化。第一，高等院校进一步优化学科结构，注重优势学科建设，促进特色发展。学科建设是高等学校建设和发展的核心。所以，各高校都应突出自己的学科建设重点，发挥一流师资队伍的积极性和主动性，推动学科体系转型升级，实现学科从平原到高原再到高峰的跃升。第二，高等院校整体建设应以以人为本的发展理念和合理定位为前提，在一流学科基础上统筹学校整体建设、重点建设，探索建立与世界一流大学建设和高等院校发展相适应的中国特色现代大学制度，全面提升人才培养水平和创新能力。第三，高校间可以采取"强强联合"的方式，通过升级或合并升级等形式，推进区域性或同类型高校兼并重组，增设工学、医学等紧缺类本科高校，带动独立学院尽快转设为独立设置的民办本科高校或通过整改达到规范验收要求。第四，地方应用型本科高等院校要建立起与普通高中教育、中等职业教育和专科层次高等职业教育的衔接机制，并适时扩大招收中职、专科层次高职毕业生的比例，依据社会需求及时调整人才培养方案，以适应多样化的培养要求。

## 五、高校要准确定位，积极走内涵式发展道路

高等教育由大众化向普及化的发展是经济社会发展的必然趋势。在人口低出生率不断下降的背景下我国高教规模扩张期即将终结，高教规模增幅减缓将成为常态。我国高等教育发展将进入转型期，即从过去的以规模扩张为核心的外延式发展向以提高质量为核心的内涵式发展转型，从追求速度变成注重质量的提升。在高等教育转型发展中，高校应充分发挥主观能动性，依据历史传承和办学经验，明确自身的办学定位，积极配合宏观调控政策，针对现阶段高等教育存在的主要问题，以高等教育质量提升为抓手推进供给侧结构性改革。

### （一）积极走内涵式发展道路，提升以质量为中心的高校核心竞争力

随着中国经济社会的发展和人口出生率的下降，人民群众对高质量的高等教育的需求会愈发迫切。作为高等院校应抓住人口出生率下降的有利契机，积极推进中国高等教育内涵式发展，贯彻全面质量管理的方针，提升以质量为中心的高校核心竞争力。

首先，切实转变高等教育发展方式，真正转向内涵式发展。高校应坚守大学的精神思想，尊重大学的发展规律。内涵式发展不仅关注规模的扩大，更加注重的是高等教育的发展质量，而非粗放式发展单纯追求规模的扩张。党的十九大报告强调，要"实现高等教育内涵式发展"。因此，高

等院校必须有一定的定力，不必追求规模上的大小，而应聚焦于教书育人，聚焦于人才培养质量，追求所培养的学生质量的高低，追求毕业生为国家发展和社会进步所作贡献的大小。

其次，以"双一流"建设为机遇，大力提升高等教育质量。"双一流"建设对于提升中国高等教育质量无疑有着重要的推动作用。因此，高等院校应充分利用这一历史机遇，通过实施"双一流"建设来推动高等教育质量的提升，而不是获得"双一流"的称号而已。一流大学不应该仅仅是大学自身的一流或者说仅仅是大学自身基础设施的一流、教学科研的一流，而应该是其所培养的毕业生在国家发展和社会进步中作出一流的成就，即学生是一流的。"一流的学生、一流的成就"这样的"双一流"建设才能说真正达到了预期效果，真正作出了一流的贡献。

再次，高等院校要牢固树立质量意识，实施全面质量管理。未来高等院校之间的竞争，实质上就是以培养学生质量为核心的综合竞争力的较量。质量是高等院校生存与发展的生命线。质量是学生培养的核心，也是高等院校未来可持续发展的重要保障，更是学校声誉提升的关键所在。为此，要培养拥有扎实的理论基础与前沿知识，富有创新和进取精神，具备比较强的研究能力和创新潜力，具有较强的从事经济社会实际工作能力的高级专门人才。高等院校要在办学规模与办学质量协调发展的基础上以质量提升为中心提高高等院校核心竞争力，一所大学只有培养出适应经济社会发展需求、符合国家发展需求的高质量人才，才能在社会上树立良好的声誉与形象。高等院校应分步骤推行全面质量管理，切实提升高校综合管理素质；推动高等教育结构优化升级，面向教学环节集中配置高等教育资源，促进教学资源合理流动；优化高校师资队伍结构，建立科学高效的育人激励约束机制；以育人为本，完善科学合理的教学科研质量评价体系，大力推进人才培养模式转型。

最后，加强学生培养全面质量管理，构建质量标准保证体系。高等院校所有的管理的核心都是为了确保所培养出来的毕业生质量。一所大学只有培养出了"一流的学生、一流的成就"这样的"双一流"学生，才是真正的一流与成功。为此，在以学生为中心的基础上，必须加强对学生的全面质量管理，唯有如此，才能够培养出真正的"双一流"学生，学校才能真正地在社会上赢得声誉和良好形象。因此，高等院校要按照学生培养全面质量管理要求，实施学生培养全过程管理，即在学生入学前、在学期间、毕业后各个阶段都要实施相应的质量管理措施，其中在学期间的管理是关键环节，是质量高低的重要保障阶段。在这一阶段，围绕全面质量管理的要求，应建立完善的质量标准保证体系。这一体系应该涵盖学生培养方案、培养过程、培养各环节具体标准、质量报告，尤其是毕业标准。这一标准不能过低，而应该达到社会平均认知的程度，并有所提高。

## （二）各类高校要明确发展定位，实施分类定位战略

中国大学可以分成研究型大学、教学型大学、应用型大学和高等专科学校等四大类①。目前我国高等院校外延式发展下生态定位重叠现象突出，高校趋同严重，造成学科专业设置不合理，降低了高校资源的配置效率，导致人才培养质量不能适应经济社会发展需要。一所大学要想在众多高等院校竞争中脱颖而出，就必须进行科学定位，坚持特色化和差异化发展。为此，必须明确各高校定位层次，不同层次高校应重新进行准确定位，承担不同的人才培养任务，以扭转高校建设同质化趋势。

首先，对于"双一流"建设院校和学科，应当进行适度的精英教育。尽管我国已经进入了高等教育普及化阶段，但适度的精英教育仍然是必需的。"从精英向大众转变时，精英型和大众型高等教育机构同时存在"②。

---

① 研究型大学致力于高层次的人才培养与科技研发，并提供全面的学位计划，是把研究放在首位的大学（在校研究生规模较大），通常建有研究生院。研究型大学不直接提供就业所需的各种技能。教学型大学以本科教育为主体，主要承担高等教育大众化的任务，拥有学士学位授予权和少量的硕士学位授予权，可招收一定数量的专科生。教学型大学主要培养高水平技能型人才（即高级专门人才）和高级研究型后备人才。应用型大学以本科教育为主、以应用型为办学定位，而不是以研究为办学定位的本科高等院校。应用型大学有利于培养高层次应用型人才，推进中国高等教育大众化。高等专科学校是进行专科教育的普通高等学校与职业高等学校，即高职高专院校，主要从事生产管理服务一线的专科层次技能型人才培养，并积极开展或参与技术服务及技能应用型改革与创新。

② 马丁·特罗. 从精英向大众高等教育转变中的问题——防止误解的说明 [C]//厦门大学高等教育科学研究所. 高等教育思想高级研讨班参考资料. 2001：112.

"双一流"建设高校和学科应主要承担精英教育，其主要任务是充分利用雄厚的高等教育资源重点培养尖端的高水平研究型创新型人才，建设一流师资队伍，创新人才培养方式，提升科学研究水平，传承创新优秀文化，着力推进成果转化，努力争创世界一流大学和一流学科，推动国家层次的科研进步，参与国际竞争。

其次，积极建设本科教学型大学。这些高校主要是承担高等教育普及化阶段任务，致力于促进地方经济发展，服务于当地社会进步，培养教学型创新型人才，适度发展研究生教育。

再次，努力建设一般应用型本科高校。这主要是针对一些新建的本科院校。这些院校要明确自身的办学特色和优势所在，努力办好应用型本科教育，在某些优势专业方面发展研究生教育，致力于为地方经济社会发展服务，培养应用型创新型人才。

最后，大力加强高职高专学校建设。专科学校主要负责培养高素质的应用型技能型人才，在设置学科专业时要及时把握国际和国内产业结构的最新动向，加强与地方政府、企业合作，依据实际需要开设具有实用性的特色专业，使人才培养与地方产业发展实现对接，根据市场需求灵活调整专业的设置，积极培养适应经济社会发展需求的应用型技能型人才。

这样就使得各层次高等院校在不同层面上进行合理定位，发挥各自的特长及优势，为经济社会发展培养不同层次、不同类型的人才，从而避免同质化竞争，坚决避免本科教育高职化、高职教育本科化倾向。

当前，推动部分高校转向应用型，大力发展现代本科职业教育尤为重要，国家层面也十分重视。2014 年 5 月 2 日，国务院出台《关于加快发展现代职业教育的决定》，提出引导一批普通本科高等学校向应用技术类型高等学校转型，重点举办本科职业教育，形成适应发展需求、产教深度融合、中职高职衔接、职业教育与普通教育相互沟通，体现终身教育理念，具有中国特色、世界水平的现代职业教育体系①。2015 年 3 月 5 日，李克强总理在政府工作报告中提出"引导部分地方本科高校向

---

① 国务院关于加快发展现代职业教育的决定 [EB/OL]. （2014 – 06 – 22）. http：//www. gov. cn/zhengce/content/2014 – 06/22/content_8901. htm.

应用型转变"①。2016 年《政府工作报告》明确提出"推动具备条件的普通本科高校向应用型转变"②，从而为经济的转型升级提供人才和技术的支撑，由单纯的知识学习向不断创新转变。近年来，除了《中华人民共和国职业教育法》之外，国家相继出台了《国家职业教育改革实施方案》《国务院办公厅关于印发职业技能提升行动方案（2019—2021 年）的通知》等政策文件，教育部办公厅等十四部门也印发《职业院校全面开展职业培训 促进就业创业行动计划》。其中《国家职业教育改革实施方案》提出的具体目标是：到 2022 年，职业院校教学条件基本达标，一大批普通本科高等学校向应用型转变，建设 50 所高水平高等职业学校和150 个骨干专业（群）。建成覆盖大部分行业领域、具有国际先进水平的中国职业教育标准体系。企业参与职业教育的积极性有较大提升，培育数以万计的产教融合型企业，打造一批优秀职业教育培训评价组织，推动建设 300 个具有辐射引领作用的高水平专业化产教融合实训基地。职业院校实践性教学课时原则上占总课时一半以上，顶岗实习时间一般为6 个月。"双师型"教师（同时具备理论教学和实践教学能力的教师）占专业课教师总数超过一半，分专业建设一批国家级职业教育教师教学创新团队。从 2019 年开始，在职业院校、应用型本科高校启动"学历证书 + 若干职业技能等级证书"制度试点（即"1 + X"证书制度试点）工作。通过 5 ～ 10 年建设，职业教育基本完成由政府举办为主向政府统筹管理、社会多元办学的格局转变，由追求规模扩张向提高质量转变，由参照普通教育办学模式向企业社会参与、专业特色鲜明的类型教育转变，大幅提升新时代职业教育现代化水平，为促进经济社会发展和提高国家竞争力提供优质人才资源支撑③。

此外，为更好地推动中国职业教育发展，国内高校还可以借鉴德国

---

① 新华社. 政府工作报告［EB/OL］.（2015 - 03 - 16）. http：//www. gov. cn/guowuyuan/2015 - 03/16/content_2835101. htm.

② 政府工作报告［EB/OL］.（2016 - 03 - 17）. http：//www. gov. cn/guowuyuan/2016 - 03/17/content_5054901. htm.

③ 国务院办公厅. 国务院关于印发国家职业教育改革实施方案的通知［EB/OL］.（2019 -02 - 13）. http：//www. gov. cn/zhengce/content/2019 - 02/13/content_5365341. htm.

"双元制"① 职业教育的经验。这些经验主要包括：从法律法规上为转向应用型教育提供保障；引导社会观念的转变，营造尊重技能和劳动的社会氛围；加快校企合作的步伐，企业积极地为学生提供职业教育和培训机会；加快师资队伍建设，使其不仅具备深厚的理论功底，还拥有极其丰富的实践经验；通过项目带动实现与德国职业教育的合作；政府加大职业教育经费的投入。

## （三）定位之下各高校要实施差异化、特色化发展

随着经济社会的不断发展，人们精神文化需求出现多元化，对高等教育的需求也出现多样化，这就要求高等教育提供与之相适应的多元化的高等教育供给。供过于求的状况下，"特色立校"将是广大普通高等院校转型发展的重要途径。特色化发展道路，就是要坚持立校特色化、兴学特色化、改革特色化。

立校特色化，是指每所高校的发展历程、资源、校园文化均有差异，在社会需求多样的大环境下，将特色化作为学校发展的基础战略，以特色化适应我国经济发展对多层次、多样化的高等教育体系的需求。

兴学特色化，是指高校以特色化为突破口，通过差异化战略与集中战略在某些学科领域形成局部竞争优势，提升特色化建设水平，以全面提升学校的核心竞争力，在新的竞争环境下脱颖而出。

改革特色化，就是将特色化作为高校自身改革和发展的重点战略，打

---

①　作为德国职业教育最重要的一种教育模式，"双元制"是将传统的"学徒"培训方式与现代职业教育思想结合的一种企业与学校合作办学的职业教育模式，就是将在企业里进行的职业技能和相关工艺知识的教育与在职业学校里进行的职业专业理论和普通文化知识的教育结合起来培养职业人才的教育制度。企业为"一元"，职业学校为另"一元"。这里所谓"教育企业"是必须具有相关资质的企业才有资格主办职业教育。根据受教育者与企业签订的以私法为基础的职业教育合同，受教育者在企业以"学徒"身份、在职业学校则以"学生"身份接受完整、正规的职业教育。

"双元制"职业教育学制为 2～3.5 年，无入学条件，但一般为主体中学和实验中学毕业生，其智力特征以形象思维为主，培养目标为技术工人。教学分别在企业和职业学校里交替进行，约70%时间在企业，30%时间在学校。学生在学习期间不仅不交学费，而且每月还可得到由企业提供的生活津贴及法定社会保险。

造特色化品牌，全面提升学校的学术声望和社会影响力。

因此，普通高等院校应在明确发展定位的基础上，以高等教育质量提升为核心，紧紧围绕国家发展和社会进步对高素质的需求，顺应区域经济与地方产业发展的客观需求，形成自身的办学特色，并做大做强做优学校品牌。

## （四）创新办学理念，拓宽办学思路

理念是一种高级思维形式，是建立在概念基础之上而构成的理论逻辑思维框架，"是一种积极的、能够指导实践活动产生所期待结果的思想认识或观念看法"①。理念一旦形成就相对稳定，并对人的行为产生指引功能。

转变办学理念是实现中国高等教育转型发展的重要条件。中国高等教育粗放式发展阶段，不仅办学理念混乱，而且高等院校理念同质化。随着适龄高教人口减少，面对生源不足的局面，不同院校要在"以人为本"理念的基础上创新办学理念，分析自身条件与就业市场需求，结合自身发展战略定位，走差异化的可持续发展之路。

同时，高等院校要积极拓宽办学思路，高校发展规划要契合区域经济社会发展规划和要求，在政府给予支持的基础上，积极吸引和对接社会资源，高校资源要向社会开放而社会资源又为高校所用。寻求与世界名校开展合作，开启国际化高等教育发展新格局，引进国外优质教育资源为我所用。校企合力专业建设，企业参与人才培养全过程，人才培养方案要基于区域经济社会需求实际，与企业一起力促产教融合。重点围绕区域优势产业，不断探索产学研用结合机制。高校与企业等多方协同完善创新创业教育的机制，支持学生参加国内外各类创新创业社会实践活动。

---

① 别敦荣，王严淞. 普及化高等教育理念及其实践要求 ［J］. 中国高教研究，2016（4）：1－8.

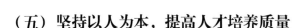

## （五）坚持以人为本，提高人才培养质量

党的十九大报告中提出，"必须把教育事业放在优先位置，加快教育现代化，办好人民满意的教育"①，凸显了教育以人为本的思想。人才培养是高等院校的根本任务，以人为本就成为必然选择，立德树人，让学生全面健康地成人成才就是学校的价值追求。

高等教育育人的核心使命是培养学生的自主学习、思考、创新的能力，培养经济社会发展所需要的各类高质量人才。教学活动是人才培养中的中心工作，高校要将改革创新作为内涵式发展的动力，将提升质量作为办学的核心，以培养学生的创新精神、实践能力为切入点，围绕提高教育质量进行制度变革，切实加强教育教学工作，充分调动学生自主学习的积极性和创造性，促使学生主动投入学习之中，并进行创造性思考，扎实推进人才培养质量。因此，面对高等教育生源规模下降的客观趋势，高等院校应牢固树立以人为本的思想，强化质量意识，做到教育以学生为本，顺应时代发展要求，合理设置培养方案，以人才培养为核心，注重办学质量，针对不同层次、不同区域、不同群体采取不同的人才培养模式，培养学生的实践能力、探索精神、创新能力，培养满足社会经济发展需要的复合型人才。

## （六）主动适应"双一流"建设，促进质量提升

低出生率背景下，以立德树人为根本，以支撑创新驱动发展战略、服务经济社会发展为导向的"双一流"建设为高等教育不同层次的高校发展提供了新的机遇，中国各层次高等院校应积极通过自身的变革，主动适应国家"双一流"建设需求。

除了纳入"双一流"建设的高校与学科之外，其他高校也应按照"一

---

① 习近平. 决胜全面建成小康社会 夺取新时代中国特色社会主义伟大胜利——在中国共产党第十九次全国代表大会上的报告［EB/OL］.（2017 – 10 – 28）. http：//cpc. people. com. cn/n1/2017/1028/c64094 – 29613660. html.

流大学"和"一流学科"建设要求，以质量提升为核心，合理定位、办出特色、差异化发展，在人才培养、科学研究、文化传承创新、社会服务、国际交流合作等方面形成自身的特色，全面提升人才培养水平和创新能力。各高校要明确自身的办学特色和优势所在，建设一流师资队伍，提高自身核心竞争力，创新人才培养方式，形成具有自身特色的高等教育质量评估和跟踪监控反馈机制，从根本上保障高校的可持续发展。

此外，与"双一流"建设相适应的"双万计划"也为不同类型的高等院校提供了质量提升的机遇。2018 年 6 月，教育部高等教育司司长吴岩就指出，将以建设面向未来、适应需求、引领发展、理念先进、保障有力的一流专业为目标，实施一流专业建设"双万计划"，即建设 1 万个国家级一流专业点和 1 万个省级一流专业点①。2019 年 4 月 4 日，教育部正式发布《关于实施一流本科专业建设"双万计划"的通知》，决定全面实施"六卓越一拔尖"计划 2.0，启动一流本科专业建设"双万计划"，以推动新工科、新医科、新农科、新文科建设，做强一流本科、建设一流专业、培养一流人才，全面振兴本科教育，提高高校人才培养能力，实现高等教育内涵式发展。2019 年开始，教育主管部门连续三年认定了若干国家级一流专业和省级一流专业，具体见表 10 – 1。

表 10 – 1　　　　　　　国家级和省级一流专业认定基本情况

| 年份 | 国家级一流专业认定数 | 省级一流专业认定数 |
| --- | --- | --- |
| 2019 | 4054 | 6210 |
| 2020 | 3977 | 4448 |
| 2021 | 3730 | 5069 |
| 合计 | 11761 | 15727 |

资料来源：教育部公开数据。

"双万计划"实行专业动态调整机制，这为各类高校专业建设质量提升都提供了机遇。因此，各类高校都应将建设一流专业作为加快推进"双一

---

① 李依环. 教育部：将实施一流专业建设"双万计划"［EB/OL］. (2018 – 06 – 24). http://edu. people. cn/n1/2018/0624/c367001 – 30079083. html.

"流"建设、实施内涵式发展的重要基础和根本抓手，着力提升高等教育质量，形成各校自身的发展特色，培育自身的优势竞争力，为国家发展和社会进步、实现中华民族的伟大复兴培养合格的创新型、复合型高级专门人才。

# 六、实施十二年制义务教育，从源头
## 保证生源规模与质量

高质量的生源是推动高等教育内涵式发展的重要保证。为了保障高等教育生源数量及其质量，可将现行义务教育延伸到高中阶段，即在全国实行十二年制义务教育。相对于九年制义务教育，中国目前高中阶段收费较高，这就使得一些贫困家庭的学生，尤其是来自农村地区的学生初中毕业后难以进入高中阶段继续学习，更难以进入大学进一步深造，实现大学梦想。高校报考人数近年来大幅减少是高校生源危机的主要原因。推行十二年制义务教育，能够使得广大农村经济困难的学生继续高中阶段的学业，能够在一定程度上防止各类高校适龄生源的萎缩，缓解高等教育生源供给的不足。

推行十二年制义务教育必须以保障生源质量为核心，从而在根本上为高等教育提供高质量的生源保证。为此，要制定普通高中教育发展长期规划，完善经费保障机制，在适当的时机再将高中阶段纳入免费教育范围。在这一进程中，教育主管部门要大力推动区域教育公平，加强教师队伍建设，增加高中阶段"硬件""软件"等教学设施投入，为推行十二年制义务教育提供良好的基础设施，以从源头上保障高等教育适龄生源的规模与质量。

# 七、积极推进高等教育公平，
## 放开异地高考，挖掘国内潜在生源

在高等教育不同发展阶段，受教育的对象有所差异。在高等教育精英化阶段，社会优势阶层子弟获得了接受高等教育的更多机会；在高等教育大众化阶段，社会优势群体和社会其他群体子弟接受高等教育的需求逐步得到了满足，教育公平问题初步得到解决；在高等教育普及化阶段，要让所有社会群体子弟都能够接受高等教育，即全面实现全民教育，彻底解决社会弱势群体的高等教育机会公平问题。因此，高等教育普及化的内在逻辑要求在普及化阶段必须解决教育公平问题，创造高等教育机会公平，满足全民接受高等教育的客观需求。近年来，中国教育公平问题有所缓解，但经济基础薄弱、教育资源稀缺地区的广大农村学生生源流失较为严重，此现象背后的实质是教育公平问题。

伴随着中国人口出生率的下降，高等教育普及化阶段的压力大为缓解。这为解决我国高等教育的公平问题提供了有利的客观条件，教育主管部门应抓住这一有利机遇，进行顶层设计，深化大学招生制度改革，积极谋划推进解决教育公平的进程，满足人民群众对优质高等教育的追求和向往。

首先，要强化落后地区中学基础设施建设，办好落后地区高等教育。加强对基础教育的支持力度，逐步缩小区域、城乡、校际差距；扩大落后地区中学办学规模；加大政府对相对贫困学生的资助力度，保障相对贫困地区的办学经费，健全家庭困难学生资助体系，阻断可能发生新的贫困及贫困的代际传递；强化农村中学的师资队伍建设，完善落后地区中学教师的培训进修机制，形成有利于教师发展的外部环境。优化高等教育资源配置，促进区域高等教育均衡发展，大力办好落后地区高等教育，促进教育公平问题的解决，"努力让每个孩子享有受教育的机会，努力让十三亿人民享有更好更公平的教育，获得发展自身、奉献社会、造福人民的能力"①。

其次，全国一张考卷，高考招生录取指标分配应充分体现公平。在全国一张考卷的基础上，建立招生指标随高考报考人数协同变化机制（这样不用过于担心各地教育质量差异）。同时，"双一流"高校招生指标应适当向偏远农村地区倾斜，增加农村学生的高考录取机会。

最后，全面放开异地高考。凡是愿意参加高考的国民，均可以凭学籍

---

① 习近平主席在联合国"教育第一"全球倡议行动一周年纪念活动上发表视频贺词［EB/OL］.（2013－09－27）. http：//cpc. people. com. cn/n/2013/0927/c64094－23052930. html.

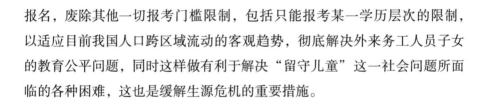

报名，废除其他一切报考门槛限制，包括只能报考某一学历层次的限制，以适应目前我国人口跨区域流动的客观趋势，彻底解决外来务工人员子女的教育公平问题，同时这样做有利于解决"留守儿童"这一社会问题所面临的各种困难，这也是缓解生源危机的重要措施。

## 八、完善现代大学制度，构建新型的现代大学治理结构

长期以来，政府在我国高等教育管理中一直扮演主导型角色。为此，要大力推动高校供给侧结构性改革，积极推进大学治理现代化。

完善中国特色现代大学制度，政府首要的责任是为高等教育转型发展提供良好的政策法规环境，转向宏观管理与服务；完善党委领导下的校长负责制，通过教育管理权力的下放，完善高校办学自主权。

高校要在政府宏观管理的前提下，构建新型的现代大学治理结构。大学可以考虑成立由政府机构、学校领导、教职员工代表、社会名流等组成的学校董事会，董事会负责大学的重大战略决策事宜，校长行使学校的行政权，学术委员会则行使学术权，充分发挥学术委员会在学科建设、学术评价、学术发展中的重要作用。同时，要健全议事规则与决策程序，以保障议事活动的正常开展。这样就有利于高等院校充分发挥办学自主权，有利于其为提高办学质量、打造办学特色的积极性、主动性和创造性，从而有利于高校走向以质量提升为核心的内涵式发展，真正实现中国高等教育可持续发展，培养经济社会发展所需的高级专门人才。

## 九、促进高等院校之间的公平竞争，提升高等教育质量

高校生源良性公平竞争是促进高校改革和发展的外在动力。但近几年

高校面对激烈的生源竞争，因为缺乏有关规范，各种不规范的手段层出不穷，已经严重影响了高等教育的健康发展。

中国高等教育同质化严重的现象需要公平竞争来破解。转型期的高校一味追求规模扩大化造成高等教育的"千篇一律"，在办学目标、管理方式和教育方法等方面都高度趋同，缺乏各自的办学特色和办学理念，没有形成自己的特色。在人口出生率下降趋势下，高校之间的竞争日益白热化，低质量和无特色的高校不可避免地要遭到市场的冲击。为此，高校必须在竞争中坚持差异化发展，形成自己独特的办学特色，提升高等教育质量。

高等教育适龄人口不断减少将直接拉开高校之间的生源争夺战，由市场优胜劣汰导致新一轮的资源重新配置，这在一定程度上也有助于提升高等教育质量，对于我国高等教育的发展是一个难得的契机。只有综合实力雄厚的高校，依靠自身的教育实力和办学特色，才能够在激烈的生源竞争中取胜。高等院校为了生存和发展，除了应该在招生工作方面吸引优秀生源，最关键的是切实提高自身的办学水平，以办学实力吸引考生。高校的综合竞争力直接关系到高校的生存和发展。为此，高校必须实施差异化的有效竞争，改变自己的办学模式，真正注重培养学生的自主学习能力，或者通过优化院系、学科及专业资源，以不断提升办学质量来求生存与发展，否则很有可能被淘汰出局。

同时，要实施公平统一的竞争政策来优化高等教育结构，通过适度竞争来推动院校间资源整合。尤其是要破除高校之间在行政级别、招生规模、招生区域等方面存在的严重的不对等竞争状况，彻底消除行政壁垒，实现高等教育资源的合理流动，尤其是师资资源的合理流动。师资是高校最大的、最有价值的优质资产。师资的充分合理流动，短期看可能对个别高校的发展造成一定的不利影响，但是从长期看，师资流动在市场机制的作用下会逐渐趋于均衡。当发达地区师资达到一定总量之后，必定向不发达地区回流，从而有助于整体提升所有高等院校的师资水平，最终实现"帕累托最优"的效果。因此，从这个角度来看，教育主管部门应该采取措施鼓励高校师资的流动，而不是阻止师资的流动。这样才能充分激发院校参与竞争的积极性，切实为师资队伍建设提供良好的生态环境，发挥教师的积极性和主动性提升高等教育质量，真正实现优胜劣汰。

## 十、完善财政预算拨款机制，拓宽高校融资渠道

当前我国高等教育经费主要来源于政府的财政投入，来源单一，总量偏低，造成高等院校办学资金普遍短缺，制约了高等教育的转型发展。同时，中国高等院校之间的待遇差距也很大，突出体现在教育经费的巨大差距。尤其是经过"985""211"工程建设后，高校之间实力差距日益拉大，例如，北京大学一周的学术活动数量甚至超过了内蒙古一所大学10年所举办的活动数量。因此，国内在重点实施"双一流"建设的过程中，务必兼顾公平，同时提升其他高等院校的办学水平，实现高等教育均衡发展的目标。

财政资金对高等教育供给侧结构性改革具有直接的导向作用，为此要进一步完善财政预算拨款机制，应完善以政府投资为主的多元投入机制，推动多渠道融资机制的建立。

第一，改革预算拨款制度，全面加强预算管理。建立高等院校本科生生均定额拨款总额相对稳定机制，完善研究生生均定额拨款制度，继续强化对西部地区高校和小规模特色高校等的财政预算倾斜。预算管理既要更好支持高等院校日常运转，又要促进高等教育结构优化，增强高等院校发展的内生动力和可持续性。

第二，健全成本分担机制，形成多元筹资机制。在健全以政府教育投资为主的基础上，也要构建教育经费多元筹资机制，鼓励高校多渠道筹资。高校要积极争取相关部门、行业企业、地方政府支持高等院校改革发展，争取社会捐赠尤其是校友捐赠。鼓励高等院校通过联合办学及充分利用外资来加快我国高等教育的发展。高等院校还要不断增强自身科研能力，提升服务社会的能力，使高等院校在这一过程中通过与企业间的合作，实现合作双方共赢。另外，构建高等教育投资办学主体多元化机制，

积极引导社会资本流向高等教育领域，缓解高等院校资金短缺的状况，推动我国高等教育转型顺利进行。

# 十一、及时转变高等教育观念，倡导终身教育理念

伴随着人口出生率下降，适龄高等教育人口逐步缩水，适龄高教人口可能不再是接受高等教育的主体部分，而在终身学习理念影响下，教育对象多元化和办学面向的终身化将会成为我国高等教育转型发展的重要趋势。因此，必须及时转变高等教育观念，尤其是终身教育理念。终身教育理念将实现教育终身化，这是解决生源问题的重要途径。

传统教育观念强调教育仅限于学校和青少年阶段，终身教育理念则是强调树立终身学习、终身接受教育的现代观念。终身教育理念建立弹性教育机制，采用灵活多样的教育内容和教育形式，由受教育者依据个人的兴趣和需求自主选择教育内容和教育形式。这种理念为人们终身学习提供教育机会，帮助人们拓展社会变迁所需要的知识和技能，以更好地适应经济社会发展需求。教育主管部门已经在实践上开始了进一步行动，如教育部于 2019 年发布了《教育部办公厅关于服务全民终身学习 促进现代远程教育试点高校网络教育高质量发展有关工作的通知》，就服务全民终身学习，落实立德树人根本任务，加强高校继续教育治理能力建设，强化办学主体责任，完善人才培养体系，规范发展网络教育，提高人才培养质量提出了一系列政策举措。

21 世纪知识更新与发展日新月异，经济社会结构调整愈加频繁，使得终身教育成为缓解未来社会竞争所面临必然的选择，终身教育将贯穿每个人的一生。为突破传统高等教育适龄人口下降的束缚，教育部门及高校要构建终身教育体系，逐步形成有利于终身学习的教育制度，高等院校要大力开拓非学历教育，可利用各种大众媒介进行动员和宣传，鼓励非高等教育适龄人口以在职或脱产方式进入高校继续学习，培育新的教育市场，通过工商管理硕士（master of business administration，MBA）等职业教育增强

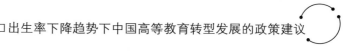

职业竞争力，发挥高等院校在职业终生教育中的作用，广泛开办各种校外的、夜间的或周末的方便教育培养计划，从而将高等院校生源拓展到全体社会成员，从而在一定程度上避免高等教育生源规模受制于适龄高教人口规模的限制，推动我国高等教育可持续发展。

同时，中国已经步入老龄化社会，而且老龄人口增长趋势加速，终身教育势在必行。2015 年底我国 60 岁以上老年人口达到 2.22 亿，占总人口的 16.1%；2016 年底我国 60 岁以上老年人口则达到 2.31 亿，占总人口的 16.7%；2017 年底我国 60 岁以上老年人口已达到 2.40 亿，占总人口的 17.3%，而国务院办公厅于 2016 年 10 月发布的《老年教育发展规划（2016—2020 年）》预计 2020 年老年人口将达到 2.43 亿。实际上，这一预测数据早已在 2018 年底被打破，2018 年底我国 60 岁以上老年人口达到 2.49 亿，占总人口的 17.9%；2019 年底我国 60 岁以上老年人口则冲到 2.54 亿，占总人口的 18.1%[①]。依据本书前述的人口出生率数据，未来中国人口老龄化形势将更加严峻。因此，发展老年人终身教育的形势和任务更加紧迫。为此，高等院校也要适时适度地扩大老年教育供给，创新老年教育体制机制，努力发展全民教育、终身教育，以提高老年人的生命和生活质量为目的，提升老年教育现代化水平，让老年人共享改革发展成果，形成具有中国特色的终身教育发展新格局。

# 十二、树立高校品牌意识，强化高校招生营销

## （一）树立高校品牌意识，提升高校核心竞争力

品牌是一所大学核心竞争力的外在识别表现，品牌体现的是一所大学的精神象征与价值理念，也是展示一所大学独特形象的无形资产。大学品牌包含着社会大众对高等院校的认知和认可程度，不同品牌代表着不同高

---

① 国家统计局．中华人民共和国国民经济和社会发展统计公报［R］．2015—2019.

等院校的价值，代表着一所大学人才培养的质量与信誉保证。因此，大学生就业时经常会遇到大学品牌的困扰。例如，近年来出现了"学校歧视"现象，个别用人单位招聘岗位写得一清二楚：只招"985""211"高校毕业生，学生简历被随意丢弃；有些单位尽管未明确说非"985""211"高校不要，但在实际操作中就是只要"985""211"毕业生；再有，一些用人单位或明或暗地要求毕业生第一学历必须是"211"高校。尽管教育部在2014年就表示，国家重大项目将会在支持范围、遴选条件等方面对地方高校一视同仁，破除"985""211"等身份壁垒，但就业市场却依然故我。

"学校歧视"现象的背后，实质上反映了大学品牌的差异，以及对不同大学培养质量的认知差异。"985""211"成了高等教育质量品牌的重要标记，反映的是其教育质量的声誉与形象。因此，社会各界才热衷于非"985""211"毕业生不要。

破解"学校歧视"现象，迫切要求高等学校树立品牌意识。一所大学如果定位准确，特色鲜明，就会推动其更好更快更强地走向可持续发展，成就其自身的品牌，并与其他高校区分开来，形成自己独特的品牌文化和核心竞争力。一所大学一旦建立了自身的品牌，其知名度和美誉度将会在社会上形成积极的品牌效应和良好的品牌形象，必将吸引一大批生源主动报考，从而建立起品牌忠诚度和品牌偏好度。

在人口出生率下降趋势下，生源竞争日趋激烈，高等院校更应树立品牌意识，以彰显其价值的品牌形象构建良好的社会认知，以良好的品牌形象吸引广大考生报考，从而助推高等院校在与社会大众的互动中走向可持续发展之路。

## （二）强化高校招生营销，扩大高校影响力

中国人口出生率不断下降的趋势，意味着我国高等教育将面临严重的持续的生源危机，优质生源将成为未来高等院校争夺的焦点。因此，高等院校必须从实际出发，注重加强自身文化底蕴和专业素质提升，切实实行特色化、差异化发展，增强自身综合实力和核心竞争力，从而稳定高等院

校国内生源市场，遏制国内生源的流失势头。同时，"酒香不怕巷子深"已成为历史，具有良好品牌价值的高等院校也必须与时俱进，强化招生营销，这既是自我宣传，也是适应生源规模下降趋势后生源大战的客观现实需要。因此，强化招生营销是高校提高自身知名度、影响力的重要手段，更是扩大招生来源的重要举措。

第一，高校要积极打造优质生源合作基地。当前，高校生源争夺的主要阵地已开始化被动为主动，逐渐由原先的高考自愿填报转变为深入挖掘高中优质生源，深入中学一线，有计划、有目的地和不同层次的中学共建长期稳定的合作关系，争夺优质学校的优质生源。这一举措是高校有效保证优质生源质量的重要途径。

第二，采取全方位的招生营销宣传策略。传统的宣传方式主要是高等院校前往生源地，与考生及考生家长进行面对面的沟通，这是最重要而有效的一种主流方式。近年来，有些学校也开始重视互联网营销手段（如微博、抖音、微信公众号等）的应用，主要是门户网站招生情况介绍。有些学校也采取了视频宣传等形式来进行招生宣传。面对互联网时代大潮，以及不同的受众偏好，高等院校需要整合这些宣传手段，多种宣传方式并重，进行全方位的招生营销宣传，向高考考生及考生家长更全面、更有效地展示高等院校的办学特色及其优势。

第三，加强招生营销核心人才队伍建设。目前，大多数高校招生宣传工作，除了教务主管部门有关人员参加外，大多数是临时抽调的各院系专业教学人员，招生营销人员并不固定，且招生营销业务欠缺。招生营销人员不仅要了解学校整体概况、招生政策、师资科研情况、校园文化艺术氛围等各项内容，还要知晓高等院校相关院系设置情况及专业内容，更需要掌握基本的营销理论知识和营销基本策略。为此，高等院校应当建立起较为稳定的招生营销核心人才队伍，专门从事招生营销及其培训工作。在正式高考招生营销时以他们为基础，吸收专业教师，组建不同分支的招生营销工作小组。这样既可以保证招生营销工作的专业化水准，又可使广大教职工参与到学校招生工作之中，提升每一位教职员工的爱校荣校意识和责任感，使之都能够成为高校的优秀营销代表。

第四，实施全员招生营销。除了建立稳定的招生营销核心队伍，高校还应采取全员营销方式进行招生宣传。高等院校对学校的办学特色、条件、优势、师资队伍、学生培养质量、后勤保障等进行有机组合，整合营销手段，全校师生员工以生源质量导向为核心开展招生营销，实现营销主体的整合性，各部门都要关注和支持招生营销活动，使考生满意度最大化，吸引优秀的生源加入本校，最终提升学校的市场竞争能力，推动学校不断走向可持续的高质量发展。在全员招生营销这一过程中，除了全体教职员工都参与到招生营销之中，本校学生也可以利用自身的影响，现身说法，全面客观地介绍该校的有关情况，积极动员其高中学校的下一届同学报考本校。

第五，树立招生营销的法治意识，不断提升高校招生营销形象。招生宣传，规则先行。招生营销要以国家相关法律法规为基本依据，牢固树立法治意识，将招生营销纳入法治化的轨道，以保障其有序进行。因此，在招生营销过程中，招生工作人员务必要以相关规定为根据，实事求是地介绍学校有关情况，准确传播招生相关信息，帮助广大考生正确分析有关问题，而绝不能信口开河，杜绝虚假宣传。唯有如此，才能赢得广大考生对学校品牌的忠诚度，提升学校在社会上的形象和影响力，获得更好的美誉度。唯有如此，才能从根本上确立高校品牌意识，真正提升高校形象，获得社会的认可。

## （三）打破传统招生限制，多途径缓解高校生源危机

我国高等院校的招生目前仍然是传统意义上的招生，即高等院校在高中毕业参加全国高考的学生中择优录取。所以，人口出生率下降、适龄高教人口减少就会对我国高等院校的生源规模产生较大影响。为缓解人口出生率下降对高等院校生源的冲击，可打破传统招生的各种限制性壁垒，制订一系列扩展生源的计划。

首先，尽快放开异地高考，降低异地参考门槛。这既是为适应目前我国人口跨区域流动的趋势，同时也是为了实现教育公平，应当让学生和家

长掌握更多选择权，绕过户籍限制，允许考生在哪里就读，就在哪里报考。作为配套措施，同时实施按照生源地考生人数来均衡分配招生指标的制度。这在一定程度上能缓解生源危机。

其次，构建适应成人职业发展的多层次招生与培养制度。为适应经济社会快速发展要求，加快更新知识储备，除传统的高等教育外，高等院校还应建立起多样化的高等教育学习体系，完善大众化的教育生态链，构建诸如职业教育、继续教育、广播电视教育、现代远程教育、社区教育等多层次多样化的高等教育体系。树立终身教育理念，突破年龄限制，增加招收非全日制学生的规模，鼓励已参加工作的人再返高等院校进修学习；大力发展职业教育，开设职业教育课程，灵活设置授课时间及授课方式，增加周末培训班、网上远程教学、夜校等形式，尽可能方便在职学生。

最后，允许已大学毕业人员再次参加高考。对于已经读过大学且已毕业的国民，只要有意愿仍然许可其再次报考，可不受学籍限制，对这类群体实行弹性学制。这样做不仅可以挖掘生源潜力，也可以满足一些人群对更高更好的高等教育的追求，实现其"理想"的大学梦，同时，这些人"回炉再造"，往往是"凤凰涅槃"，达到"炉火纯青"，反而有助于高等院校培养更加接地气的经济社会发展所需要的人才。因此，这是一举多得的好措施。

当然，这类人群属于少数，同时也要处理好与现有工作的关系，不能顾此失彼，导致宝贵的高等教育资源的浪费。这方面，国家可以出台相关政策，给这类国民以选择的机会，但国民个人应全面权衡、慎重选择。

## （四）适度吸收国外留学生，防止高等教育资源闲置

2014 年，来华留学人数占全部高校在校生人数的比例仅为 1.52%，远未达到经济合作与发展组织（Organization for Economic Co-operation and Development，OECD）国家平均 3% 的水平，且我国实际招收留学生的高校数仅占全国高等学校总数的 30.49%。2018 年，共有来自 196 个国家和地区的 492185 名各类外国留学人员在全国 31 个省（区、市）的 1004 所高等

院校学习①。来华留学生教育还有一定的发展空间，可挖掘潜力较大②。适龄高教人口的减少可能会导致高等教育资源过剩。因此，高等学校可以尝试通过扩大招收外国留学生的方式来减少高等教育资源的闲置。

首先，推动我国高等教育"走出去"。我国高校也在不断"走出去"，遵循量力而行、依法办学、质量优先、稳步发展的基本思路开展境外办学。教育主管部门可以与国内各大高校合作，通过举办海外留学博览会来提高我国高等院校的国际知名度，协助国内高等院校赴海外进行招生宣传，开拓国外生源市场，推动国内高等院校走向海外，扩大吸引外国留学生的规模和国别范围。2020 年 6 月 18 日，教育部国际司（港澳台办）负责人在答记者问中指出③，目前，我国高校已在近 50 个国家举办了 100 多个不同类型和层次的境外办学机构和项目。为引导学校自主、高效、有序赴境外办学，2019 年 9 月，中国高等教育学会发布了《高等学校境外办学指南（试行）（2019 年版）》。该指南包括总则、可行性分析、筹备建设、教育教学、组织管理、附则六章，共 72 条，从招生与学籍、教学与科研、教师与学生、教学质量评估、行政管理、财务与资产管理、跨文化管理、风险管理、协议与章程签署、办学场地选择、培养方案制订和报备及办学地许可手续办理等具体环节，对高等学校境外办学提供全方位的政策支持和实操层面的技术指导，致力于将中国高等学校境外办学推向专业化、科学化和有序化，该指南必将对中外教育合作和人文交流发挥积极作用。

其次，政府可出资鼓励高等院校增设全英语授课课程和"对外汉语"课程，借此吸引对中国传统文化有浓厚兴趣的海外学生来华深造。到我国来留学的学生数量近 20 年来稳步增长。2018 年，我国 31 个省份的 1004 所高等院校，共接收了来自 196 个国家和地区的 492185 名外国留学人员，比 2017 年增加了 3013 人（不含港澳台地区）。其中，接受学历教育的外

---

① 2018 年来华留学统计 [EB/OL]．（2019 - 04 - 12）．http：//www. moe. gov. cn/jyb_xwfb/gzdt_gzdt/s5987/201904/t20190412_377692. html.

② 韩丽丽．如何提升来华留学教育的竞争力——基于规模总量和学历结构视角的经验分析 [J]．北京师范大学学报（社会科学版），2017（5）：18 - 30.

③ 国务院新闻办公室 [EB/OL]．（2020 - 06 - 18）．http：//www. scio. gov. cn/m/xwfbh/gb-wxwfbh/xwfbh/jyb/Document/1682490/1682490. htm.

国留学生总计 258122 人，占来华生总数的 52.44%，比 2017 年增加了 16579 人，同比增加 6.86%；来华留学生的学历层次也在不断提升，硕士和博士研究生共计 85062 人，比 2017 年增加 12.28%，其中，博士研究生 25618 人，硕士研究生 59444 人。2018 年，非学历生留学生 234063 人。按国别排序前 15 名为：韩国 50600 人，泰国 28608 人，巴基斯坦 28023 人，印度 23198 人，美国 20996 人，俄罗斯 19239 人，印度尼西亚 15050 人，老挝 14645 人，日本 14230 人，哈萨克斯坦 11784 人，越南 11299 人，孟加拉国 10735 人，法国 10695 人，蒙古国 10158 人，马来西亚 9479 人。按省市排序前 10 名：北京 80786 人，上海 61400 人，江苏 45778 人，浙江 38190 人，辽宁 27879 人，天津 23691 人，广东 22034 人，湖北 21371 人，云南 19311 人，山东 19078 人。人数超过 10000 的省区还有广西 15217 人，四川 13990 人，黑龙江 13429 人，陕西 12919 人，福建 10340 人。按经费办法统计：中国政府奖学金生 63041 人，占来华生总数的 12.81%；自费生 429144 人，占来华生总数的 87.19%[1]。北京大学、清华大学作为我国顶尖的高等教育学府，吸引了来自全世界的留学生。据统计，近年来，两所高校的国际留学生数量均有所增加。随着我国高等教育对外开放程度的不断提高，我国高等院校对国际生源的影响力也在不断提升。截至 2017 年，我国已成为世界第三、亚洲第一留学目的地国[2]。

最后，实施中外合作办学，开展联合培养，实现资源共享。中外合作办学有利于引进境外优质教育资源，不仅有助于实现教育资源的多样化供给，而且也有助于促进中国本土教育的发展，更有利于满足学生对高质量国际化教育的需求。2020 年 6 月 23 日，教育部等八部门发布的《关于加快和扩大新时代教育对外开放的意见》进一步提出，支持高校加强与世界一流大学和学术机构的合作，引导高校加快培养具有全球视野的高层次国际化人才，完善高校对外开放评价指标，并将授予"双一流"建设高校一

---

① 教育部. 2018 年度我国来华留学人员情况统计 [EB/OL]. (2019 - 04 - 12). https://www. eol. cn/news/yaowen/201904/t20190412_1654312. shtml.

② 陈宝生：中国已成为世界第三、亚洲最大的留学目的地国 [EB/OL]. (2017 - 10 - 22). http：//www. xinhuanet. com/politics/19cpcnc/2017 - 10/22/c_ 129724590. htm.

定外事审批权。

为加强高级专业人才培养，邀请外国大学与我国高等院校共同开设专业培养课程或设立联合培养大学，如现有的深圳北理莫斯科大学。中俄两国在合作过程中不仅发挥了各自的教育优势，更重要的是提升了我国高等院校国际化水平，并为深化中俄教育合作、增进双方友谊做出了突出贡献。目前，经教育部批准和备案的各层次中外合作办学机构和项目已近2300 个，其中本科以上机构和项目近 1200 个，广泛分布在 28 个省份①。

# 十三、未雨绸缪，建立高等院校<br>风险防范预警与退出机制

大学大规模扩招之后，为缓解国家单一的财政拨款提供教育经费的不足，高校纷纷向商业银行贷款，进行高校基础设施建设。向银行举债筹集资金也是教育主管部门所认可的一种重要的筹资渠道，商业银行也乐于向这些优质客户发放贷款。向银行举债尽管有利于弥补高校教育经费的缺口，但举债也带来了大量的利息费用支付，尤其是有些高校举债不合理，由此背上了沉重的债务压力。而这些债务的偿还需要动用学生缴纳的学费来支付，这样债务风险的化解在一定程度上就取决于高校生源数量的多寡。理论上，只要大学生源充足，高校就不必担心债务风险所引发的财务风险。

但随着中国人口出生率的持续下降，未来高等教育适龄生源规模持续减少及对享受优质高等教育需求的日益提高，高等院校之间生源竞争将趋向激烈，一大批高等院校尤其是民办高等院校将面临生源规模下降，学费大幅减少，导致这些高等院校面临严重的财务风险，乃至高校财政危机。1999 年以来，许多高等院校因规模急速扩大及追求校园豪华气派，背负了

---

① 教育部中外合作办学监管工作信息平台［EB/OL］. (2020 - 06 - 18）. http：//www. crs. jsj. edu. cn.

沉重债务，给高校带来了相当大的财务风险。例如，2007 年 3 月，吉林大学在校内网上宣布，该校负债 30 亿元，征集师生出谋划策解决财务困难。南昌大学曾负债 20 亿元，每年利息就要 5.1 亿元，全校收入不到 3 亿元。一旦年度内本息支付数额过大，并且学生也未能按时缴纳学费，就会给高校带来一定的财务风险。有些高校因政府免除了其负债，才避免了陷入破产的困境。例如，广东省财政一次性安排 2017 年化解高校债务资金 34000 万元①。面对高等院校严重的财务风险，政府要在发挥市场机制作用基础上，完善高等院校财务管理，严控财务风险。

首先，具有危机管理意识，提前构建高等院校风险防范预警机制。居安思危，警钟长鸣。高校管理者应具备危机管理意识，贯彻预防为主的方针，对高校举债要有长远规划和周详偿还方案。事前预警是防范风险的核心，事后补救则是不得已的措施。为此，要尽快建立高校财务风险识别、风险分析、风险响应和风险监控等完善的风险预警体系，争取将财务风险控制在萌芽阶段。

其次，规范高校举债行为。中国高校基本上都是公办性质，一旦其出现财务风险，必将连累政府。政府实际上承担着最后风险担保的隐形角色。为此，教育主管部门要出台相应的举债法律法规，从法治上规范高等院校的举债行为。其主要条款应包括高校举债的必要性、偿还保障、风险防范等基本内容。高校也要适应自身发展的客观需求进行适度举债，做到举债有必要、还债有保障、风险可防控、使用效益好等基本要求。

最后，建立市场化的高等院校退出机制。为切实防范风险，有必要建立高等院校退出机制。高校的建立、合并，乃至破产重组，是一种正常现象，都是经济社会发展的必然结果。但为了避免高校破产所引发的震动，建立高校退出机制就成为必然选择。高等院校在退出时，主要有三种方式：接管、合并或收购、破产清算。

（1）接管。对于发生或即将发生财务风险的高校，为防止风险进一步

---

① 广东省财政厅．关于安排 2017 年化解高校债务资金的通知［EB/OL］．（2017 - 03 - 01）．http：//zwgk.gd.gov.cn/006939991/201703/t20170303_695044.html.

扩大，保持高校的正常运行，教育主管部门采取接管方式，由接管组取代原高校管理者而履行相关职责，正常的教学科研秩序不受影响，也可以由教育主管部门指定某一高校来进行托管。接管一般到该高校恢复正常的行政管理和运行为止。

（2）合并或收购。合并是某一高校或多所高校将其全部资产和负债转让给另一所高校（所谓吸收合并）或新设立一所高校（所谓新设合并），由吸收合并或新设合并后的高校承担相应的权利和义务。收购是一所高校对另一所高校的全部资产所发起的购买行为，被收购方的资产与运行管理权转移到购买方，被收购方成为购买方的分支机构，但被收购方的法人身份保持不变。

（3）破产清算。对于资不抵债、面临倒闭的高校由有关机关宣布其破产，并按照破产法的有关规定进行破产清算。破产清算是一种损失较为巨大的方式，影响也比较大。

以上三种方式中，震动较为和缓的是合并或收购方式，其优点十分明显，如可以用较低的成本就可以稳定高等院校的运行秩序，保障广大师生员工的合法权益，盘活了原来面临问题高校的教育资源，避免了教育资源的闲置乃至浪费。因此，一般情况下，主管部门要考虑采取并入其他高校的方式（即合并方式）为优先选择。

但这种退出机制的建立要基于高校自身发展的逻辑，即高校之间基于自身的需求而进行的合并重组，同时要避免20世纪后叶中国大学的行政合并潮流，而要让高等院校依据自身的实际在遵从有关法规的基础上进行市场化的合并重组，达到互利共赢，推动中国高等教育可持续发展。

# 第十一章

# 结　论

第一，我国人口出生率波动阶段符合人口转变理论中所阐释的三个典型阶段特征。目前我国人口增长已经进入"低出生、低死亡、低增长"的阶段。随着经济社会不断发展，生育成本较高、生育观念改变等因素导致的民众总体生育意愿将持续走低，在可预见的将来，中国人口出生率仍将维持在较低的水平，中国高等教育适龄人口也必然面临着长期下降的基本态势。

第二，改革开放以来，我国高等教育进入黄金发展阶段，无论是数量还是规模上都取得了不错的成绩，高等教育发展也从精英化转向大众化模式，并迈入高等教育普及化阶段。但这种粗放式的高等教育发展方式，随着教育的深化发展逐渐出现了资源配置失调、结构失衡、教育质量滑坡等问题，造成高等教育资源配置的低效率，转型发展成为我国高等教育继续发展的必然选择。

第三，人口出生率的波动和高等教育发展相互影响。人口出生率下降不仅通过传递效应直接影响高等教育的生源规模，而且通过人口结构的变化间接影响生源规模。人口出生率上升对高等教育发展形成规模过度增加和质量提升的双重压力；人口出生率下降，生源规模相应下降，高等教育适龄人口总体规模减少使得高等教育投资有条件转向提高高等教育质量。同时，高等教育发展也会引起生育观念的转变，生育意愿下降，进一步导致人口出生率下降。

第四，低出生率带来高等教育适龄人口的减少将会对高等教育转型发展产生重要影响。人口出生率波动对高等教育的影响主要具体表现为低出生率导致的高校生源危机，主要包括高等教育生源萎缩及高校招生规模扩张与质量稀释之间的矛盾。人口出生率下降致使适龄高教人口规模缩小，甚至会引发生源危机，还可能会导致高校管理混乱，教育质量下降。在我国当前既定的高等教育规模下，适龄高教人口增长的停滞甚至下降将使得高等教育供给相对过剩，而学生、家长与社会对高等教育需求的结构升级，供求两端的变化使得我国高等教育供给存在的结构性矛盾日益凸显。

第五，低出生率背景下高等教育发展面临一系列的转型困境。高等教育适龄人口的减少使得原有的单纯地依靠规模扩张的高等院校不再具有竞争力，外延式发展已不再适应中国高等教育发展的生存环境，高等教育转型发展面临着粗放式发展方式突出、融资渠道狭窄、高等教育公益性与高等教育产业化的矛盾等一系列严峻的转型困境。这些都增加了中国高等教育转型发展的难度。

第六，低出生率背景下高等教育转型出现新的机遇。高教适龄人口低峰的到来，为高等教育转型发展提供了有利的契机，有利于推动我国高等教育真正转向以质量提升为核心的内涵式发展道路。

第七，发达国家或地区应对生源下降问题的经验值得借鉴。随着人口出生率的不断下降，美国、日本、中国台湾高校普遍面临生源不足的困境。从其经验来看，破解高等教育生源危机，实现高等教育转型发展的关键就在于走内涵式发展道路。

第八，人口出生率下降趋势下促进我国高等教育转型发展的路径与举措。中国高等教育必须转向以质量提升为核心的内涵式发展道路，实现高等教育由大变强、由量到质的提升，为经济社会发展提供创新型、应用型、复合型高素质人才。

为此，要采取如下主要举措，推动以质量提升为核心的内涵式转型路径的实现，推进中国高等教育高质量发展：高等教育主管部门必须将人口出生率波动与高等教育供给侧结构性改革结合起来，教育发展规划和教育政策制定应重视前瞻性研究，充分考虑人口发展趋势，推动高等教育转型发展，助推中国经济社会持续稳定健康发展。以"双一流"建设为契机推动高等教育转向以质量提升为核心的内涵式发展。深化高等教育管理体制改革，优化大学外部治理环境。调整高等教育资源布局，优化高等教育结构。实施十二年制义务教育，从源头保证生源规模与质量。积极推进高等教育公平，放开异地高考，挖掘国内潜在生源。完善高等院校内部治理结构，构建新型的现代大学治理结构。促进高等院校之间的公平竞争，提升高等教育质量。完善财政预算拨款机制，拓宽高校融资渠道。及时转变高等教育观念，倡导终身教育理念。高校要准确定位，积极走内涵式发展道路。树立高校品牌意识，强化高校招生营销。未雨绸缪，建立高等院校风险防范预警与退出机制。破除行政化，推进大学治理能力现代化。通过以上这些措施，积极推动高等教育治理体系和治理能力现代化，促进中国高等教育稳步转型发展，切实提升中国高等教育发展的质量，满足人民群众对高质量高等教育的客观需求，为国家发展和社会进步培养具有自主创新精神的创新型复合型高级专门人才。

# 附录1

# 中国公民生育意愿调查问卷

尊敬的先生/女士：

您好！我们是全国教育科学规划项目的调查员。基于国家"全面放开二孩"生育政策的大背景，我们进行公民生育意愿调查，其目的在于了解"全面放开二孩"生育政策下，育龄人群的生育意愿与行为，为我国人口出生率和人口结构发展趋向下中国高等教育发展问题研究提供视角，并为政府相关部门提供决策依据。此次调查需要耽误您一些时间，每个问题的回答没有对错之分，只要您把真实情况和想法告诉我们即可。本调查是匿名的，调查结果仅供研究使用，我们绝不会泄露您的任何个人信息。对您的配合和支持我们表示衷心感谢！

## 一、个人和家庭基本情况

1. 您的性别：（　　　）

A. 男　　　　　　　　　　　B. 女

2. 您的年龄段：（　　　）

A. 16～18 岁　　B. 19～23 岁　　C. 24～28 岁

D. 29～33 岁　　E. 34～38 岁　　F. 39～43 岁

G. 44 岁及以上

3. 您的婚育状况：（　　　）

A. 未婚未育　　B. 未婚已育　　C. 已婚未育

D. 已婚已育　　E. 离婚已育　　F. 其他（请注明_____）

4. 您的户口类型：（　　　）

A. 农业　　　　　　　　　　B. 非农业

5. 您的受教育程度：（　　　）

A. 初中及以下 B. 高中/中专/技校

C. 大专/高职 D. 本科

E. 研究生及以上

6. 您的职业：（　　）

A. 公务员/事业单位人员 B. 生产企业职工

C. 商业、服务业人员 D. 个体工商户

E. 非固定单位的临时务工 F. 自由职业者

G. 农民 H. 学生（含研究生）

I. 无业/失业人员 J. 其他（请注明：_____）

7. 您的月收入：（　　）（包括基本工资、奖金、补贴等）

A. 2000 元以下 B. 2000 ~ 3000 元

C. 3001 ~ 4000 元 D. 4001 ~ 5000 元

E. 5001 ~ 6000 元 F. 6001 ~ 10000 元

G. 10000 元以上

8. 您配偶的月收入：（　　）（包括基本工资、奖金、补贴等）（未婚者请跳过）

A. 2000 元以下 B. 2000 ~ 3000 元

C. 3001 ~ 4000 元 D. 4001 ~ 5000 元

E. 5001 ~ 6000 元 F. 6001 ~ 10000 元

G. 10000 元以上

9. 您是否为独生子女：（　　）

A. 是 B. 否

10. 您配偶是否为独生子女：（　　）（未婚者请跳过）

A. 是 B. 否

## 二、生育意愿

11. 您觉得影响您是否生育小孩的最主要因素是：（　　）

A. 经济因素 B. 传统观念

C. 民俗风情及周边环境 D. 国家政策

E. 工作压力 F. 其他（请写明：_____）

12. 不考虑其他条件，您觉得有兄弟姐妹是否比没有兄弟姐妹要幸福

一点？（　　　）

　　A. 是　　　　　　　B. 否　　　　　　C. 没有太大区别

13. 不考虑其他条件，您认为一般家庭有几个孩子最理想？（　　　）

　　A. 0 个　　　　　　B. 1 个　　　　　C. 2 个

　　D. 3 个　　　　　　E. 4 个及以上

14. 您认为一个家庭中全部小孩的最理想性别构成是：（　　　）

　　A. 应该有个男孩　　　　　　B. 应该有个女孩

　　C. 有男有女　　　　　　　　D. 无所谓

15. 您不希望要孩子的最主要原因是：（　　　）（第 13 题选 A 的作答）

　　A. 不想太早生育　　　　　　B. 生孩子影响工作

　　C. 经济原因　　　　　　　　D. 身体原因

　　E. 不能胜任父母角色　　　　F. 其他（请注明：_____）

16. 您希望只要一个孩子的最主要原因是：（　　　）（第 13 题选 B 的作答）

　　A. 给孩子提供更优越的成长条件　B. 工作忙、压力大

　　C. 孩子照料问题　　　　　　D. 经济条件有限

　　E. 其他（请注明：_____）

17. 在"全面放开二孩"政策下，你会生二孩吗？（　　　）

　　A. 会　　　　　　　　　　　B. 不会

　　C. 视情况而定　　　　　　　D. 避孕失败不愿意流产

18. "全面放开二孩"政策下，您不想生育二孩的原因有：（　　　）（限选三项，按重要程度由高到低排列）

　　A. 工作忙、压力大　　　　　B. 孩子照料问题

　　C. 经济成本太高　　　　　　D. 高龄生产危险

　　E. 独身主义或者丁克　　　　F. 觉得麻烦，不愿再添小孩

　　G. 其他（请注明：_____）

19. 如果您未来打算生二孩，最主要的原因是：（　　　）（限选三项，按重要程度由高到低排列）

　　A. 希望儿女双全　　　　　　B. 情感寄托，一个孩子太孤单

C. 独生子女教育难　　　　　　D. 家庭重组

E. 多养一个孩子没有很大负担　F. 喜欢孩子

G. 传宗接代，满足长辈心愿　　H. 多个孩子可以降低养老风险

I. 第一个子女不健康或有残疾　J. 生育政策允许

K. 养老送终　　　　　　　　　L. 其他（请注明：＿＿＿＿＿＿）

20. 如果您未来打算生二孩，您认为两个孩子之间间隔多久最好？（　　）

A. 1～2 年　　　　　　　　　　B. 2～3 年

C. 3～4 年　　　　　　　　　　D. 4 年以上

E. 顺其自然

21. 哪些是影响您婚后决定是否要孩子及具体时间的因素？（　　）（可多选）

A. 夫妇二人的工作情况　　　　B. 家庭经济条件

C. 双方父母的健康状况　　　　D. 孩子的照料问题

E. 夫妇二人健康状况　　　　　F. 其他（请注明：＿＿＿＿＿＿）

22. 您会因为工作方面的原因推迟生育吗？（　　）

A. 会　　　　　B. 不会　　　　　C. 视情况而定

23. 如果当个人事业发展与生育孩子产生矛盾时，您更倾向于：（　　）

A. 选择事业，放弃要孩子　　　B. 尽可能兼顾

C. 选择要孩子，牺牲事业

24. "全面放开二孩"政策是否会对您将来的择偶产生影响：（　　）

A. 会　　　　　B. 不会　　　　　C. 不清楚

### 三、生育趋势判断

25. 目前您所生活的环境中，周围的亲朋邻里选择要二孩的情况为：（　　）

A. 数量多　　　　B. 数量少　　　　C. 不清楚

26. 您觉得"全面放开二孩"政策是否会使人口显著增加？（　　）

A. 显著增加　　　　　　　　　　B. 不会显著增加

C. 略微增加　　　　　　　　　　D. 不清楚

27. 对于农村和城市，您觉得"全面放开二孩"政策对哪个影响更大：

（　　）

　　A. 农村　　　　　B. 城市　　　　　C. 没有差别

　　28. 您觉得为配合"全面放开二孩"实行，最需要完善的政策是（最多选 3 个）：（　　　）

　　A. 产假时间　　　　　　　　B. 医疗保险

　　C. 失业保险　　　　　　　　D. 养老保险

　　E. 教育问题　　　　　　　　F. 食品安全

　　G. 居住环境　　　　　　　　H. 社会治安

　　I. 房价　　　　　　　　　　J. 物价

　　K. 户口　　　　　　　　　　L. 其他（请写明：_____）

　　29. 您认为"全面放开二孩"会对社会有哪些积极影响：（　　　）（最多选 3 个）

　　A. 减少青少年成长寂寞感，有益于其健康成长

　　B. 分担父母赡养义务，减少空巢老人数量

　　C. 增加家庭凝聚力，增加家庭活力

　　D. 减缓人口老龄化趋势

　　E. 间接推动经济发展

　　F. 其他（请写明：_____）

　　30. 请您权衡推行"全面放开二孩"政策的利弊：（　　　）

　　A. 利大于弊　　　　　　　　B. 弊大于利

　　C. 利弊均衡　　　　　　　　D. 不好说

　　31. 您认为"全面放开二孩"是否会显著增加高等教育生源规模？（　　　）

　　A. 显著增加　　　　　　　　B. 不会显著增加

　　C. 略微增加　　　　　　　　D. 不好说

　　32. 如您认为"全面放开二孩"不会显著增加高等教育生源规模，那么此种情况下是否有利于提升高等教育质量？（　　　）

A. 有利于提升 B. 不会提升

C. 略微提升 D. 不好说

33. 您对国家当前生育政策的意见或未来生育政策改革的建议是什么?

_____

_____

_____ (请写明)

访问结束。

谢谢您的合作,再一次表示感谢!

# 附录2 首轮"双一流"建设高校及建设学科名单

# "双一流"建设高校名单<sup>*</sup>
## （按学校代码排序）

**一、一流大学建设高校42所**

1. A类36所

北京大学、中国人民大学、清华大学、北京航空航天大学、北京理工大学、中国农业大学、北京师范大学、中央民族大学、南开大学、天津大学、大连理工大学、吉林大学、哈尔滨工业大学、复旦大学、同济大学、上海交通大学、华东师范大学、南京大学、东南大学、浙江大学、中国科学技术大学、厦门大学、山东大学、中国海洋大学、武汉大学、华中科技大学、中南大学、中山大学、华南理工大学、四川大学、重庆大学、电子科技大学、西安交通大学、西北工业大学、兰州大学、国防科技大学

2. B类6所

东北大学、郑州大学、湖南大学、云南大学、西北农林科技大学、新疆大学

**二、一流学科建设高校95所**

北京交通大学、北京工业大学、北京科技大学、北京化工大学、北京邮电大学、北京林业大学、北京协和医学院、北京中医药大学、首都师范大学、北京外国语大学、中国传媒大学、中央财经大学、对外经济贸易大学、外交学院、中国人民公安大学、北京体育大学、中央音乐学院、中国

---

　　* 教育部，财政部，国家发展改革委. 关于公布世界一流大学和一流学科建设高校及建设学科名单的通知［EB/OL］. （2017－09－21）. http：//www. moe. gov. cn/srcsite/A22/moe_843/201709/t20170921_314942. html.

音乐学院、中央美术学院、中央戏剧学院、中国政法大学、天津工业大学、天津医科大学、天津中医药大学、华北电力大学、河北工业大学、太原理工大学、内蒙古大学、辽宁大学、大连海事大学、延边大学、东北师范大学、哈尔滨工程大学、东北农业大学、东北林业大学、华东理工大学、东华大学、上海海洋大学、上海中医药大学、上海外国语大学、上海财经大学、上海体育学院、上海音乐学院、上海大学、苏州大学、南京航空航天大学、南京理工大学、中国矿业大学、南京邮电大学、河海大学、江南大学、南京林业大学、南京信息工程大学、南京农业大学、南京中医药大学、中国药科大学、南京师范大学、中国美术学院、安徽大学、合肥工业大学、福州大学、南昌大学、河南大学、中国地质大学、武汉理工大学、华中农业大学、华中师范大学、中南财经政法大学、湖南师范大学、暨南大学、广州中医药大学、华南师范大学、海南大学、广西大学、西南交通大学、西南石油大学、成都理工大学、四川农业大学、成都中医药大学、西南大学、西南财经大学、贵州大学、西藏大学、西北大学、西安电子科技大学、长安大学、陕西师范大学、青海大学、宁夏大学、石河子大学、中国石油大学、宁波大学、中国科学院大学、第二军医大学、第四军医大学

# "双一流"建设学科名单\*
## （按学校代码排序）

北京大学：哲学、理论经济学、应用经济学、法学、政治学、社会学、马克思主义理论、心理学、中国语言文学、外国语言文学、考古学、

---

\* 不加（自定）标示的学科，是根据"双一流"建设专家委员会确定的标准而认定的学科；加（自定）标示的学科，是根据"双一流"建设专家委员会建议由高校自主确定的学科；高校建设方案中的自主建设学科按照专家委员会的咨询建议修改后由高校自行公布。

中国史、世界史、数学、物理学、化学、地理学、地球物理学、地质学、生物学、生态学、统计学、力学、材料科学与工程、电子科学与技术、控制科学与工程、计算机科学与技术、环境科学与工程、软件工程、基础医学、临床医学、口腔医学、公共卫生与预防医学、药学、护理学、艺术学理论、现代语言学、语言学、机械及航空航天和制造工程、商业与管理、社会政策与管理

中国人民大学：哲学、理论经济学、应用经济学、法学、政治学、社会学、马克思主义理论、新闻传播学、中国史、统计学、工商管理、农林经济管理、公共管理、图书情报与档案管理

清华大学：法学、政治学、马克思主义理论、数学、物理学、化学、生物学、力学、机械工程、仪器科学与技术、材料科学与工程、动力工程及工程热物理、电气工程、信息与通信工程、控制科学与工程、计算机科学与技术、建筑学、土木工程、水利工程、化学工程与技术、核科学与技术、环境科学与工程、生物医学工程、城乡规划学、风景园林学、软件工程、管理科学与工程、工商管理、公共管理、设计学、会计与金融、经济学和计量经济学、统计学与运筹学、现代语言学

北京交通大学：系统科学

北京工业大学：土木工程（自定）

北京航空航天大学：力学、仪器科学与技术、材料科学与工程、控制科学与工程、计算机科学与技术、航空宇航科学与技术、软件工程

北京理工大学：材料科学与工程、控制科学与工程、兵器科学与技术

北京科技大学：科学技术史、材料科学与工程、冶金工程、矿业工程

北京化工大学：化学工程与技术（自定）

北京邮电大学：信息与通信工程、计算机科学与技术

中国农业大学：生物学、农业工程、食品科学与工程、作物学、农业资源与环境、植物保护、畜牧学、兽医学、草学

北京林业大学：风景园林学、林学

北京协和医学院：生物学、生物医学工程、临床医学、药学

北京中医药大学：中医学、中西医结合、中药学

北京师范大学：教育学、心理学、中国语言文学、中国史、数学、地理学、系统科学、生态学、环境科学与工程、戏剧与影视学、语言学

首都师范大学：数学

北京外国语大学：外国语言文学

中国传媒大学：新闻传播学、戏剧与影视学

中央财经大学：应用经济学

对外经济贸易大学：应用经济学（自定）

外交学院：政治学（自定）

中国人民公安大学：公安学（自定）

北京体育大学：体育学

中央音乐学院：音乐与舞蹈学

中国音乐学院：音乐与舞蹈学（自定）

中央美术学院：美术学、设计学

中央戏剧学院：戏剧与影视学

中央民族大学：民族学

中国政法大学：法学

南开大学：世界史、数学、化学、统计学、材料科学与工程

天津大学：化学、材料科学与工程、化学工程与技术、管理科学与工程

天津工业大学：纺织科学与工程

天津医科大学：临床医学（自定）

天津中医药大学：中药学

华北电力大学：电气工程（自定）

河北工业大学：电气工程（自定）

太原理工大学：化学工程与技术（自定）

内蒙古大学：生物学（自定）

辽宁大学：应用经济学（自定）

大连理工大学：化学、工程

东北大学：控制科学与工程

大连海事大学：交通运输工程（自定）

吉林大学：考古学、数学、物理学、化学、材料科学与工程

延边大学：外国语言文学（自定）

东北师范大学：马克思主义理论、世界史、数学、化学、统计学、材料科学与工程

哈尔滨工业大学：力学、机械工程、材料科学与工程、控制科学与工程、计算机科学与技术、土木工程、环境科学与工程

哈尔滨工程大学：船舶与海洋工程

东北农业大学：畜牧学（自定）

东北林业大学：林业工程、林学

复旦大学：哲学、政治学、中国语言文学、中国史、数学、物理学、化学、生物学、生态学、材料科学与工程、环境科学与工程、基础医学、临床医学、中西医结合、药学、机械及航空航天和制造工程、现代语言学

同济大学：建筑学、土木工程、测绘科学与技术、环境科学与工程、城乡规划学、风景园林学、艺术与设计

上海交通大学：数学、化学、生物学、机械工程、材料科学与工程、信息与通信工程、控制科学与工程、计算机科学与技术、土木工程、化学工程与技术、船舶与海洋工程、基础医学、临床医学、口腔医学、药学、电子电气工程、商业与管理

华东理工大学：化学、材料科学与工程、化学工程与技术

东华大学：纺织科学与工程

上海海洋大学：水产

上海中医药大学：中医学、中药学

华东师范大学：教育学、生态学、统计学

上海外国语大学：外国语言文学

上海财经大学：统计学

上海体育学院：体育学

上海音乐学院：音乐与舞蹈学

上海大学：机械工程（自定）

南京大学：哲学、中国语言文学、外国语言文学、物理学、化学、天

文学、大气科学、地质学、生物学、材料科学与工程、计算机科学与技术、化学工程与技术、矿业工程、环境科学与工程、图书情报与档案管理

苏州大学：材料科学与工程（自定）

东南大学：材料科学与工程、电子科学与技术、信息与通信工程、控制科学与工程、计算机科学与技术、建筑学、土木工程、交通运输工程、生物医学工程、风景园林学、艺术学理论

南京航空航天大学：力学

南京理工大学：兵器科学与技术

中国矿业大学：安全科学与工程、矿业工程

南京邮电大学：电子科学与技术

河海大学：水利工程、环境科学与工程

江南大学：轻工技术与工程、食品科学与工程

南京林业大学：林业工程

南京信息工程大学：大气科学

南京农业大学：作物学、农业资源与环境

南京中医药大学：中药学

中国药科大学：中药学

南京师范大学：地理学

浙江大学：化学、生物学、生态学、机械工程、光学工程、材料科学与工程、电气工程、控制科学与工程、计算机科学与技术、农业工程、环境科学与工程、软件工程、园艺学、植物保护、基础医学、药学、管理科学与工程、农林经济管理

中国美术学院：美术学

安徽大学：材料科学与工程（自定）

中国科学技术大学：数学、物理学、化学、天文学、地球物理学、生物学、科学技术史、材料科学与工程、计算机科学与技术、核科学与技术、安全科学与工程

合肥工业大学：管理科学与工程（自定）

厦门大学：化学、海洋科学、生物学、生态学、统计学

福州大学：化学（自定）

南昌大学：材料科学与工程

山东大学：数学、化学

中国海洋大学：海洋科学、水产

中国石油大学（华东）：石油与天然气工程、地质资源与地质工程

郑州大学：临床医学（自定）、材料科学与工程（自定）、化学（自定）

河南大学：生物学

武汉大学：理论经济学、法学、马克思主义理论、化学、地球物理学、生物学、测绘科学与技术、矿业工程、口腔医学、图书情报与档案管理

华中科技大学：机械工程、光学工程、材料科学与工程、动力工程及工程热物理、电气工程、计算机科学与技术、基础医学、公共卫生与预防医学

中国地质大学（武汉）：地质学、地质资源与地质工程

武汉理工大学：材料科学与工程

华中农业大学：生物学、园艺学、畜牧学、兽医学、农林经济管理

华中师范大学：政治学、中国语言文学

中南财经政法大学：法学（自定）

湖南大学：化学、机械工程

中南大学：数学、材料科学与工程、冶金工程、矿业工程

湖南师范大学：外国语言文学（自定）

中山大学：哲学、数学、化学、生物学、生态学、材料科学与工程、电子科学与技术、基础医学、临床医学、药学、工商管理

暨南大学：药学（自定）

华南理工大学：化学、材料科学与工程、轻工技术与工程、农学

广州中医药大学：中医学

华南师范大学：物理学

海南大学：作物学（自定）

广西大学：土木工程（自定）

四川大学：数学、化学、材料科学与工程、基础医学、口腔医学、护理学

重庆大学：机械工程（自定）、电气工程（自定）、土木工程（自定）

西南交通大学：交通运输工程

电子科技大学：电子科学与技术、信息与通信工程

西南石油大学：石油与天然气工程

成都理工大学：地质学

四川农业大学：作物学（自定）

成都中医药大学：中药学

西南大学：生物学

西南财经大学：应用经济学（自定）

贵州大学：植物保护（自定）

云南大学：民族学、生态学

西藏大学：生态学（自定）

西北大学：地质学

西安交通大学：力学、机械工程、材料科学与工程、动力工程及工程热物理、电气工程、信息与通信工程、管理科学与工程、工商管理

西北工业大学：机械工程、材料科学与工程

西安电子科技大学：信息与通信工程、计算机科学与技术

长安大学：交通运输工程（自定）

西北农林科技大学：农学

陕西师范大学：中国语言文学（自定）

兰州大学：化学、大气科学、生态学、草学

青海大学：生态学（自定）

宁夏大学：化学工程与技术（自定）

新疆大学：马克思主义理论（自定）、化学（自定）、计算机科学与技术（自定）

石河子大学：化学工程与技术（自定）

中国矿业大学（北京）：安全科学与工程、矿业工程

中国石油大学（北京）：石油与天然气工程、地质资源与地质工程

中国地质大学（北京）：地质学、地质资源与地质工程

宁波大学：力学

中国科学院大学：化学、材料科学与工程

国防科技大学：信息与通信工程、计算机科学与技术、航空宇航科学与技术、软件工程、管理科学与工程

第二军医大学：基础医学

第四军医大学：临床医学（自定）

# 附录 3

# 第二轮"双一流"建设高校及建设学科名单*
## （按学校代码排序）

北京大学：（自主确定建设学科并自行公布）

中国人民大学：哲学、理论经济学、应用经济学、法学、政治学、社会学、马克思主义理论、新闻传播学、中国史、统计学、工商管理、农林经济管理、公共管理、图书情报与档案管理

清华大学：（自主确定建设学科并自行公布）

北京交通大学：系统科学

北京工业大学：土木工程

北京航空航天大学：力学、仪器科学与技术、材料科学与工程、控制科学与工程、计算机科学与技术、交通运输工程、航空宇航科学与技术、软件工程

北京理工大学：物理学、材料科学与工程、控制科学与工程、兵器科学与技术

北京科技大学：科学技术史、材料科学与工程、冶金工程、矿业工程

北京化工大学：化学工程与技术

北京邮电大学：信息与通信工程、计算机科学与技术

中国农业大学：生物学、农业工程、食品科学与工程、作物学、农业资源与环境、植物保护、畜牧学、兽医学、草学

---

\* 教育部，财政部，国家发展改革委. 关于公布第二轮"双一流"建设高校及建设学科名单的通知［EB/OL］.（2022 – 02 – 11）. http：//www. moe. gov. cn/srcsite/A22/s7065/202202/t20220211_598710. html.

北京林业大学：风景园林学、林学

北京协和医学院：生物学、生物医学工程、临床医学、公共卫生与预防医学、药学

北京中医药大学：中医学、中西医结合、中药学

北京师范大学：哲学、教育学、心理学、中国语言文学、外国语言文学、中国史、数学、地理学、系统科学、生态学、环境科学与工程、戏剧与影视学

首都师范大学：数学

北京外国语大学：外国语言文学

中国传媒大学：新闻传播学、戏剧与影视学

中央财经大学：应用经济学

对外经济贸易大学：应用经济学

外交学院：政治学

中国人民公安大学：公安学

北京体育大学：体育学

中央音乐学院：音乐与舞蹈学

中国音乐学院：音乐与舞蹈学

中央美术学院：美术学、设计学

中央戏剧学院：戏剧与影视学

中央民族大学：民族学

中国政法大学：法学

南开大学：应用经济学、世界史、数学、化学、统计学、材料科学与工程

天津大学：化学、材料科学与工程、动力工程及工程热物理、化学工程与技术、管理科学与工程

天津工业大学：纺织科学与工程

天津医科大学：临床医学

天津中医药大学：中药学

华北电力大学：电气工程

河北工业大学：电气工程

山西大学：哲学、物理学

太原理工大学：化学工程与技术

内蒙古大学：生物学

辽宁大学：应用经济学

大连理工大学：力学、机械工程、化学工程与技术

东北大学：冶金工程、控制科学与工程

大连海事大学：交通运输工程

吉林大学：考古学、数学、物理学、化学、生物学、材料科学与工程

延边大学：外国语言文学

东北师范大学：马克思主义理论、教育学、世界史、化学、统计学、材料科学与工程

哈尔滨工业大学：力学、机械工程、材料科学与工程、控制科学与工程、计算机科学与技术、土木工程、航空宇航科学与技术、环境科学与工程

哈尔滨工程大学：船舶与海洋工程

东北农业大学：畜牧学

东北林业大学：林业工程、林学

复旦大学：哲学、应用经济学、政治学、马克思主义理论、中国语言文学、外国语言文学、中国史、数学、物理学、化学、生物学、生态学、材料科学与工程、环境科学与工程、基础医学、临床医学、公共卫生与预防医学、中西医结合、药学、集成电路科学与工程

同济大学：生物学、建筑学、土木工程、测绘科学与技术、环境科学与工程、城乡规划学、风景园林学、设计学

上海交通大学：数学、物理学、化学、生物学、机械工程、材料科学与工程、电子科学与技术、信息与通信工程、控制科学与工程、计算机科学与技术、土木工程、化学工程与技术、船舶与海洋工程、基础医学、临床医学、口腔医学、药学、工商管理

华东理工大学：化学、材料科学与工程、化学工程与技术

东华大学：材料科学与工程、纺织科学与工程

上海海洋大学：水产

上海中医药大学：中医学、中药学

华东师范大学：教育学、生态学、统计学

上海外国语大学：外国语言文学

上海财经大学：应用经济学

上海体育学院：体育学

上海音乐学院：音乐与舞蹈学

上海大学：机械工程

南京大学：哲学、理论经济学、中国语言文学、外国语言文学、物理学、化学、天文学、大气科学、地质学、生物学、材料科学与工程、计算机科学与技术、化学工程与技术、矿业工程、环境科学与工程、图书情报与档案管理

苏州大学：材料科学与工程

东南大学：机械工程、材料科学与工程、电子科学与技术、信息与通信工程、控制科学与工程、计算机科学与技术、建筑学、土木工程、交通运输工程、生物医学工程、风景园林学、艺术学理论

南京航空航天大学：力学、控制科学与工程、航空宇航科学与技术

南京理工大学：兵器科学与技术

中国矿业大学：矿业工程、安全科学与工程

南京邮电大学：电子科学与技术

河海大学：水利工程、环境科学与工程

江南大学：轻工技术与工程、食品科学与工程

南京林业大学：林业工程

南京信息工程大学：大气科学

南京农业大学：作物学、农业资源与环境

南京医科大学：公共卫生与预防医学

南京中医药大学：中药学

中国药科大学：中药学

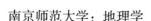

南京师范大学：地理学

浙江大学：化学、生物学、生态学、机械工程、光学工程、材料科学与工程、动力工程及工程热物理、电气工程、控制科学与工程、计算机科学与技术、土木工程、农业工程、环境科学与工程、软件工程、园艺学、植物保护、基础医学、临床医学、药学、管理科学与工程、农林经济管理

中国美术学院：美术学

安徽大学：材料科学与工程

中国科学技术大学：数学、物理学、化学、天文学、地球物理学、生物学、科学技术史、材料科学与工程、计算机科学与技术、核科学与技术、安全科学与工程

合肥工业大学：管理科学与工程

厦门大学：教育学、化学、海洋科学、生物学、生态学、统计学

福州大学：化学

南昌大学：材料科学与工程

山东大学：中国语言文学、数学、化学、临床医学

中国海洋大学：海洋科学、水产

中国石油大学（华东）：地质资源与地质工程、石油与天然气工程

郑州大学：化学、材料科学与工程、临床医学

河南大学：生物学

武汉大学：理论经济学、法学、马克思主义理论、化学、地球物理学、生物学、土木工程、水利工程、测绘科学与技术、口腔医学、图书情报与档案管理

华中科技大学：机械工程、光学工程、材料科学与工程、动力工程及工程热物理、电气工程、计算机科学与技术、基础医学、临床医学、公共卫生与预防医学

中国地质大学（武汉）：地质学、地质资源与地质工程

武汉理工大学：材料科学与工程

华中农业大学：生物学、园艺学、畜牧学、兽医学、农林经济管理

华中师范大学：政治学、教育学、中国语言文学

中南财经政法大学：法学

湘潭大学：数学

湖南大学：化学、机械工程、电气工程

中南大学：数学、材料科学与工程、冶金工程、矿业工程、交通运输工程

湖南师范大学：外国语言文学

中山大学：哲学、数学、化学、生物学、生态学、材料科学与工程、电子科学与技术、基础医学、临床医学、药学、工商管理

暨南大学：药学

华南理工大学：化学、材料科学与工程、轻工技术与工程、食品科学与工程

华南农业大学：作物学

广州医科大学：临床医学

广州中医药大学：中医学

华南师范大学：物理学

海南大学：作物学

广西大学：土木工程

四川大学：数学、化学、材料科学与工程、基础医学、口腔医学、护理学

重庆大学：机械工程、电气工程、土木工程

西南交通大学：交通运输工程

电子科技大学：电子科学与技术、信息与通信工程

西南石油大学：石油与天然气工程

成都理工大学：地质资源与地质工程

四川农业大学：作物学

成都中医药大学：中药学

西南大学：教育学、生物学

西南财经大学：应用经济学

贵州大学：植物保护

云南大学：民族学、生态学

西藏大学：生态学

西北大学：考古学、地质学

西安交通大学：力学、机械工程、材料科学与工程、动力工程及工程热物理、电气工程、控制科学与工程、管理科学与工程、工商管理

西北工业大学：机械工程、材料科学与工程、航空宇航科学与技术

西安电子科技大学：信息与通信工程、计算机科学与技术

长安大学：交通运输工程

西北农林科技大学：植物保护、畜牧学

陕西师范大学：中国语言文学

兰州大学：化学、大气科学、生态学、草学

青海大学：生态学

宁夏大学：化学工程与技术

新疆大学：马克思主义理论、化学、计算机科学与技术

石河子大学：化学工程与技术

中国矿业大学（北京）：矿业工程、安全科学与工程

中国石油大学（北京）：地质资源与地质工程、石油与天然气工程

中国地质大学（北京）：地质学、地质资源与地质工程

宁波大学：力学

南方科技大学：数学

上海科技大学：材料科学与工程

中国科学院大学：化学、材料科学与工程

国防科技大学：信息与通信工程、计算机科学与技术、航空宇航科学与技术、软件工程、管理科学与工程

海军军医大学：基础医学

空军军医大学：临床医学

附录 4

# 给予公开警示（含撤销）的首轮建设学科名单<sup>*</sup>
## （按学校代码排序）

北京中医药大学：中药学

内蒙古大学：生物学

辽宁大学：应用经济学

东北师范大学：数学（予以撤销，根据学科建设情况调整为"教育学"）

延边大学：外国语言文学

上海财经大学：统计学（予以撤销，根据学科建设情况调整为"应用经济学"）

宁波大学：力学

安徽大学：材料科学与工程

华中师范大学：中国语言文学

中南财经政法大学：法学

广西大学：土木工程

西藏大学：生态学

宁夏大学：化学工程与技术

新疆大学：化学、计算机科学与技术

海军军医大学：基础医学

---

* 教育部，财政部，国家发展改革委. 关于公布第二轮"双一流"建设高校及建设学科名单的通知［EB/OL］.（2022-02-11）. http://www.moe.gov.cn/srcsite/A22/s7065/202202/t20220211_598710.html.

# 参 考 文 献

［1］［美］Simon J. L.：《人口增长经济学》，彭松建等译，北京大学出版社 1984 年版。

［2］艾洪德、吕炜、齐鹰飞等：《人口约束下的高等教育：生源拐点与发展转型》，载《财经问题研究》2013 年第 9 期。

［3］贝努瓦·米洛特、李璐：《高等教育支出与产出：错综复杂的关系》，载《北京大学教育评论》2013 年第 2 期。

［4］毕宪顺、张峰：《改革开放以来中国高等教育的跨越式发展及其战略意义》，载《教育研究》2014 年第 11 期。

［5］别敦荣、王严淞：《大众化阶段的人才供求态势与高等教育转型发展》，载《中国高教研究》2016 年第 4 期。

［6］别敦荣、王严淞：《普及化高等教育理念及其实践要求》，载《中国高教研究》2016 年第 4 期。

［7］蔡昉：《中国的人口红利还能持续多久》，载《经济学动态》2011 年第 6 期。

［8］常蔷薇、郭晨阳：《我国出生率转变对高校生源的影响及出路分析》，载《科技与教育》2009 年第 3 期。

［9］陈昌贵：《公平与效率：我国高等教育的对策取向》，载《中山大学（社会科学版）》2003 年第 3 期。

［10］陈锋正：《"生源危机"背景下我国高等教育发展战略研究》，载《教育与职业》2013 年第 26 期。

［11］陈纪平：《人口出生率地区差异的新式古典经济学解释》，载《重庆工商大学学报（西部论坛）》2007 年第 6 期。

［12］陈淑云、彭银：《住房支付能力、生育行为与人口年龄结构》，载《西北人口》2016 年第 1 期。

［13］陈卫：《改革开放 30 年与中国的人口转变》，载《人口研究》2008 年第 6 期。

［14］陈伟、顾昕：《人口政策与普通高等教育的发展》，载《高等教育研究》2010 年第 3 期。

［15］陈先哲：《从"超常规"到"新常态"：论我国高等教育发展方式转型》，载《高等教育研究》2016 年第 4 期。

［16］陈先哲：《新常态下我国高等教育面临双重转型》，载《中国社会科学报》2015 年 3 月 11 日。

［17］陈晓芬、徐儒宗（译注）：《论语·大学·中庸》，中华书局2015 年版。

［18］德阳市教育局：《广汉市高职院校扩招落地后遇到的困难及对策》，德阳市教育局（转引自云南经贸外事职业学院），2019 年 8 月 23 日，http：//www. ynjw. net/content17498。

［19］刁清利：《我国普通大学学费现状与对策研究》，载《科教导刊（上旬刊)》2011 年第 3 期。

［20］董川峰：《上海二本又有 60 所院校申请降分录取》，中国网，2005 年 7 月 29 日，http：//edu. china. com. cn/zhuanti/gaokao/txt/2005 – 07/29/content_5928029. htm。

［21］范利静、李元兵、赵春风：《关于高校负债问题的分析》，载《教育财会研究》2015 年第 1 期。

［22］范笑仙、刘颖、李曼：《提高高等教育质量，建设高等教育强国——2011 高等教育国际论坛论文综述》，西南师范大学出版社，2011 年。

［23］顾宝昌：《论社会经济发展和计划生育在我生育率下降中的作用》，载《中国人口科学》1987 年第 2 期。

［24］广东省财政厅：《关于安排 2017 年化解高校债务资金的通知》，广东省财政厅，2017 年 3 月 1 日，http：//zwgk. gd. gov. cn/006939991/201703/t20170303_695044. html。

［25］郭晨阳、杨卫军：《出生率变化对高等教育的影响研究》，载《西部人口》2009 年第 1 期。

［26］郭立宏、王震强：《渐进式改革中高等教育体系改革的先导性分析——兼论西部大开发战略中优先进行高等教育改革的意义》，载《中国软科学》2000 年第 6 期。

［27］郭晓丹：《高校贷款风险问题分析及存在问题探讨》，载《现代营销》2016 年第 5 期。

［28］郭晓瑜：《日本少子化及其对教育的影响研究》，吉林大学硕士学位论文，2017 年。

［29］郭志刚、张二力、顾宝昌等：《从政策生育率看中国生育政策的多样性》，载《人口研究》2003 年第 5 期。

［30］国家统计局：《新中国 60 周年：人口总量适度增长结构明显改善》，中国政府网，2009 年 9 月 15 日，http：//www. gov. cn/test/2009 - 09/15/content_1417725. htm。

［31］国家统计局：《中国教育经费统计年鉴 2011》，国家统计局网，2012 年 7 月 5 日，http：//www. stats. gov. cn/tjsj/tjcbw/201207/t20120705_451549. html。

［32］韩丽丽：《如何提升来华留学教育的竞争力——基于规模总量和学历结构视角的经验分析》，载《北京师范大学学报（社会科学版）》2017 年第 5 期。

［33］何亚福：《中国生育率或将再次下降》，载《新京报》2016 年 12 月 31 日。

［34］胡浩、周畅：《70 年，从文盲占八成走向高等教育普及化》，新华网，2019 年 9 月 7 日，http：//www. xinhuanet. com/politics/2019 - 09/07/c_1124971807. htm。

［35］胡建华：《步入深水区：高等教育改革的两难问题》，载《江苏高教》2015 年第 2 期。

［36］胡瑞文、张海水、朱曦：《大众化阶段的人才供求态势与高等教育转型发展》，载《教育研究》2014 年第 1 期。

［37］黄俊凌：《台湾的人口问题及应对分析》，载《现代台湾研究》2015 年第 5 期。

［38］贾志科、罗志华：《我国生育意愿研究述评与展望（1982—2016)》，载《河北大学学报（哲学社会科学版)》2018 年第 1 期。

［39］姜朝晖：《以供给侧改革引领高等教育发展》，载《重庆高教研究》2016 年第 1 期。

［40］蒋华林：《从"条块分割"到"块块分割"——我国高等教育发展转型中的地方政府竞争研究》，华中科技大学博士学位论文，2015 年。

［41］蒋锐、李志：《大学本科专业教育模式下开展通识教育的必要性》，载《教育教学论坛》2014 年第 4 期。

［42］教育部：《2014 年全国教育经费执行情况统计公告》，教育部网站，2015 年 10 月 13 日，http：//www. moe. edu. cn/srcsite/A05/s3040/201510/t20151013_213129. html。

［43］教育部：《2018 年度我国出国留学人员情况统计》，教育部网站，2019 年 3 月 27 日，http：//www. moe. gov. cn/jyb＿xwfb/gzdt＿gzdt/s5987/201903/t20190327_375704. html。

［44］教育部：《2018 年度我国来华留学人员情况统计》，中国教育在线，2019 年 4 月 12 日，https：//www. eol. cn/news/yaowen/201904/t20190412_1654312. shtml。

［45］教育部：《2018 年全国教育事业发展统计公报》，教育部网站，2019 年 7 月 24 日，http：//www. moe. gov. cn/jyb＿sjzl/sjzl＿fztjgb/201907/t20190724_392041. html。

［46］教育部：《教育部有关负责人就〈关于加快和扩大新时代教育对外开放的意见〉答记者问》，教育部网站，2020 年 6 月 18 日，http：//www. gov. cn/zhengce/2020－06/18/content_5520244. htm。

［47］教育部：《中国教育概况——2018 年全国教育事业发展情况》，教育部网站，2019 年 9 月 29 日，http：//www. moe. gov. cn/jyb_sjzl/s5990/201909/t20190929_401639. html。

［48］晋良花、章琴：《人口出生率地区差异对经济发展影响分析》，

载《商业时代》2013 年第 16 期。

［49］瞿振元：《高等教育内涵式发展的实现途径》，载《中国高等教育》2013 年第 2 期。

［50］李宝斌、许晓东、宋银玲：《专科"生源荒"折射高校扩张的潜在危机》，载《江苏高教》2011 年第 3 期。

［51］李国强：《也谈我国高等教育现阶段的发展特征》，载《高等教育研究》2017 年第 7 期。

［52］李建民：《生育理性和生育决策与我国低生育率水平稳定机制的转变》，载《人口研究》2004 年第 6 期。

［53］李建新、涂肇庆：《滞后与压缩：中国人口生育转变的特征》，载《人口研究》2005 年第 3 期。

［54］李克强：《发展公平而有质量的教育》，人民网，2018 年 3 月 5 日，http：//edu. people. com. cn/n1/2018/0305/c1006 - 29848659. html。

［55］李立国：《中国高等教育大众化发展模式的转变》，载《清华大学教育研究》2014 年第 1 期。

［56］李硕豪、李文平：《2013—2030 年我国高等教育规模发展研究——基于适龄人口和经济水平的分析》，载《开放教育研究》2013 年第 6 期。

［57］李依环：《教育部：将实施一流专业建设"双万计划"》，人民网，2018 年 6 月 24 日，http：//edu. people. com. cn/n1/2018/0624/c367001 - 30079083. html。

［58］李占忠：《高校扩招与产业理念的理性思考》，载《石家庄联合技术职业学院学术研究》2006 年第 2 期。

［59］梁彦：《高等教育与区域经济协调发展程度的地区差异探析》，载《财会学习》2016 年第 11 期。

［60］刘道玉：《中国高教在转型中迷失方向》，载《同舟共进》2011 第 3 期。

［61］刘红：《生源减少背景下云南省高职院校发展策略研究》，重庆师范大学硕士学位论文，2014 年。

[62] 刘丽坤：《世界人口增长渐呈集中化趋势》，载《社会科学报》2017 年 8 月 24 日。

[63] 刘茸：《高校教师争相奔钱奔官，学者：薪酬应比照公务员体系》，人民网，2012 年 11 月 23 日，http：//society. people. com. cn/n/2012/1123/c1008 – 19673461 – 1. html。

[64] 刘晓亮：《地方高校教育国际化问题研究》，东北师范大学博士学位论文，2015 年。

[65] 刘艳红：《中国高等教育大众化模式之反思》，载《中共中央党校学报》2011 年第 3 期。

[66] 刘尧、刘岩：《我国高等教育发展的现状、问题与趋势》，载《教育与现代化》2009 年第 3 期。

[67] 刘振天：《从外延式发展到内涵式发展：转型时代中国高等教育价值革命》，载《高等教育研究》2014 年第 9 期。

[68] 龙琼、张谨帆、周昭明：《"后人口红利"时期高等教育规模化发展探析——基于高等教育滞胀背景的思考》，载《现代教育科学》2014 年第 1 期。

[69] 马丁·特罗：《从精英向大众高等教育转变中的问题——防止误解的说明》，引自厦门大学高等教育科学研究所《高等教育思想高级研讨班参考资料》2001 年版，转引自潘懋元《大众化阶段的精英教育》，载《高等教育研究》2003 年第 24 期。

[70] 马力、桂江丰：《中国特色的人口转变》，载《人口研究》2012 年第 1 期。

[71] 马鹏媛：《人口因素对高等教育发展的影响分析》，载《经济研究导刊》2012 年第 9 期。

[72] 马廷奇：《高等教育如何适应新常态》，载《高等教育研究》2015 年第 3 期。

[73] 毛勇、胡四能：《教育生态学视角下的人口、资源、环境对高等教育的影响》，载《江西教育科研》2005 年第 7 期。

[74] 美国国际教育协会（IIE）：《2020 美国门户开放报告》，腾讯

网，2020 年 11 月 18 日，https：//new. qq. com/omn/20201118/20201118
A03WRQ00. html。

［75］美国人口普查局（Population RefeRence BuReau）：《2010 世界人
口数据表》（2010 *World Population Data Sheet*），PRB（Population Reference
Bureau），2010 年 7 月 6 日。

［76］门可佩、官琳琳、尹逊震：《基于两种新型灰色模型的中国人口
预测》，载《经济地理》2007 年第 6 期。

［77］米红、文新兰、周仲高：《人口因素与未来 20 年中国高等教育
规模变化的实证分析》，载《人口研究》2003 年第 6 期。

［78］苗文利、卜静静：《我国高校招生规模影响因素实证研究》，载
《中国矿业大学学报》2013 年第 2 期。

［79］潘懋元：《大众化阶段的精英教育》，载《高等教育研究》2003
年第 6 期。

［80］潘懋元：《公平与效率：高等教育决策的依据》，载《北京大学
教育评论》2003 年第 1 期。

［81］彭希哲：《人口与人口学》，上海人民出版社 2009 年版。

［82］齐美东、戴梦宇、郑焱焱：《"全面放开二孩"政策对中国人口
出生率的冲击与趋势探讨》，载《中国人口·资源与环境》2016 年第 9 期。

［83］齐美东、蒋化邦：《基于人口出生率波动的中国高校生源问题探
讨》，载《高教探索》2012 年第 1 期。

［84］齐美东、田蕾：《人口出生率下降趋势下的研究生教育转型研
究》，载《研究生教育研究》2017 年第 8 期。

［85］钱滢：《外地"二本"院校在沪降分录取，理科最大降幅 77
分》，载《新民晚报》2008 年 7 月 24 日。

［86］任栋、李萍：《人口出生率的影响因素与政策选择：1994—2014
年》，载《改革》2015 年第 10 期。

［87］任泽平、熊柴、周哲：《中国生育报告 2020》，搜狐网，2020 年
10 月 3 日，https：//www. sohu. com/a/424248520_467568。

［88］尚海磊：《对高等教育资源浪费根源的制度性分析及对策》，载

《南京理工大学学报》2007 年第 1 期。

[89] 沈晓红：《"全面二孩"政策背景下我国育龄家庭生育意愿及影响因素研究》，湖北大学硕士学位论文，2017 年。

[90] 石人炳：《日本生育率下降对高等教育的影响》，载《南京师大学报（社会科学版）》2005 年第 5 期。

[91] 石人炳：《我国人口变动对教育发展的影响及对策》，载《人口研究》2003 年第 1 期。

[92] 苏小燕：《供给侧改革与地方本科高校转型发展》，载《中国高等教育》2017 年第 7 期。

[93] 苏志东：《生源下降时代高职招生宣传策略》，载《价值工程》2011 年第 17 期。

[94] 孙珩：《中国大学扩招史：大扩招改变了什么?》，青塔，2020 年 3 月 18 日，https：//mp. weixin. qq. com/s/tJ4f1 dlgBG1aseZPE Eliww。

[95] 孙玉凤：《我国高等教育资源配置现状、问题及对策研究》，兰州大学硕士学位论文，2013 年。

[96] 谈松华、夏鲁惠：《适龄人口下降对我国高等教育的影响》，载《中国发展观察》2011 年第 9 期。

[97] 汤玲、施玮：《从政策角度分析我国研究生教育质量问题》，载《黑龙江教育（高教研究与评估)》2008 年第 2 期。

[98] 唐云云：《中国人口红利枯竭? 厉以宁：那是不了解中国》，中新经纬，2016 年 12 月 10 日，https：//www. chinanews. com/cj/2016/12 - 10/8089944. shtml。

[99] 佟林杰、孟卫东：《我国高等教育内涵式发展"四维一体"模式构建》，载《现代教育管理》2013 年第 10 期。

[100] 童乃诚：《适龄人口下降对高等教育的影响及应对策略》，载《广东轻工职业技师学院学报》2013 年第 2 期。

[101] 王成：《单独二孩政策下首都大学生生育观探索性研究》，首都经济贸易大学硕士学位论文，2015 年。

[102] 王会宗、张凤兵：《"全面放开二胎"政策可行性的实证——基

于经济稳定增长视角的中国人口最优出生率研究》，载《经济问题》2016年第 3 期。

[103] 王建民：《台湾人口老化与少子化问题及其经济社会影响》，载《北京联合大学学报（人文社会科学版）》2017 年第 7 期。

[104] 王金营：《中国计划生育政策的人口效果评估》，载《中国人口科学》2006 年第 5 期。

[105] 王男星、王纾、孙继红：《我国高等教育综合发展水平评价及区域差异研究》，载《教育研究》2014 年第 5 期。

[106] 王培安：《到 2030 年峰值时期中国有 14.5 亿左右人口》，中国青年网，2017 年 3 月 11 日，http://news.youth.cn/gn/201703/t20170311_9271227.htm。

[107] 王清莲：《高职院校生源减少的现状与原因分析》，载《济南职业学院学报》2016 年第 1 期。

[108] 王世铎：《中国出生人口变化及其对我国高等教育发展的影响》，辽宁师范大学硕士学位论文，2013 年。

[109] 王文龙：《后扩招时代中国高等教育发展研究》，载《现代教育科学》2011 年第 9 期。

[110] 王雅丽：《中国生育政策调整及演变趋势研究》，内蒙古财经大学硕士学位论文，2015 年。

[111] 王瑜、曾智洪：《高等教育的产业性与公益性的契合》，载《科技管理研究》2006 年第 7 期。

[112] 魏晓艳：《大学扩招是否真正推动了高等教育公平——高等教育大众化、扩招与高等教育代际传递》，载《教育发展研究》2017 年第 11 期。

[113] 魏晓艳：《适龄人口与高等教育发展趋势》，载《职教通讯》2015 年第 4 期。

[114] 吴丽华、罗米良：《少子化趋势下日本高等教育发展对策及启示》，载《现代教育科学》2010 年第 3 期。

[115] 吴要武、刘倩：《高校扩招对婚姻市场的影响：剩女？剩男？》，载《经济学（季刊）》2015 年第 1 期。

［116］习近平：《决胜全面建成小康社会 夺取新时代中国特色社会主义伟大胜利——在中国共产党第十九次全国代表大会上的报告》，人民网，2017 年 10 月 28 日，http：//cpc. people. com. cn/n1/2017/1028/c64094 -29613660. html。

［117］习近平：《习近平在北京大学师生座谈会上的讲话》，人民网，2018 年 6 月 3 日，http：//cpc. people. com. cn/n1/2018/0503/c64094 -29961631. html。

［118］谢维和：《当前中国高等教育的转型及其主要取向》，载《中国高等教育》2011 年第 6 期。

［119］谢作栩、黄荣坦：《中国高等教育发展宏观调控模型研究》，载《高等教育研究》2004 年第 6 期。

［120］熊燕、李化树：《民办高等教育公平发展探索——公平地位的困境和出路》，载《鄂州大学学报》2016 年第 5 期。

［121］杨万国、林其玲、徐新媛等：《崔向群院士：现在研究生和以前中专生、大专生没有什么区别》，载《新京报》2014 年 3 月 9 日。

［122］杨支柱：《"用工荒"根源在于劳动力储备不足》，载《新快报》2011 年 2 月 9 日。

［123］尹文耀、钱明亮：《中国生育率转变的人口自效应研究》，载《浙江大学学报（人文社会科学版)》2010 年第 6 期。

［124］于璐：《我国高校财政危机的表现、成因及对策分》，吉林大学硕士学位论文，2008 年。

［125］余蓝：《我国高等教育实现"内涵式发展"的三条路径》，载《教育发展研究》2013 年第 7 期。

［126］袁薇佳：《台湾高等教育的发展特点及其启示》，载《教育评论》2016 年第 3 期。

［127］袁卫：《中国高等教育大众化的现状、问题与展望》，河南科技学院发展规划处，2012 年 11 月 29 日，http：//ghc. hist. edu. cn/info/1007/1334. htm。

［128］袁先海：《生源危机与独立学院的突"危"之策》，载《长江

大学学报（社会科学版）》2012年第3期。

[129] 张本飞：《城乡人口出生率差别的经济解释》，载《中南民族大学学报（人文社会科学版）》2004年第4期。

[130] 张济洲、毕宪顺：《高等教育如何应对生源危机——以美国和日本为例》，载《教育与经济》2013年第3期。

[131] 张杰：《低生育率需要更高重视率》，载《南方周末》2016年11月8日。

[132] 张军凤：《我国人口变动影响高等教育发展的几个问题》，载《高教管理》2014年第5期。

[133] 张润君：《制约我国高校发展的三大障碍》，载《江苏高教》2013年第4期。

[134] 张维庆：《在全国开展创建计划生育优质服务先进县（市、区）活动电视电话动员会议上的讲话》，载《人口与计划生育》2002年第7期。

[135] 张彦刚、林青：《75所二本院校降分录取有志愿考生，幅度10分内》，载《三秦都市报》2007年7月30日。

[136] 张永丽、景文超：《试论中国的人口转变、结构转型与刘易斯转折点》，载《上海财经大学学报》2012年第6期。

[137] 张永丽、景文超：《中国已跨越第一个刘易斯转折点——试论中国的人口转变、结构转型与刘易斯转折点》，载《调研世界》2012年第12期。

[138] 张正云：《中国生育政策的差异性研究》，吉林大学博士学位论文，2016年。

[139] 赵海龙、赵海利：《教育外部收益的实证研究》，载《集美大学学报（教育科学版）》2005年第1期。

[140] 郑秉文：《从"高龄少子"到"全面二孩"：人口均衡发展的必然选择——基于"人口转变"的国际比较》，载《新疆师范大学学报》2016年第4期。

[141] 郑真真、吴要武：《人口变动对教育发展的影响》，载《北京大学教育评论》2005年第2期。

［142］中国教育在线：《2016 年高招调查报告》，中国教育在线，2017 年 6 月 1 日，https：//www. eol. cn/html/g/report/2017/zhaiyao. shtml。

［143］中国教育在线：《中国高招调查报告》，中国教育在线，2015 年 6 月 4 日，http：//www. eol. cn/html/g/report/2015/。

［144］周学芳：《我国高等教育资源配置问题研究》，吉林大学硕士学位论文，2016 年。

［145］朱勤：《2000～2010 年中国生育水平推算——基于"六普"数据的初步研究》，载《中国人口科学》2014 年第 4 期。

［146］朱音萍：《我国人口变动对高等教育影响研究》，首都经济贸易大学硕士学位论文，2011 年。

［147］祝爱武：《责任与限度：高等教育办学主体研究》，南京师范大学博士学位论文，2012 年。

［148］庄亚儿、姜玉、王志理等：《当前我国城乡居民的生育意愿——基于 2013 年全国生育意愿调查》，载《人口研究》2014 年第 3 期。

［149］邹小勤：《人口变动对高等教育的影响》，载《江苏高教》2010 年第 1 期。

［150］Brandes U, Raters E, "Demographic Trends as a Stimulus to Extended Post-secondary Education in the Federal Republic of Germany," *European Journal of Education*, Vol. 16, No. 3/4, 1981, pp. 393 –401.

［151］Doyon P, "A Review of Higher Education Reform in Modern Japan," *Higher Education*, Vol. 41, No. 4, 2001, pp. 443 –470.

［152］Leibenstein H, "An Interpretation of the Economic Theory of Fertility: Promising Path or Blind Alley," *Journal of Economic Literature*, Vol. 12, No. 2, 1974, pp. 66, 457 –479.

［153］Verhulst P F, *Correspondance Mathématique Et Physique* (Charleston: Nabu Press, 2013), pp. 113 –121.

# 后　记

本书是在国家社会科学基金项目研究成果的基础上修改而成，最初发端于本人多年来对中国高等教育生源问题的关注。

2006 年 3 月，国家统计局发布了《2005 年全国 1% 人口抽样调查主要数据公报》，数据显示 2005 年 11 月 1 日零时，与 2000 年 11 月 1 日零时第五次全国人口普查的总人口 126583 万人相比，只增加了 4045 万人，增长 3.2%；年平均增加 809 万人，年平均增长 0.63%，人口增长呈现下降趋势。同时，与第五次全国人口普查相比，小学程度的人口减少 4485 万人①。2006 年 7 月教育部发布的《2005 年全国教育事业发展统计公报》显示，小学学龄人口逐年减少，小学校数、招生数和在校生数继续持平。2005 年全国共有小学 36.62 万所，比上年减少 2.8 万所；招生 1671.74 万人，比上年减少 75.27 万人；在校生 10864.07 万人，比上年减少 381.04 万人。中国人口出生率的下降，必然会对中国经济社会生活各方面产生巨大而深刻的影响，由此引发了本人对人口问题的研究。

与人口下降趋势基本同步，中国高等教育自 1999 年开始，不断扩大招生规模（包括本专科及研究生层次，2012 年之后几年保持相对稳定），高等教育毛入学率由 1999 年的 10.5% 增加到 2005 年的 21%，2019 年已达到 51.6%，期间各地也掀起了大学城建设的热潮，中国高等教育走向了大众化阶段。大学扩招使得更多的学子圆了大学梦，提升了国民素质，为国民经济和社会发展贡献了大量的优秀人才。同时，中国高等教育也随之出现了高等教育质量下滑、生源质量参差不齐、高校负债严重等一系列问题。

---

① 中华人民共和国国家统计局.2005 年全国 1% 人口抽样调查主要数据公报［R］.国家统计局，2006.

鉴于人口生产问题对高等教育的重大影响，本人专注于从中国人口出生率的角度来探究中国高等教育转型发展问题，力求提出相应的对策建议，以期推动我国高等教育转向内涵式的可持续发展。经过几年的调查研究，本人于2012年1月发表相关学术论文《基于人口出生率波动的中国高校生源问题探讨》（《高教探索》2012年第1期），就中国人口出生率对高校生源的影响进行了初步探讨。在此基础上，本人主持了国家社科基金教育学项目"困境与出路：基于人口出生率波动的中国高等教育转型发展研究"，由此展开了对这一问题的系统研究。中国从20世纪70年代开始实施"计划生育"政策到21世纪第一个10年的"单独二孩"政策，再转向"全面放开二孩"政策，展现了中国人口出生率下降趋势下中国人口政策的重大变化。传统意义上的人口红利日渐消失，我国人口出生率处于日益下降趋势，适龄高教人口数的不断减少势必会对高等教育的未来发展产生深远影响。高等教育主管部门需要将中国人口出生率波动趋势与高等教育供给侧结构性改革结合起来，在教育发展规划和教育政策制定时应重视前瞻性研究，充分考虑中国人口发展趋势，大力推动高等教育转向以质量提升为核心的内涵式发展，助推中国经济社会可持续发展。

在研究过程中，本人有幸得到了厦门大学经济学院陈永志教授、清华大学教育研究院王孙禹教授、合肥工业大学经济学院朱卫东教授、安徽大学高等教育研究所张晶教授、安徽师范大学经济管理学院伍旭中教授等众多专家的指导，希望此书能够不负各位师长的帮助。

谨以此书的出版致敬厦门大学经济学院胡培兆教授。本议题的研究得益于胡老师的悉心指导与支持鼓励，虽然胡老师已于2019年4月26日因病辞世，但胡老师慈爱友善的笑脸时常浮现在我的眼前，其勤勉工作、严谨治学、不染俗流的学者风范，已然在我心底生根发芽。胡老师的言传身教与潜移默化，是我人生中极其宝贵的财富。

本书参考借鉴了大量的国内外相关研究成果。在此对相关作者表示诚挚的尊重与感谢。限于本人的研究能力，恐有标注遗漏甚至谬误之处，希望有关专家、学者不吝赐教。所有遗漏与谬误均由本人承担责任，还望读者予以谅解。

　　本书的出版得到了经济科学出版社的大力支持。本书于 2018 年就计划出版,修改期间又受到了突如其来的新冠肺炎疫情冲击以及其他因素的影响,延误至今。经济科学出版社的各位编辑为了本书的及时出版不辞劳苦,其严谨认真与专业素养令人难忘,本人深表谢意!

　　全国著名的大学战略规划专家、厦门大学教育研究院院长、博士生导师别敦荣教授,同时兼任教育部本科教学评估专家委员会委员、全国教育专业学位研究生教学指导委员会委员、山东省高等教育专家咨询委员会委员、中国高教学会院校研究会副理事长、中国学位与研究生教育学会研究生教育专业委员会副理事长、中国教育发展战略学会高等教育专业委员会副理事长、中国高教学会常务理事等诸多要职,能在繁忙的工作中抽出时间为本书作序,实乃荣幸之极,本人在这里表示最诚挚的感谢!

　　本书在成稿过程中,研究生张思佳、陈聪、宋怡、高田、郑焱焱、苏剑、戴梦宇、柴琳、田蕾、戎梦军、代雪梅等协助收集整理了大量文献资料,在此表示感谢!同时,祝福年轻人明天更美好!

　　心中满怀感激,囿于言辞匮乏始终未尽表达。借本书正式出版之际,衷心感谢各位师长、朋友的关爱。"路漫漫其修远兮,吾将上下而求索",期待在未来的人生路上,继续有您一如既往的指导与鼓励。

齐美东<br>2022 年 5 月